21世纪高职高专财经类能力本位型规划教材

财会专业教学改革教材

成本会计实务

主　编　王书果　李凤英
副主编　王虹英　张培荣　高云梅
主　审　邢建敏

北京大学出版社
PEKING UNIVERSITY PRESS

内 容 简 介

本书以最新《企业会计准则》为依据，从高职高专会计专业人才培养目标出发，针对高职高专学生的特点，以生产过程最为典型的制造业为例编写而成，重点介绍成本核算的方法，同时兼顾成本计划、控制和分析等相关内容。本书共7个项目：成本会计导航、品种法、分批法、分步法、分类法、成本计划与控制、成本报表编制与分析。

本书遵循学生职业能力培养的基本规律，以真实岗位的工作任务及其工作过程为依据，整合序化知识内容，体例新颖，实践操作性强。

本书可作为高职高专会计专业和其他财经类专业的教材，也可作为会计从业人员和相关培训机构的参考资料或培训用书。

图书在版编目(CIP)数据

成本会计实务/王书果，李凤英主编．—北京：北京大学出版社，2011.8
(21世纪高职高专财经类能力本位型规划教材)
ISBN 978-7-301-19308-2

Ⅰ.①成… Ⅱ.①王…②李… Ⅲ.①成本会计—高等职业教育—教材 Ⅳ.①F234.2

中国版本图书馆CIP数据核字(2011)第154957号

书　　名：成本会计实务
著作责任者：王书果　李凤英　主编
策 划 编 辑：王红樱
责 任 编 辑：蔡华兵
标 准 书 号：ISBN 978-7-301-19308-2/F·2836
出　版　者：北京大学出版社
地　　址：北京市海淀区成府路205号　100871
网　　址：http://www.pup.cn　http://www.pup6.com
电　　话：邮购部62752015　发行部62750672　编辑部62750667　出版部62754962
电 子 邮 箱：pup_6@163.com
印　刷　者：三河市富华印装厂
发　行　者：北京大学出版社
经　销　者：新华书店
787毫米×1092毫米　16开本　19印张　445千字
2011年8月第1版　2011年8月第1次印刷
定　　价：36.00元

前　　言

成本会计岗位是会计毕业生就业的主要岗位之一，为了使会计教学更能满足专业培养目标的要求，进一步体现以就业为导向的办学方针，加大会计教学的职业性、实践性，突出对学生的职业能力的培养，编者与烟台新潮实业股份有限公司合作，共同开发、编写了《成本会计实务》岗位教材。

本书在内容的构建与组织上，以会计职业岗位能力的培养为核心，以成本会计岗位的业务流程为主线，以完成岗位任务所需要的知识技能为主要内容，按照成本岗位工作过程重构知识体系，整合成本会计内容。本书内容坚持理论与实践、知识与能力的统一，实用性较强，实务优先于理论，能力优先于知识。

本书编写体例新颖，实践操作性强，符合职业教育的特点，有利于“教、学、做”一体化教学模式的推广应用。

本书由烟台职业学院的王书果、李凤英担任主编，由烟台职业学院的王虹英、张培荣、高云梅担任副主编，由烟台新潮实业股份有限公司邢建敏担任主审。本书具体编写分工：项目一由王书果编写，项目二由高云梅编写，项目三和项目五由张培荣编写，项目四和项目七由李凤英编写，项目六由王虹英编写。王书果负责全书的统稿工作。

由于编者的学术水平所限，加之编写时间仓促，所以书中难免存在不足之处，真诚希望广大读者批评指正。

编　者

2011 年 5 月

目　录

项目一　成本会计导航

学习目标

(1) 掌握成本的含义、成本会计的对象。

(2) 了解成本会计的职能、任务。

(3) 了解成本会计的工作组织。

(4) 掌握成本核算的基本要求、一般程序和应设置的账户。

任务一　解析成本会计

在市场经济条件下，企业经营情况的好坏，“成本”起着关键的作用。因此企业正确认识和核算成本，加强成本管理，有着极其重要的意义。对成本的含义、成本会计的对象、职能、任务等理论知识进行必要的了解是做好成本会计工作的前提。

一、任务描述

刘雪是一名刚毕业的学生，且不是专修会计专业的，因工作需要公司领导安排她负责产品成本的核算。刘雪对成本概念很模糊，她首先应该了解哪些成本会计的基础理论知识？

二、任务实施

刘雪作为一名成本会计的初学者，在学习成本会计时，应先从理论上对成本、成本会计的对象、职能和任务进行充分的了解和认识。

1. 成本的含义

成本是日常经济生活中应用非常广泛的概念，它目前所涵盖的范围已相当广泛，从不同的角度看，有不同的成本概念。一般的说，成本是指为了达到一定的目的或完成一定的任务而耗费的人力、物力、财力的货币表现。如工业企业要生产产品，就要发生劳动手段(例如机器设备)、劳动对象(例如原材料)以及劳动力等方面的耗费；如各级各类学校为完成其教学任务，也要发生教学仪器、校舍等物资设备以及教学和管理人员等诸方面人力物力的消耗。有投入才有产出，反映了事物的本质及客观规律，但是，是否需要事事核算和考核成本，则取决于客观条件和管理的需要。因此，本书所要研究的成本主要是指具有典型意义的物质生产部门为制造产品而发生的成本，即产品生产成本，而不是一般意义上的广义的成本。

产品成本是一个价值的范畴，按其经济性质来看，它是产品价值的一个组成部分。产品的价值无论在何种生产方式下都是由 3 个部分组成的，即产品生产中已消耗的物化劳动转移的价值、活劳动中劳动者为自己创造的价值以及劳动者为社会创造的价值。马克思在科学地分析了资本主义商品生产后指出："按照资本主义方式生产的每一个商品 W 的价值，用公式表示为 $W=C+V+M$。如果从这个产品价值中减去剩余价值 M，那么，在商品中剩下的只是生产要素上耗费的资本价值 $C+V$ 的等价物或补偿价值。商品价值即补偿所消耗的生产资料价值和所耗用的劳动价格部分，只是补偿商品使资本家自身耗费的东西，所以，对资本家来说，这就是商品的成本价格。"马克思从耗费和补偿两方面对商品的成本进行了论述，从耗费角度看，产品成本是商品生产中所消耗的物化劳动和活劳动中必要劳动的价值，即 $C+V$，它是产品成本最基本的经济内涵；从补偿的角度看，产品成本是补偿生产中资本消耗的价值尺度，即成本价格，它是产品成本最直接的表现形式。所以，从理论上说，产品成本就是指以货币表现的为制造产品而耗费的物化劳动和活劳动中必要劳动的价值之和。这种符合其客观经济内容的产品成本，可以称为"理论成本"。

在实际工作中，为了促使企业减少生产损失，节约生产耗费，加强经济核算，对于一些不形成产品价值的损失性支出，如废品损失、停工损失等也列入产品成本之内。为了达到简化成本核算工作的目的，对于企业为销售产品而发生的销售费用，为组织和管理生产经营活动而发生的管理费用，以及为筹集生产经营资金而发生的财务费用，都直接计入当期损益，作为期间费用处理，不计入产品成本。因此，实际工作中的产品成本是指产品的生产成本，亦称制造成本，而不是指产品所耗费的全部成本。

成本会计是现代会计的一个重要分支，是在社会经济发展过程中逐步形成和发展起来的，不同时期成本会计的内涵也不相同。早期的成本会计属于以记录为主的成本会计，在此阶段，成本会计的主要职能是进行成本核算，在理论体系上也属于财务会计体系。随着科学技术的不断发展，日趋复杂的外部环境对企业成本管理提出了越来越高的要求，从而促使成本会计不断发展。因此，在近代成本会计阶段，成本会计的职能范围扩大了，除了成本核算之外，还包括了预算和控制的内容，并且随着成本会计理论和方法的进一步完善和发展，成本会计相对财务会计而言，已经具有一定的独立性。为了适应经济的高速发展和管理现代化的要求，到了现代成本会计阶段，成本会计的职能范围进一步扩大到了成本预测、决策、计划、控制、核算、分析、考核和检查等全程管理。

综上所述，成本会计是以提高经济效益为目的，运用会计的基本原理和一般原则，采用专门方法，对企业生产经营过程中发生的各项费用和生产经营成本进行核算和监督的一种管理活动。

2. 成本会计的对象

成本会计的对象是指成本会计所要核算和监督的内容。由于本书主要研究的是制造企业，为了更具体地了解成本会计的对象，下面结合制造企业的生产过程来加以详细说明。

制造企业的主要生产经营活动就是生产和销售产品，制造企业要生产产品，就要发生各种生产耗费，产品的生产过程同时也是生产的耗费过程。原料及主要材料、燃料等作为生产过程中的劳动对象，一经投入使用，或者被消耗掉，或者改变其实物形态，其价值也随着一次全部地转移到产品中去，构成产品生产成本的一部分；机器设备、厂房等固定资产作为生产过程中的劳动资料，可在较长时期内发挥作用且不改变其实物形态，其价值只能随着固定资产的使用，通过计提折旧的方式，分期、部分地转移到产品中去，也构成产品生产成本的一部分；直接生产人员及生产单位的管理人员作为生产过程中的劳动者，借助于劳动工具对劳动对象进行加工，改变原有劳动对象的使用价值，并且创造出新的价值，其中，劳动者为自己劳动所创造的那部分价值则以工资薪酬等形式支付给劳动者个人，因此，这部分职工薪酬也构成了产品生产成本的一部分。以上企业发生的各种生产耗费，构成了企业在产品制造过程中的生产费用，即制造企业在一定时期内发生的、用货币表现的生产耗费，称为生产费用。企业为生产一定种类、一定数量的产品所支出的生产费用的总和，就是产品的成本。企业产品生产过程中各种生产费用的支出和产品生产成本的形成，就是成本会计的对象。

制造企业在生产经营的过程中，还会发生其他一些费用，如企业为销售产品而发生的各种费用支出，包括运输费、装卸费、包装费、广告费，以及为销售本企业商品而专设销售机构的职工薪酬、业务费等经营费用，这些为销售企业产品而发生的费用称之为企业的销售费用；企业为管理生产经营所发生的各项费用称之为管理费用，包括企业的董事会费、行政管理人员的职工薪酬、差旅费、办公费、业务招待费、费用性税金等。此外，企业为筹集生产经营所需资金，也会发生一些费用，如利息净支出、汇兑净损失以及相关的手续费等。上述销售费用、管理费用和财务费用统称为期间费用，这部分期间费用也应作为成本会计的对象。

为加强企业经营管理，满足企业经营决策及内部经营管理的需要，还需提供诸如变动成本、固定成本、机会成本、可控成本等多方面的成本信息，这些是企业内部经营管理所需要计算的成本可称之为管理成本，管理成本也属于成本会计的对象。

综上所述，制造企业成本会计的对象就是产品的生产成本、期间费用和管理成本。

商品流通企业、施工企业、交通运输企业等，其生产经营过程虽然各有特点，但从总体上看，它们在生产经营的过程中所发生的费用，仍然可分作两部分：一部分形成企业的生产经营业务成本；另一部分作为期间费用。此外，为满足企业内部管理的需要，也要提供管理成本的信息。

由此可见，现代成本会计的对象应该包括各行业企业的生产经营业务成本、期间费用和各种管理成本。

3. 成本会计的职能

成本会计的职能是指成本会计在企业经济管理中所能发挥的功能。成本会计职能会随着经济环境的变化和管理要求的提高不断发展丰富，目前成本会计的职能已经发展为成本预测、成本决策、成本计划、成本控制、成本核算、成本分析和成本考核7项职能。

1）成本预测

成本预测是在认真分析企业现有的经济技术条件和发展前景的基础上，考虑当前市场状况和可能影响成本的各项因素，运用一定的技术方法，对企业未来的成本水平及其变化趋势所进行的科学的估计和推断。通过成本预测，可以寻求降低产品成本，提高经济效益的途径，可以减少成本管理的主观性、盲目性，为进行成本决策、编制成本计划提供依据。

2）成本决策

成本决策是在成本预测的基础上，结合其他有关资料，运用决策的理论和方法，选择最优的行动方案，确定应达到的目标成本。通过成本决策，可以保证成本计划目标的先进可行，促使企业以最少的人力物力消耗，取得最大的经济效益。

3）成本计划

成本计划是在成本预测和决策的基础上，根据目标成本，具体规定企业计划期内为完成生产经营任务所应发生的生产耗费和各种产品的成本水平，以及为保证成本计划实现所应采取的主要措施和方案。通过编制成本计划，可以促使企业加强成本管理责任制，增强企业职工的成本意识，进一步挖掘降低成本的潜力，同时为成本控制、成本分析和成本考核提供依据。

4）成本控制

成本控制是指对生产经营活动中各项费用的发生进行引导和限制，使之能按预定的计划进行的一种管理行为。成本控制有广义、狭义之分。广义的成本控制包括产品投产前的事前控制，生产过程中的事中控制和费用发生后的事后控制；狭义的成本控制仅指事中控制，即以成本计划为依据，采取各种有效的措施，将各项费用的发生限制在计划控制的范围之内，以保证成本计划的顺利执行。通过成本控制，可以及时发现生产经营中存在的问题，减少损失，避免浪费，以保证目标成本的实现。

5）成本核算

成本核算是根据各产品成本计算对象，采用专门的成本计算方法，按照规定的成本项目，通过一系列费用的归集与分配，从而计算出各种产品成本的实际总成本和单位成本。成本核算是成本会计工作的核心，通过成本核算，既可以如实地反映生产经营过程中发生的各种耗费，又可对各种生产费用的实际支出进行控制。通过成本核算提供的资料，还可以反映成本计划的完成情况，并为以后编制成本计划，进行成本预测、决策提供依据。

6）成本分析

成本分析是根据成本核算提供的资料及其他有关资料，运用一定的方法，揭示产品成本水平的变动，确定成本差异，分析形成的原因，明确应负责人的单位和个人。通过成本分析，可以总结出生产经营中取得的成绩，找出成本管理中存在的问题，以便采取行之有效的措施，有针对性地改进经营管理。

7）成本考核

成本考核是在成本分析的基础上，定期对成本计划及有关指标的实际完成情况进行的总结和评价。通过成本考核，意在鼓舞先进，鞭策后进，将成本管理的权、责、利紧密结合起来，充分调动各部门及职工个人履行经济责任，加强成本管理的积极性。

成本会计的各项职能是相互联系、互为条件、相互补充的，从而构成了一个有机整体。在这一体系中，成本预测是成本决策的前提，成本决策是成本预测的结果；成本计划是为成本决策目标而制定的具体实施方案，成本控制是对成本计划的执行所进行的监督；成本核算是对决策目标和成本计划的检验；最后通过成本分析查找影响成本变动的因素和原因，对决策的正确性做出判断，并通过考核，将工作业绩与精神鼓励和物质奖励结合起来，充分调动全体职工实现目标成本的主动性、积极性和创造性。应当指出，在成本会计的七大职能中，成本核算是最基本、最主要的职能，没有成本核算，就没有了成本会计，也就不存在成本会计的其他职能。本书重点介绍成本核算的方法，同时兼顾成本计划、控制和分析等相关内容。

4. 成本会计的任务

成本会计是为企业的经营管理提供成本资料的，因此，成本会计的任务取决于企业经营管理的要求，是成本会计职能的具体化。

（1）进行成本预测，参与经营决策，编制成本计划，作为成本控制、分析和考核的依据。在社会主义市场经济条件下，企业作为自主经营、自负盈亏的商品生产经营者，面临着激烈的市场竞争。因此企业必须在经营管理中加强预见性和计划性，也就是说，企业应在分析过去的基础上，面对市场，运用科学的方法来预测未来的成本水平及其发展趋势，拟定多个成本预测方案，为领导进行决策提供可靠的依据。在此基础上，根据决策确定的目标成本编制成本计划与费用预算，并以此作为建立成本管理的责任制和控制费用支出的基础。

（2）对企业发生的各项费用进行审核、控制，努力节约开支，不断降低成本。努力提高在市场上的竞争能力和经济效益，是市场经济对企业的客观要求。因此，企业必须遵守以国家有关成本费用的开支范围、开支标准，以及企业制定的有关计划、预算、定额等为依据，审核和控制企业各项生产费用的支出，严格按照计划、预算办事，并努力探求节约开支、降低成本的途径和方法，促使企业增产节支，以最少的劳动耗费，生产出最多最好的产品，做到以收抵支，取得盈利。

（3）正确及时地进行成本核算，为企业生产经营管理提供依据。正确及时地核算生产费用和计算产品成本是成本会计的核心任务，成本核算的资料必须做到数字真实，计算准确，提供及时。如果成本核算的资料不准确，就不能真实地反映企业生产经营的耗费水平，据以分析考核成本计划的完成情况就失去了前提条件，进行未来的成本预测决策也就缺少了可靠依据。因此正确及时地进行成本核算，是对成本会计工作最基本的要求。

（4）分析成本计划的完成情况，并据以进行评价和考核。在企业经营管理中，成本是反映企业各部门、生产经营各环节工作好坏的综合指标，成本计划的完成情况是诸多因素共同作用的结果。因此，应根据成本核算提供的资料，及时全面地进行成本分析，肯定成绩，寻找差距，将影响成本的各种因素都揭示出来，确定各因素的影响范围和程度，正确评价企业各部门、职工个人在成本管理工作中的取得的业绩以及存在的问题，并将成本分析的结果与精神、物质的奖惩紧密联系，最大限度地提高职工在成本管理中的主动性、积极性和创造性。

三、能力拓展

制造企业成本会计的对象主要是产品生产成本和期间费用。为了正确计算产品成本，客观考核和分析成本费用的发生情况，下面将主要从费用的经济内容和经济用途两个角度进一步认识成本会计的对象。

1. 按经济内容分类

制造企业在产品生产经营过程中，要消耗劳动对象、劳动手段和活劳动。因此，企业发生的各项费用按其经济内容可以划分为劳动对象、劳动手段和活劳动三大类费用。为了进一步反映制造企业各种费用的构成和水平，还应在此基础将其划分为以下 8 个费用要素：

（1）外购材料。指企业为了生产经营而耗用的一切从外部购入的原材料、半成品、辅助材料、修理备用件以及周转材料等。

（2）外购燃料。指企业为了生产经营而耗用的一切从外部购进的各种燃料，包括固体、气体和液体燃料。

（3）外购动力。指企业为了生产经营而耗用的一切从外部购进的各种动力，如电力、风力、热力等。

（4）职工薪酬。指企业为获得职工提供的服务而给予的各种形式的报酬以及其他相关支出等。

（5）折旧费。指企业按照规定的固定资产折旧方法计算提取的折旧费用。

（6）利息费用。指企业应计入财务费用的借款利息支出减利息收入后的净额。

（7）税金。指企业应计入管理费用的各种税金，如印花税、土地使用税、房产税、车船税等。

（8）其他支出。指企业发生的不属于以上各项费用要素的费用支出，如广告费、差旅费、租赁费等。

按照以上费用要素反映的费用称为要素费用。将费用划分为若干个要素分类核算，首先可以反映企业一定时期内所发生费用的内容和数额，分析不同时期各项费用的支出水平及其发展趋势。其次，通过外购材料、外购燃料的实际支出数，为储备资金计划的制订提供基础依据。再次，通过人工费用，可以为制定劳动工资计划、福利开支计划提供依据。最后，这种分类将物化劳动消耗和活劳动消耗分开反映，为计算国民收入、分析生产费用消费结构提供依据。但是，这种分类不能说明各项费用的用途，不便于分析各项费用的支出是否节约、合理，因此，还必须进一步对费用按其经济用途进行分类。

2. 费用按经济用途分类

制造企业的各项费用按照其经济用途，可以分为计入产品成本的费用和不计入产品成本的费用两大类。

（1）计入产品成本的费用。对于计入产品成本的生产费用，还可以按其经济用途进一步划分为若干个项目，即产品生产的成本项目。产品生产成本项目简称为成本项目，是生产费用按经济用途划分的若干项目，可以反映产品生产过程中各种资金耗费情况，便于分析各项费用的支出是否节约、合理。根据生产特点和管理要求，企业一般可简化设立如下 3 个成本项目。

① 直接材料。指直接用于产品生产，构成产品实体的原料、主要材料、燃料以及有助于产品实体形成的辅助材料等。

② 直接人工。指直接参加产品生产的工人工资以及按生产工人工资总额和规定的比例计算提取的社会保险、住房公积金、工会经费及职工教育经费等。

③ 制造费用。指企业各生产单位(如生产车间)为组织和管理生产而发生的各项间接费用，以及虽直接用于产品生产，但不便于直接计入产品成本，因而没有专设成本项目的费用(如折旧费)。包括生产单位管理人员工资及社会保险、固定资产折旧费、租赁费、机物料消耗、取暖费、水电费、办公费、差旅费、保险费、劳动保护费、季节性或修理期间的停工损失以及其他制造费用。

为了使成本项目更好地适应管理要求，企业可根据自身实际情况对上述成本项目进行适当调整。调整时主要考虑的因素有：费用在产品成本中比重的大小、管理上是否要求单独反映等。例如，某产品的废品较多或废品损失占成本比例较大时，可以单独设置“废品损失”项目。

（2）不计入产品成本的费用。不计入产品成本的费用即期间费用，是指不能直接归属于某个特定产品成本的费用。期间费用直接计入当期损益，包括管理费用、财务费用和销售费用。

① 管理费用。指企业为组织和管理企业生产经营所发生的各种费用，包括企业董事会和行政管理部门在企业的经营管理中发生的，或者应由企业统一负担的公司经费(包括行政管理部门职工工资及社会保险、修理费、物料消耗、周转材料摊销、办公费、差旅费等)、工会经费、待业保险费、劳动保险费、董事会费、聘请中介机构费、咨询费、诉讼费、业务招待费、房产税、车船税、土地使用税、印花税、技术转让费、无形资产和长期待摊费用摊销、职工教育经费、排污费、存货盘盈或盘亏(不包括应计入营业外支出的存货损失)等。

② 财务费用。指企业为筹集生产经营所需资金而发生的费用，包括利息支出(减利息收入)、汇兑损失(减汇兑收益)以及相关的手续费等。为购建固定资产而筹集资金所发生的费用，在固定资产达到预定可使用状态前发生的满足资本化条件的，应当计入有关固定资产购置或建造成本，不作为财务费用核算。

③ 销售费用。指企业在销售过程中发生的费用，包括销售商品过程中发生的运输费、装卸费、包装费、保险费、展览费和广告费，以及为销售本企业商品而专设的销售机构(含销售网点、售后服务网点等)的职工薪酬、业务费等经营费用。

费用按经济用途分类，可以促使企业按经济用途考核各项费用定额或计划的执行情况，分析费用支出是否合理节约。

四、单项技能训练

1. 资料

联想集团一直以来都在利用贴近生产的优势，采取低价格优势来占领市场，联想前总裁说过：“‘降低成本’这 4 个字是我们竞争的诀窍。”联想一贯坚持在企业内部培养成本管理意识和能力，并建立了一种成本管理模式，力求使企业使每个职工都知道多花一分钱就减少一份竞争和一份利润。因此，联想每个职工每花一分钱，都会思考究竟能给企业或一种产品带来多少价值。请问降低成本是企业提高经济效益的必经之路吗?

2. 要求

以小组为单位，到当地生产企业进行社会调研，了解产品生产情况，搜集成本核算原始资料，写出调研报告。

任务二　概览成本会计工作的组织

成本会计在企业生产经营管理过程中作用的充分发挥，成本会计任务的顺利完成，有赖于成本会计工作有效的组织，所以企业应该科学合理地组织成本会计工作。

一、任务描述

王振应聘到一家新建的制造企业从事成本会计工作，并负责建立该企业成本会计工作的组织。如果你是王振，应该怎样科学合理地组织成本会计工作?

二、任务实施

建立成本会计工作的组织，王振应主要解决三大问题：设置成本会计机构；配备成本会计人员；制定和执行成本会计的规章制度。

1. 设置成本会计机构

1）设置原则

成本会计机构是企业中从事成本会计工作的职能部门，是企业会计机构的重要组成部分。它是企业实施成本管理的组织保证，也是进行成本核算的重要条件。设置成本会计的组织机构既要考虑企业生产类型的特点、经营规模的大小，又要考虑成本管理的要求，适应成本会计工作的内容和目标。在大中型制造企业，通常在厂部专设的会计机构中单独设立成本会计科，并在各生产车间设置成本会计组，专门从事成本会计工作；在小型制造企业，可以不单独设置成本会计专门机构，但需在会计科内设置成本会计组或成本会计岗，负责处理成本会计相关事宜。

2）成本会计机构的组织分工

成本会计机构的内部组织可以按成本会计的职能划分，如将成本会计分为成本核算组和成本管理组；也可按成本会计的对象划分，分为产品成本组、期间费用核算和分析组。

企业内部各级成本会计机构之间的组织分工有集中工作和分散工作两种方式。

（1）集中工作方式。指成本核算、成本报表编制等成本会计方面的工作，主要由厂部的成本会计机构集中进行。在这种方式下，分厂、车间等单位一般不设置专门的成本会计机构，只在会计机构中配备成本核算人员，负责填制、审核、整理有关原始凭证，为厂部进一步进行成本核算和分析工作提供资料。这种组织方式的优点是：有利于企业管理当局及时掌握企业有关成本的全面信息，便于成本数据的集中处理，还可以减少成本会计机构的层次和成本会计人员的数量。这种方式的不足之处是：不便于直接从事生产经营活动的各部门和职工及时掌握本部门的成本信息，不利于调动群众参与成本管理的积极性。因此，一般适用于规模较小、成本会计工作较为简单的企业。

（2）分散工作方式。指成本会计工作分散由厂级以下的成本会计机构或人员分别进行，厂部成本会计机构只负责对下级成本会计机构或人员进行业务上的指导和监督，对全厂成本数据进行综合的核算和分析，并处理那些不便于分散到车间等部门去进行的成本工作。分散工作方式的优缺点与集中工作方式的优缺点正好相反，一般适用于大中型企业。

2. 配备成本会计人员

成本会计人员是专门从事成本会计工作的专业技术人员。在企业的会计机构中，根据企业规模的大小、业务量的多少配备必要的、能够胜任成本会计工作的会计人员，是做好成本会计工作的根本保证。

为了圆满完成成本会计的工作任务，企业除了配备适当的成本会计人员之外，还应科学合理地设置成本会计人员的岗位职责和权限。企业的成本会计人员应具有以下岗位职责和权限。

1）成本会计人员的岗位职责

（1）在财务部负责人的领导下，制定本公司成本核算办法并组织实施，在执行中不断补充完善。

（2）负责成本风险预警与分析，建立以风险为导向的财务内部控制体系流程及风险预警分析平台，及时实施风险预警分析，定期(不定期)提出应对议案。

（3）负责成本核算工作，根据审核无误的单据和票证编制记账凭证并登记账簿，编制与审核成本报表。

（4）当公司推行全面成本核算管理机制时，协助有关主管制定方案和实施办法，确定各类成本定额、标准。

（5）定期考核部门成本计划定额的执行情况，分析成本升降的原因，并结合实际调查研究，找出问题，提出改进意见和措施，为改进管理、降低成本提供准确可靠的依据。

（6）坚守岗位，坚持原则，遵守成本费用开支范围，及时统计报告部门的经营状况，提出改进意见，设法降低成本，提高经济效益。

（7）做好相关成本资料的整理、归档、数据库建立、查询、更新工作。

（8）完成财务部领导临时交办的其他任务。

2）成本会计人员的岗位权限

（1）有权要求企业有关单位和职工认真执行成本计划，严格遵守有关的法规和制度。

（2）有权参与本单位各类成本定额、标准的制定；参与制定企业生产经营计划和各项定额、标准；参加与成本有关的生产经营管理的会议。

（3）有权监督、检查企业内部各单位对成本计划和有关法规、制度的执行情况。

（4）对不符合成本费用开支范围的业务有权拒绝受理和给予纠正。

总之，企业的成本会计人员应熟练掌握并认真执行有关的政策、法规和制度，认真履行自己的职责、遵守职业道德，坚持原则，遵纪守法正确行使自己的权利。通过成本会计的各种职能，挖掘企业降低成本的潜力，促使企业不断降低成本。要深入生产第一线，熟悉企业的生产工艺流程，了解成本的形成过程，刻苦钻研业务，不断提高自身的理论水平和业务能力，当好企业负责人的参谋。

3. 制定与执行成本会计规章制度

成本会计法规和制度是组织和从事成本会计工作必须遵守的规范，是会计法规和制度的重要组成部分。成本会计机构和人员必须严格按照有关法律、法规和制度的规定进行成本会计工作，实行会计监督。与成本会计有关的法律、法规和制度可以分为以下 3 个层次：《会计法》、《企业财务通则》和《企业会计准则》、《小企业会计制度》。

每一个企业应根据国家的有关规定，结合本企业生产经营的特点和管理要求，具体制定本企业的成本会计制度、规程和办法，它是成本会计进行成本会计工作具体的、直接的依据。

企业内部成本会计制度一般包括下列内容：

（1）成本会计工作的组织形式、人员分工和职责权限。

（2）成本定额、成本计划和费用预算的编制方法。

（3）成本核算的具体规定。包括成本计算对象的确定、成本计算方法的选择、成本项目的设置、生产费用的归集和分配方法、成本核算基础工作的要求等。

（4）成本预测、成本决策、成本考核和成本分析制度等。

（5）成本报表制度。包括成本报表的种类、格式、指标体系、编制方法、编制期限和报送对象等。

成本会计制度一经制定，要严格执行，保持相对稳定。但是，随着生产的发展、技术的进步，成本会计制度应进行适当的修改。

三、能力拓展

为保证成本费用核算的正确，加强成本管理，提供真实可靠的成本会计信息，必须做好成本会计的基础工作。

1. 建立健全原始记录制度

成本会计工作的原始记录是对企业的生产经营活动所做的最初纪录，是成本、费用业务发生的证明，是进行成本管理的重要基础。因此，企业对生产过程中材料物资的领用、动力的耗费、生产的工时、费用的开支、在产品及半成品的内部转移、产品的产量及产品质量的检验结果等，均要做真实的原始记录。成本会计岗位人员应会同企业其他有关部门，制定既满足成本核算需要，又讲求实效、简便易行的原始记录制度。还要组织有关人员认真做好各种原始记录的填写、签署、传递、汇总、审核、保管等工作，为成本核算和管理提供原始依据。

2. 建立健全定额管理制度

定额是企业在当前生产条件下，对人力、物力、财力的配备、利用和消耗以及获得成果等方面所应遵循的标准或应达到的水平。它是编制成本计划、分析考核成本水平的依据，也是审核和控制耗费的标准。企业应根据当前的设备条件和技术水平，对那些能够制定定额的各项消耗，都要制定切实可行的消耗定额，如制定材料物资的消耗定额、设备的利用定额、生产工时定额、费用支出定额等。定额管理是搞好生产管理、成本管理和成本核算的前提，企业必须建立健全定额管理制度。

3. 建立健全物资管理制度

物资管理制度是指企业关于物资的计量、收发、领退和盘点等方面的规定。成本核算虽然以价值形式来核算企业生产经营中的各项耗费，但价值形式的核算必须以实物的计量为基础。因此，对于材料物资的收发、领退，在产品、半成品的内部转移和产成品的入库等，均应填制相应的凭证，经过一定的审批手续，并经过严格的计量、验收或交接。对库存的物资要定期进行清查盘点，对于发生的盘盈、盘亏要及时分析原因，进行处理。建立健全物资管理制度，不但能保护财产的安全完整，还能为正确计算产品成本提供可靠依据。

4. 建立健全内部结算制度

内部结算制度是指企业内部各单位对于相互之间提供产品和劳务进行收付结算的一种制度。建立内部结算制度有利于分清各单位的经济责任，便于分析和考核企业内部各单位成本计划的完成情况和管理业绩。内部结算制度的建立，要以确定合理的内部结算价格为主要内容，同时还要兼顾内部结算方式、内部结算货币等。由于内部结算价格是企业内部结算和考核的依据，因而需要企业的各个部门共同协商确定，一般可按计划成本，也可以在计划成本的基础上加上适当的利润作为内部结算价格。内部结算价格一经确定，应保持相对稳定，年度内一般不做变动。

四、单项技能训练

1. 成本会计基础工作的技能训练

（1）资料：蓝星企业是一个小型生产企业，由于考虑成本一效益原则，所以在成本核算工作中存在一些不足，比如材料消耗量是根据实际领料数量进行核算，没有考核标准，所以各月之间成本波动较大，而且材料计量不够准确，对于不能点数的材料采用目测的方法估算。鉴于以上存在的问题，企业经理决定进行整改。

（2）要求：企业进行成本核算，应做好哪些基础工作？该企业存在的问题如何解决？

2. 会计职业道德的技能训练

（1）资料：天宇公司公司规模较小，但会计刘鑫因业务能力强，因此被会计主管指派担任出纳及费用账簿的登记工作。在两年任职期间，刘鑫采用伪造、编造原始单据、涂改账簿等方式，非法挥霍公司财务达 8 万元。

（2）要求：刘鑫违反了哪些会计职业道德？其造成公司损失的原因有哪些？

任务三　认知成本核算的一般程序

制造企业的生产工艺流程千差万别，管理要求也各有不同，成本核算方法也有所不同，但在进行成本核算时，都要满足一定的核算要求，遵循着一个基本程序。

一、任务描述

王振完成了建立成本会计工作组织之后，开始带领成本会计人员对本企业的具体业务进行成本核算。他们在进行成本核算时，应满足哪些成本核算要求、遵循怎样的成本核算程序？

二、任务实施

为了正确计算产品成本，王振及其他成本会计人员应按照以下要求和程序，并设置相关的账户进行成本核算。

1. 制造企业成本核算的要求

成本核算就是按照国家有关的法规制度和企业经营管理的要求，采用适当的成本计算方法，对企业生产经营过程中发生的各种劳动耗费进行计算，并进行相应账务处理，提供真实、有用的成本信息。成本核算既是成本会计的基本任务，也是企业经营管理的重要组成部分。

为了提高成本核算的质量，充分发挥成本核算的作用，应遵守以下各项要求。

1）算管结合，算为管用

企业进行成本核算不能仅仅对生产耗费进行事后的核算，提供事后的成本信息，而应该从企业经营管理和决策的需要出发，对各项费用支出在事前和事中就进行计划和控制并及时进行信息反馈，做到“算管结合，算为管用”。在生产过程中对于合法、合理、有利于经营管理，能够提高经济效益的支出，应当积极支持；否则要坚决抵制，如果已经无法制止则要追究当事人责任，采取措施，防止以后再发生；对于各项费用进行事中审计，对脱离计划、定额的差异进行及时的计算和分析，并进行信息反馈，以利于成本计划的修订。同时，在成本计算中，既要防止片面追求简单化以致不能为管理提供所需资料的做法，也要防止为算而算，过于烦琐，脱离管理实际需要的做法。应该从管理的实际需要出发，分清主次，区别对待，做到主要从细，次要从简，简而有理，细而有用。

2）正确划分各种费用界限

为了正确进行成本计算，必须正确划分以下5个方面的费用界限。

(1) 正确划分生产经营费用和非生产经营费用界限。工业企业的生产经营活动是多方面的，其费用支出的用途也不尽相同，因而在进行成本核算时，必须按是否用于企业的生产经营活动，将费用支出进行正确划分。对于企业用于产品生产和销售，用于组织和管理生产经营活动以及用于筹集生产经营资金的各种费用，即企业日常的生产经营费用，应该计入企业的生产成本或期间费用。不属于企业生产经营费用的支出，如企业购建固定资产、无形资产和其他资产的支出，对外投资的支出等资本性支出，应计入有关资产的价值。固定资产盘亏和报废清理净损失、非正常原因的停工损失、自然灾害、因各种原因支付的滞纳金、罚款、违约金、赔偿金、各种捐赠、赞助支出以及被没收的财物等与企业正常生产经营活动没有直接关系的各种支出，应列入企业营业外支出或在企业缴纳所得税后的利润开支。既要防止多计成本，把企业非生产经营费用列入成本、费用，减少企业利润和国家财政收入的错误做法，又要防止少计成本，把企业的生产经营费用不计或少计入成本、费用，虚增企业利润的错误做法。

(2) 正确划分产品生产费用和期间费用的界限。企业日常生产经营中发生的各项耗费，其用途和计入损益的时间是不同的。产品的生产费用形成产品成本，并在产品销售后作为产品销售成本计入企业损益。但当期投产的产品不一定当期完工并销售，而当期完工并销售的产品也不一定是当期投产的，因而当期的生产费用往往不是当期的产品销售成本。而当期发生的期间费用直接计入当期损益。所以计入产品成本的费用与计入期间费用的费用对一定时间内利润的影响是不同的。为了正确计算企业各个会计期间的损益，必须正确划分产品生产费用和期间费用的界限。对于用于产品生产的各项费用，包括产品生产的原材料费用、生产工人的工资费用和制造费用应该计入生产费用，并据以计算产品成本；本期发生的销售费用、管理费用、财务费用应作为期间费用，直接计入当期损益。要防止混淆生产费用和期间费用的界限，借以调节各期产品成本和损益的错误做法。

(3) 正确划分本期费用和非本期费用的界限。根据企业会计准则的规定，企业应按月反映其财务状况和经营成果。因此，会计核算时必须正确划分本期费用和非本期费用的界限。凡是在本期发生的费用，不论是否付出款项，都应作为本期的费用入账；凡是不属于本期的费用，即使付出款项，也不应作为本期的费用入账。根据这一原则，在成本核算中，企业本月发生的费用都应在本月入账，不得将其提前或延后。正确划分各期的费用界限，对于正确进行成本核算有重要意义。要防止人为调节各期费用和产品成本，虚增或虚减企业利润的错误做法。

（4）正确划分各种产品的费用界限。对于生产两种及两种以上产品的企业，要正确计算各种产品的成本，必须将计入当月产品成本的生产费用在各有关产品之间进行划分。凡属于某种产品单独发生，能够直接计入该种产品的费用，应直接计入该种产品成本；凡属于几种产品共同发生，不能直接计入某种产品的费用，则应采取合理的分配方法，分配计入这几种产品的成本。要防止人为地随意分配生产费用，调节各产品成本以掩盖成本超支、以盈补亏的错误做法。

（5）正确划分完工产品和期末在产品的费用界限。企业在生产过程中发生各种费用经上述划分已经确定了每种产品当月的生产费用。月末计算产品成本时，如果某种产品全部完工，则这种产品的各项生产费用之和就构成了该产品的完工产品成本；如果某种产品均未完工，则这种产品的各项生产费用之和就构成该产品的月末在产品成本。但是企业生产中往往会发生有些产品月末没有全部完工入库，即有完工产品又有月末在产品的情况，这时要正确计算完工产品和在产品的成本，就要将该产品的各项生产费用，采用适当的分配方法在完工产品和在产品之间进行分配，分别计算完工产品成本和月末在产品成本。分配方法要合理，方法不同，分配的结果亦不相同。要防止任意提高或降低月末在产品成本，人为调节完工产品成本的错误做法。

上述5个方面费用界限的划分过程也就是产品成本、费用的核算过程。在这一过程中，应贯彻受益原则，即何者受益何者负担费用；何时受益何时负担费用；负担费用的多少与受益程度的大小成正比。

3）正确确定财产物资的计价和价值转移的方法

企业在生产过程中耗费的各种财产物资，其价值要转移到成本、费用中去。因此财产物资的计价和价值转移方法是否恰当，对成本核算的正确性会产生重要影响。不同的计价方法所产生的计量金额必然有所差异。譬如固定资产折旧的计算、存货的计价方法、制造费用的分配等，在现行制度中都规定了几种允许企业选择的计量方法。为了正确计算产品成本，必须正确确定这些财产物资的计价和价值转移的方法。凡是国家有统一规定的，应采用国家统一规定的方法；国家没有统一规定的，应在国家许可的范围内，结合企业实际情况合理选用。方法一经确定不得随意改变，以保证成本信息的可比性。要防止任意改变财产物资的计价和价值转移的方法，人为调节产品成本的错误做法。

4）正确选择成本计算方法

产品成本计算方法的选择主要受生产特点和管理要求两方面的影响。而成本计算方法选择的合理与否，将直接影响企业成本计算的准确性。因此，企业只有按照产品生产的特点和管理要求来选用成本计算方法，才能正确及时地计算产品成本，为成本管理提供有用的成本信息。

2. 成本核算的一般程序

成本核算的一般程序是指对企业在生产经营过程中发生的各项费用，按照成本核算的要求，逐步进行归集和分配，最后计算出各种产品的成本和各项期间费用的基本过程。产品的成本核算是一项比较复杂的工作，不同的成本核算方法的计算程序并非完全相同，但都包含着一个一般程序。现将成本核算的一般程序归纳如下。

1）确定成本计算对象

成本计算对象就是成本的承担者，也就是在成本计算过程中，生产费用归集和分配的承受对象，通俗地讲就是计算谁的成本。确定成本计算对象是计算产品成本的前提，基本生产成本明细账就是根据成本计算对象设置的。由于成本计算对象的确定与企业的生产工艺过程和生产组织特点有密切的联系，为了准确确定成本计算对象，首先需要了解企业的生产类型。

（1）生产的分类。生产的类型就是指产品的生产特点。尽管制造企业生产的产品多种多样，生产工艺过程千差万别，但按照产品生产的一般特点，可做以下分类。

① 按照生产工艺过程特点分类。制造企业的生产，按其生产工艺过程的特点，可以分为单步骤生产和多步骤生产两种类型。

单步骤生产也称简单生产，是指生产工艺过程不可间断，或者不能分散在不同地点进行的生产，例如发电、采掘等工业生产。这类生产由于技术上的不可间断，或由于生产地点的限制，通常只能由一个企业整体进行，而不能由几个企业协作进行。

多步骤生产也称复杂生产，是指生产工艺过程是由若干个可以间断的加工步骤组成的生产，这种生产可以由几个车间或企业，在不同的时间和地点协作进行。多步骤生产按加工方式不同，又可分为连续式生产和装配式生产。连续式生产是指原材料投入生产后，要顺序经过若干生产步骤的连续加工，才能成为产品的生产，如纺织、冶金等工业生产。装配式生产是指先将原材料同时分别加工成零部件，再将零部件组装成产品的生产，例如机械制造、车辆制造等工业生产。

② 按照产品生产组织特点分类。制造企业的生产按其生产组织的特点，可以分为大量生产、成批生产和单件生产等 3 种类型。

大量生产是指不断地重复生产相同产品的生产。这种生产的特点是：产品品种较少，生产比较稳定，例如纺织、冶金、采掘、发电等工业生产。

成批生产是指按照预先规定的产品批别和数量，成批地制造某种产品的生产。这种生产的特点是：产品品种较多，生产具有一定的重复性，如服装、机械的生产。成批生产按照产品批量的大小，可以分为大批生产和小批生产，大批生产的性质接近于大量生产，小批生产的性质接近于单件生产。

单件生产是指按照订货单位的要求，生产个别的、性质特殊的产品的生产。这种生产的特点是：产品的品种规格多变，而且很少重复，如重型机械制造、船舶制造、精密仪器制造等。

（2）生产特点和管理要求对成本计算对象的影响。单步骤、大量生产的企业，由于其工艺过程不能间断，又往往是重复生产一种或几种产品，因此在这种类型的企业中，只能以产品的品种作为成本计算对象。

多步骤、大量生产的企业，由于大量重复生产品种相同的产品而无法分批，但其工艺过程可划分为若干可以间断的生产步骤，根据这类企业的生产特点，其成本计算对象既可以是各种产成品，也可以是产品所经过的各生产步骤。如果成本管理不仅要求计算企业最终产成品的成本，而且还要计算产品所经过各加工步骤的成本，其成本计算对象就是各种产成品及所经过各加工步骤的成本；如果管理上不要求计算各加工步骤成本，则成本计算对象也为产品的品种。

小批单件生产的企业，由于其生产的产品批量小，一批产品一般可以同时完工，因此在这种类型的企业中，应以每件或每批产品为成本计算对象；如果管理上要求提供每件或每批产品所经过的生产步骤成本，则也要以每件或每批产品及其经过的加工步骤的成本，作为其成本计算对象。

成本计算对象是根据企业的生产特点和管理要求来确定的，一般有产品品种、产品批别、生产步骤等，由此形成了品种法、分批法和分步法等成本计算的基本方法。不同的成本计算对象是区别成本计算基本方法的主要标志。

2）确定成本计算期

成本计算期是每次计算产品成本的期间，即多长时间计算一次成本。企业应根据其生产特点来确定各成本计算对象的成本计算期。在小批单件生产的企业，其产品成本的计算，可以在该批或该件产品完工后计算，因而产品成本计算是不定期的，成本计算期与产品生产周期一致，而与会计报告期不一致。在大量大批生产的企业，一种产品的生产川流不息地进行，一方面，同样的原材料不断地投入生产，另一方面，同样的产品不断地产出，所以产品成本的计算不可能等该产品停产时进行，只能人为地确定以会计期间即日历“月份”作为成本计算期。因此产品成本的计算要定期进行，成本计算期与会计报告期一致，而与产品生产周期不一致。

3）生产费用按成本项目在各成本计算对象之间进行归集和分配

归集和分配生产费用时，首先必须对企业各项费用的开支进行严格的审核和控制，并按照国家的有关规定确定其应计入产品成本还是期间费用。将本月应计入产品成本的各项生产费用在各成本计算对象之间，按照成本项目进行归集和分配。这是本月生产费用在各成本计算对象之间横向的归集和分配。

对于企业在生产过程中为某种产品(成本计算对象)单独发生的费用，即直接计入费用，可以根据费用发生的原始凭证，将其直接计入该种产品的相关成本项目；对于企业为几种产品(成本计算对象)共同发生的费用，即间接计入费用，则应采用合理的方法分配计入各有关产品的成本项目。

间接计入费用的分配标准主要有以下 3 类：

（1）成果类分配标准，例如受益对象的重量、体积、产量、产值等。

（2）消耗类分配标准，例如受益对象的生产工时、生产工人工资、机器工时、材料消耗量等。

（3）定额类分配标准，例如受益对象的定额工时、材料定额消耗量、定额费用等。

4）生产费用在完工产品与在产品之间进行分配

产品在生产过程中发生的各项费用，通过按成本项目在各成本计算对象之间进行归集和分配后，各成本计算对象应负担的生产费用已经全部计入其产品成本明细账中，这些费用是本月为生产产品而发生的费用，并不是本月完工产品的成本。如果产品本月全部完工，没有月末在产品，则其产品成本明细账中归集的生产费用(包括本月发生的生产费用，加上月初在产品成本)即为完工产品成本；如果产品本月全部未完工，则产品成本明细账中归集的生产费用即为月末在产品成本；如果产品本月部分完工、部分未完工，就要将该产品成本明细账中归集的生产费用，进一步在本月完工产品和月末在产品之间进行分配，计算出完工产品的总成本和单位成本。这是生产费用在完工产品和在产品之间纵向的归集和分配。

本月发生的生产费用和月初、月末在产品及本月完工产成品成本4项费用的关系可用下列公式表达。

$$\text{月初在产品成本}+\text{本月发生生产费用}=\text{本月完工产品成本}+\text{月末在产品成本} \quad (1-1)$$

或

$$\text{月初在产品成本}+\text{本月发生生产费用}-\text{月末在产品成本}=\text{本月完工产品成本} \quad (1-2)$$

生产费用在完工产品与在产品之间的分配，在成本计算工作中是一个重要而又比较复杂的问题。企业应当根据在产品数量的多少、各月在产品数量变化的大小、各项费用比重的大小，以及定额管理基础的好坏等具体条件，选择既合理又简便的分配方法进行分配。

成本核算的一般程序如图1.1所示。

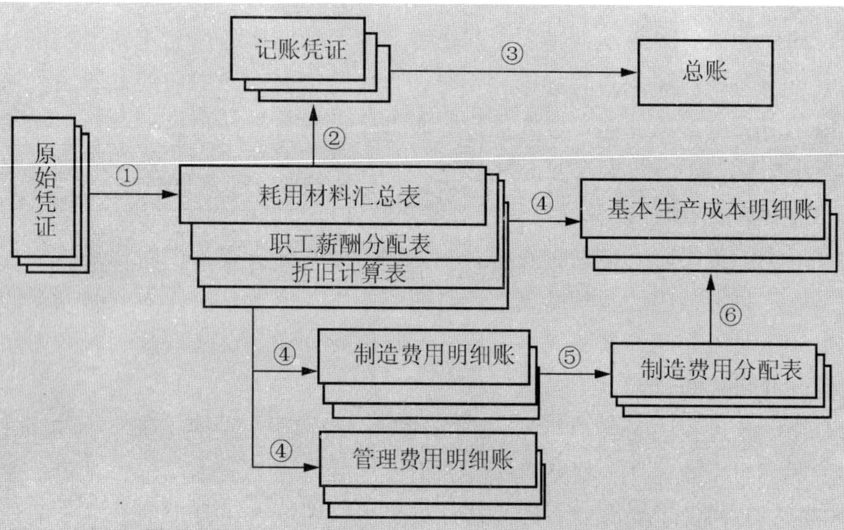

说明：

① 根据原始凭证编制材料、职工薪酬等要素费用分配表。

② 根据各要素费用分配表编制记账凭证。

③ 根据记账凭证登记总账。

④ 根据各要素费用分配表登记有关明细账。

⑤ 编制制造费用、辅助生产费用分配表。

⑥ 根据制造费用、辅助生产费用分配表，登记基本生产成本明细账。

图1.1　成本核算的一般程序图

3. 成本核算应设置的账户

不同行业的企业，可以根据本行业的生产特点和管理要求确定成本核算应设置的账户。下面主要介绍制造企业在进行成本费用核算时，关于成本类和费用类账户的设置和运用。

1）成本类账户

企业进行工业性生产，包括生产各种产品(包括产成品、自制半成品、提供劳务等)、自制材料、自制工具、自制设备等所发生的各项费用应该设置“生产成本”账户进行核算。该账户下再分设“基本生产成本”和“辅助生产成本”两个二级账户，在二级账户下按照成本计算对象开设明细账，账内按成本项目设专栏进行明细核算。为了简化会计核算手续，本书不再设置“生产成本”总账账户，将两个二级账户提升为一级账户，按照“基本生产成本”和“辅助生产成本”两个总账账户分别加以介绍。

(1)“基本生产成本”账户。基本生产是指为完成企业主要生产目的而进行的产品生产。“基本生产成本”账户就是为了归集在基本生产过程中发生的各种生产费用计算基本生产产品成本而设立的账户。该账户借方登记企业为进行基本生产而发生的各种费用；贷方登记转出的完工入库的产品成本；余额在借方，反映尚未完工的各项在产品成本。

“基本生产成本”账户应按产品品种、产品批别、生产步骤等成本计算对象设置基本生产成本明细账，该账也称产品成本明细分类账，账内按产品成本项目分设专栏或专行。

(2)“辅助生产成本”账户。辅助生产是指为基本生产服务而进行的产品生产和劳务供应，如工具修理、电力供应等。辅助生产所提供的产品和劳务有时也对外销售。“辅助生产成本”就是为了归集辅助生产所发生的各种生产费用而设置的账户。该账户借方登记为进行辅助生产而发生的各种费用；贷方登记完工入库的产品成本或分配转出的劳务成本；余额在借方，表示辅助生产在产品的成本。

“辅助生产成本”账户应按辅助生产车间和生产的产品、劳务分设明细分类账，账中按辅助生产的成本项目或费用项目分设专栏或专行进行明细登记。

(3)“制造费用”账户。为核算企业生产产品和提供劳务所发生的各项间接费用，包括工资和社会保险、折旧费、办公费、水电费、机物料消耗、劳动保护费、季节性和修理期间的停工损失等，应设置“制造费用”账户。该账户借方登记实际发生的制造费用；贷方登记分配转出的制造费用；该账户月末一般无余额。

“制造费用”账户应按车间、部门设置明细分类账，账内按费用项目设立专栏进行明细登记。

(4)“废品损失”账户。需要单独核算废品损失的企业，可以单独设置“废品损失”账户。该账户的借方登记不可修复废品的生产成本和可修复废品的修复费用；贷方登记废品残料回收的价值、应收的赔款以及转出的废品净损失；该账户月末应该无余额。

2）费用类账户

为了正确核算直接计入当期损益的期间费用，企业应设置“管理费用”、“销售费用”、“财务费用”账户进行核算。这3个账户都属损益类账户，借方分别登记本期实际发生的各项期间费用；贷方登记期末转入“本年利润”账户的各项期间费用；这3个账户期末结转后都应该无余额。

4. 产品成本核算的账务处理程序

产品成本核算的账务处理程序是指整个产品成本形成过程的会计核算步骤，为了可以对其有一个总括了解，下面结合成本核算的一般程序和成本核算的主要会计账户，将产品成本核算账务处理的基本程序用图列示，如图1.2所示。

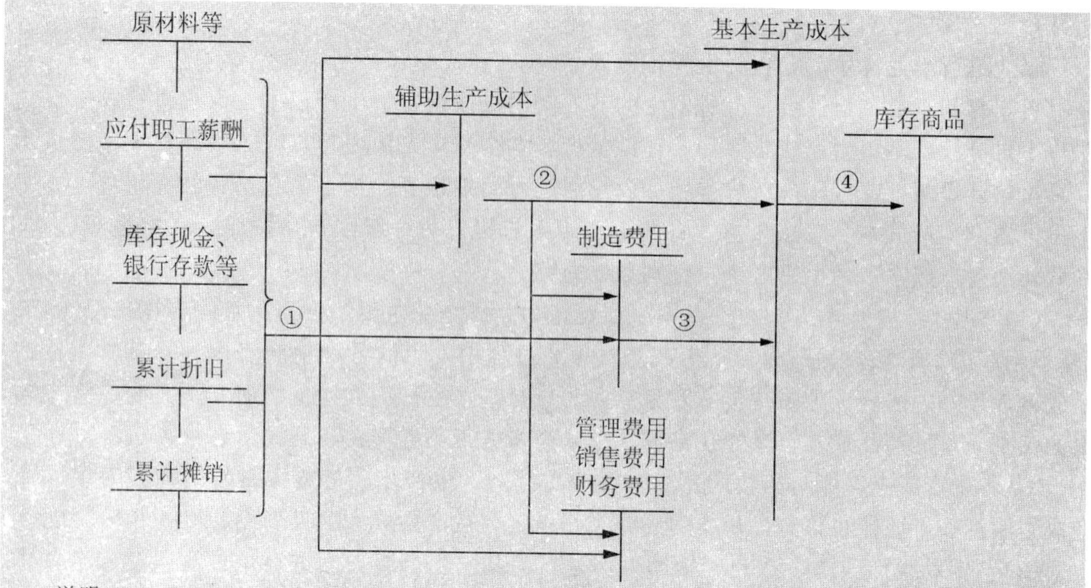

说明：

① 表示分配各项要素费用。

② 表示分配辅助生产成本。

③ 表示分配制造费用。

④ 表示结转完工产品成本。

图 1.2　产品成本核算的账务处理程序图

三、能力拓展

企业的生产类型和管理要求不仅决定成本计算对象，而且也影响成本计算期和生产费用在完工产品与在产品之间分配问题。而成本计算对象、成本计算期和生产费用在完工产品与在产品之间分配，这 3 个方面的有机结合形成不同的成本计算方法。

(1) 在大量大批单步骤生产或多步骤生产但管理上不要求按步骤计算成本的企业中，是以各种产品为成本计算对象，以日历月份为成本计算期。单步骤生产的企业，一般没有在产品或在产品很少，所以生产费用不需要在完工产品与在产品之间进行分配；多步骤生产的企业由于存在月末在产品，所以需要在完工产品与在产品之间进行费用的分配。这些因素的组合，就形成了成本计算的“品种法”。

(2) 在大量大批多步骤生产的企业中，如果管理上要求按生产步骤计算成本，则以最终产成品及其所经过的各生产步骤为成本计算对象，以日历月份为成本计算期，由于存在月末在产品，所以生产费用需要在完工产品与在产品之间进行分配。这些因素的组合，就形成了成本计算的“分步法”。

(3) 在小批单件生产的企业，以某批或某件产品作为成本计算对象，以生产周期作为成本计算期，通常不需要在完工产品与在产品之间分配生产费用，这三方面的组合，就形成了成本计算的“分批法”。

以上 3 种方法为产品成本计算的基本方法。此外，为适应简化成本核算和加强日常成本控制的管理要求，还可与上述 3 种基本方法相结合形成产品成本计算的其他方法，如分类法、定额法等。这两种方法与生产类型的特点没有直接联系，不涉及成本计算对象，它们的应用或者是为了简化成本计算工作，或是为了加强成本管理，一般不能单独使用，要与各种类型生产中采用的基本方法结合起来才可使用，所以这些方法通称为产品成本计算的辅助方法。

四、单项技能训练

1. 资料

某企业 9 月份有关费用资料如下：

①生产耗用原材料 50 000 元；②生产耗用燃料 2 000 元；③生产耗用水电费 1 000 元；④支付生产工人工资 10 000 元；⑤车间管理人员工资 4 000 元；⑥销售部门人员工资 5 000 元；⑦企业管理人员工资 8 000 元；⑧车间办公费 500 元；⑨厂办公室电话费 1 000 元；⑩支付第四季度报纸杂志费 900 元；⑪支付购买生产车间职工劳保用品 1 400 元；⑫车间机器修理费 100 元；⑬支付生产经营周转借款应由本季度负担的利息 30 000 元；⑭固定资产报废清理净损失 10 000 元。

企业会计人员将这些费用的分类列示如下：

生产成本＝①＋④＋⑤＋⑥＝69 000(元)

生产费用＝②＋③＋⑧＋⑪＋⑫＝5 000(元)

期间费用＝⑦＋⑨＋⑩＋⑬＋⑭＝49 900(元)

该企业会计人员对这些费用的分类是否正确？如不正确，请你根据“正确划分费用界限”的要求，指出上述划分存在的问题，并加以改正。

2. 要求

以小组为单位，到当地生产企业进行社会调研，了解企业产品成本核算的管理要求、相关部门设置，写出调研报告。

项 目 小 结

本项目从解析成本会计、概览成本会计组织和认知成本会计核算的程序 3 个方面对成本会计的基础知识做了系统的介绍。

成本是指为了达到一定的目的或完成一定的任务而耗费的人力、物力、财力的货币表现。现代成本会计的职能主要包括成本预测、成本决策、成本计划、成本控制、成本核算、成本分析和成本考核 7 项职能。

成本会计工作的组织主要有设置成本会计机构，配备成本会计人员，制定和执行成本会计的规章制度 3 个方面。

企业在成本核算中应满足 4 个要求：算管结合，算为管用；正确划分各种费用界限；正确确定财产物资的计价和价值转移的方法；正确选择成本计算方法。

企业成本核算的一般流程为：确定成本计算对象；确定成本计算期；生产费用按成本项目在各成本计算对象之间进行归集和分配；生产费用在完工产品与在产品之间进行分配。

思考与讨论

1. 思考题

(1) 成本的含义是什么?

(2) 制造业成本会计的对象是什么?

(3) 在产品成本核算过程中，应分清哪些费用界限?

(4) 简述制造业成本核算的一般程序。

2. 个案分析

京华电子公司成本核算制度

第一条　制定本制度是为规范公司成本会计工作，降低成本，实现成本计划。

第二条　本公司主要产品为电子产品 P1，准备开发 P2、P3、P4 等产品。

第三条　本制度所指成本系指制造产品所需提供的原物料、劳务及产品制造过程中发生的一切费用。

第四条　产品成本包括下列各项：直接材料；直接人工；制造费用。

第五条　采取品种法作为成本计算方法，计算产品成本。

第六条　成本计算以产品为中心。

第七条　成本计算以每月计算一次为原则。

第八条　成本金额以元为标准，单位成本保留小数点后两位。

第九条　产品数量计算均以个为单位。

第十条　仓库部门应提供原材料领用单，产品入库单作为会计部门计算成本的依据。另人事部门应于月底前 2 天提供部门薪酬资料作为会计部门计算直接人工及间接人工的依据。

第十一条　成本会计的计算应按产品提供单位成本分析，若有超量耗用原物料、人工或费用发生重大差异的时候，应查明原因并提出报告。

第十二条　材料成本的计算采用加权平均法。

(一) 材料的领用及退回均应填具领料单、退料单，办理领退料手续，并在领料单内填写订单号码。

(二) 领退料的凭证应依规定格式填写并经权限主管核准。

(三) 发料人员应使领退料单及送货单号码连续，于次日送交会计人员，并将领退料单、产品入库单、送货单输入计算机。

(四) 生产成品的入库均应填具成品入库单，并在成品入库单内填写订单号码。

第十三条　仓库部门应在次月 5 日前提供本月的订单品别收发存月报表，送会计部门核对。

第十四条　人工成本为给付员工的基本薪酬、加班费、奖金及各项津贴补助、劳保等。

第十五条　人工成本依照人事部门每月编制的"薪资清册"加以区分为直接人工和管理费用。

(一) 本制度所指直接人工系指生产部门所有人员的劳动报酬。

(二) 本制度所指进入管理费用的人工为办公楼所有人员工资。

第十六条　制造费用发生时，应按其性质根据有关的原始凭证编制记账凭证入制造费用明细账，而各项费用月终后分配入产品成本。

第十七条　成本计算依据资料：生产月报表，薪资清册，订单原料产品收发存月报表，制造费用分配表。

第十八条　本制度自颁布之日起施行。

思考：

（1）分析该公司成本核算制度是否完善、合理？如果有不同见解，提出改进意见。

（2）京华电子公司主要产品为电子产品 P1，准备开发 P2、P3、P4 共 3 种产品，其成本核算可能会有什么变更？

综合技能测试

1. 资料

北方机械公司是国内矿山龙头企业，主要生产大型重型机械，用于矿山等企业。该公司设有 7 个基本生产车间，分别生产矿山机械的各种零部件以及零部件的组装；另外，它还设有 4 个辅助生产车间，为基本生产车间及其他部门提供劳务。由于该企业规模较大，现在实行分散工作方式，所以该公司厂部和车间分别设置有关成本费用明细账进行核算。

该公司设有成本核算中心，中心有成本会计人员 4 名(不包括各个生产车间的成本会计人员)，其中：成本核算中心负责人 1 人，负责成本核算的全面工作和成本报表的编制与分析；材料核算 1 人，负责材料收发的核算；工资核算 1 人，负责生产工人工资的发放和分配；成本核算 1 人，负责产品成本原始凭证汇总、费用归集分配及成本计算。

2. 要求

（1）该公司设置成本核算中心是否必要？为什么？

（2）企业成本核算应设置哪些成本明细账？应选择哪种账页格式？

（3）成本费用应按照什么程序进行归集和分配？

项目二 品种法

学习目标

(1) 熟练掌握要素费用的分配方法、辅助生产费用、制造费用的分配方法以及生产费用在完工产品和月末在产品之间的分配方法。

(2) 掌握品种法的特点、成本计算程序以及适用范围。

(3) 能够根据生产的类型和特点采用品种法熟练计算产品成本，编制成本计算单。

任务一 单一品种产品成本的计算

在单步骤大量生产企业中，如果只生产一种产品，且生产周期短，如发电、采掘、铸造等企业，成本计算对象就是产品品种，只需要为这种产品开设一个产品成本明细账，来归集所发生的生产费用，计算产品成本。

一、任务描述

某发电厂属于单步骤的大量生产企业，只生产电力一种产品。工厂为加强管理，对单生产步骤按照工段设有4个基本生产车间：燃料车间、锅炉车间、汽机车间和电机车间，另外还设有一个辅助生产车间——运输车间和若干个管理科室。

该厂以煤为燃料进行火力发电，工艺特点主要表现为：通过煤燃烧对锅炉中的水进行加热，形成高温高压的蒸汽，推动汽轮机快速旋转，借以带动发电机转动，从而产生电力，整个工艺过程不能间断。

1. 200×年××月份该发电厂发生的经济业务

(1) 基本生产车间燃料车间提供的生产用燃料耗用统计表，见表2-1。

表2-1 燃料耗用统计表

200×年××月

燃料名称	数量/吨	单价/(元/吨)	金额/元
阳泉原煤	800	300	240 000
大同原煤	500	280	140 000
合计	1 300		380 000

(2) 根据不同生产车间领用各种材料的领料单，汇总编制领料凭证汇总表，见表2-2。

表2-2 领料凭证汇总表

200×年××月

车 间	材料名称	数 量	单价/元	金额/元
燃料车间	A材料	300	60	18 000
锅炉车间	B材料	100	30	3 000
汽机车间	C材料	220	50	11 000
电机车间	D材料	80	35	2 800
运输车间	E材料	270	20	5 400
合 计				40 200

(3) 根据各生产车间工资结算凭证、考勤记录等，汇总编制职工薪酬结算汇总表，见表2-3。

表2-3 职工薪酬结算汇总表

200×年××月　　单位：元

车 间	职工工资	社会保险	工会经费	职工教育经费	合 计
燃料车间	16 939	5 268	338.78	254.22	22 800
锅炉车间	12 704.30	3 951.03	254.08	190.59	17 100
汽机车间	15 245	4 741.20	304.90	228.90	20 520
电机车间	8 469	2 633.86	169.38	127.76	11 400
运输车间	6 775.60	2 107.20	135.50	101.70	9 120
合 计	60 132.90	18 701.29	1 202.64	903.17	80 940

说明：各生产车间不设置管理人员，职工均为一线工人。

(4) 开出转账支票支付本月水费28 600元，其中，基本生产车间生产用水27 000元，运输车间用水1 600元。支票存根见表2-4，水费发票略，不考虑增值税。

表2-4 中国工商银行转账支票存根

Ⅵ1102241332

科 目

对方科目

出票日期 200×年×月×日

收款人：蓬莱自来水公司	
金 额：28 600.00	
用 途：水费	

单位主管　　会计

(5) 根据固定资产的类别和折旧率确定的各车间、部门本月应计提折旧57 650元，编制固定资产折旧计算表，见表2-5。

表 2-5 固定资产折旧计算表

200×年××月 单位：元

车间、部门	基本生产车间	运输车间	管理部门	合计
折旧费	53 000	4 000	650	57 650

（6）根据相关付款凭证汇总本月发生的其他费用，见表 2-6。

表 2-6 其他费用汇总表

200×年××月 单位：元

分配对象	办公费	差旅费	劳动保护费	财产保险费	合计
基本生产车间	2 200		3 500	3 100	8 800
运输车间	1 488		2 142		3 630
管理部门	6 900	2 012			8 912
合计	10 588	2 012	5 642	3 100	21 342

（7）辅助生产车间运输车间上报的劳务供应量资料见表 2-7。

表 2-7 运输车间提供的劳务量表

受益部门	运输车间/千米
燃料车间	500
锅炉车间	700
汽机车间	1 500
电机车间	2 000
厂部管理部门	50
合计	4 750

2. 核算要求

（1）根据生产的类型和特点选择恰当的成本计算方法。
（2）设置产品成本、费用明细账。
（3）编制费用分配表，登记成本费用明细账。
（4）编制产品成本计算单，计算完工产品成本。

二、任务实施

发电厂属于单步骤的大量生产企业，由于整个工艺过程不能间断，又只生产电力一种产品，所以应选择简单品种法计算电力产品成本。

1. 设置产品成本、费用明细账

该厂为进行成本核算，按照产品的品种设置了“基本生产成本明细账”，见表 2-11，并以成本项目为专栏设置具体成本项目，包括“燃料及动力”、“直接材料”、“直接人工”和

“制造费用”等。其中，“直接材料”是指企业生产经营过程中实际消耗的原料及主要材料、辅助材料、外购件以及其他直接材料，包括A、B、C、D、E材料及自来水；“直接人工”是指企业直接从事产品生产的基本生产车间人员的职工薪酬等；“制造费用”是指直接或间接用于产品生产，但不便于直接计入产品成本，因而没有专设成本项目的费用。该发电厂生产用的燃料为原煤，由于燃料成本占电力成本的比重较大，从重要性原则考虑专门设置“燃料及动力”成本项目。

除此之外，该厂还应设置制造费用、辅助生产成本账户。该发电厂对所有基本生产车间设置一个制造费用账户，见表2－10，核算间接计入产品成本的共同性费用；对辅助生产车间运输车间发生的费用设置“辅助生产成本——运输车间”账户，见表2－8。

表2－8 辅助生产成本明细账

车间名称：运输车间　　单位：元

×年		凭证字号	摘　要	机物料消耗	水电费	职工薪酬	折旧费	其　他	合　计
月	日								
×	31	略	分配材料费用	5 400					5 400
	31		分配水费		1 600				1 600
	31		分配人工费用			9 120			9 120
	31		计提折旧费				4 000		4 000
	31		其他费用					3 630	3 630
	31		本月合计	5 400	1600	9 120	4 000	3 630	23 750
	31		结转各受益部门	5 400	1 600	9 120	4 000	3 630	23 750

2. 编制费用分配表，登记成本费用明细账

1）分配要素费用

(1) 分配材料费用。

① 该发电厂月末根据燃料车间提供的燃料耗用统计表，分配燃料费用。

借：基本生产成本——电力(燃料及动力)　　380 000

　　贷：燃料　　380 000

② 根据领料凭证汇总表，分配材料费用。基本生产车间直接用于产品生产的材料为34 800元，应记入电力产品的基本生产成本明细账的“直接材料”成本项目；辅助生产车间运输车间耗用的材料为5 400元，记入“辅助生产成本——运输车间”。

借：基本生产成本——电力(直接材料)　　34 800

　　辅助生产成本——运输车间　　5 400

　　贷：原材料　　40 200

③ 本月支付水费28 600元，其中，基本生产车间生产用水27 000元，运输车间用水1 600元，编制记账凭证。

借：基本生产成本——电力(直接材料)　　27 000

　　辅助生产成本——运输车间　　1 600

　　贷：银行存款　　28 600

（2）分配人工费用。基本生产车间人员的工资应记入电力产品的基本生产成本明细账的"直接人工"成本项目。辅助生产车间运输车间人员的工资为 9 120 元，记入"辅助生产成本——运输车间"。根据各生产车间"职工薪酬结算汇总表"，编制记账凭证。

借：基本生产成本——电力(直接人工)　　71 820
　　辅助生产成本——运输车间　　9 120
　　贷：应付职工薪酬　　80 940

（3）归集分配本月发生的折旧费和其他费用。

① 根据固定资产折旧计算表分配本月发生的折旧费。

借：制造费用——基本生产车间　　53 000
　　辅助生产成本——运输车间　　4 000
　　管理费用　　650
　　贷：累计折旧　　57 650

② 本月发生的其他费用见表 2-6，根据其他费用汇总表分配其他费用。

借：制造费用——基本生产车间　　8 800
　　辅助生产成本—运输车间　　3 630
　　管理费用　　8 912
　　贷：银行存款　　21 342

根据各项要素费用分配表及所编制的记账凭证，登记基本生产成本明细账见表 2-11、制造费用明细账见表 2-10、辅助生产成本明细账见表 2-8。

2）分配辅助生产费用

运输车间辅助生产成本明细账归集的辅助生产费用合计为 23 750 元，应由各受益部门负担。辅助生产车间本月劳务供应量见表 2-7，编制辅助生产费用分配表见表 2-9。

表 2-9　辅助生产费用分配表

200×年×月　　单位：元

应借科目	运输车间		
	耗用量	分配率	分配金额
制造费用	4 700		23 500
管理费用	50		250
合　计	4 750	5	23 750

根据辅助生产费用分配表，编制记账凭证。

借：制造费用——基本生产车间　　23 500
　　管理费用　　250
　　贷：辅助生产成本——运输车间　　23 750

3）分配制造费用

制造费用明细账归集的待分配制造费用为 85 300 元，由于该企业只生产一种产品电力，因此归集的制造费用全部计入该产品的成本。

表 2-10 制造费用明细账

车间名称：基本生产车间 单位：元

摘　要	材料费	人工费	折旧费	运输费	水电费	其　他	合　计
折旧费用计算表			53 000				
其他费用分配表						8 800	
辅助费用分配表				23 500			
本月合计			53 000	23 500		8 800	85 300
结转制造费用			53 000	23 500		8 800	85 300

根据制造费用明细账结转本月制造费用，编制记账凭证。

借：基本生产成本——电力(制造费用) 85 300

　　贷：制造费用——基本生产车间 85 300

3. 计算完工产品成本

根据上述会计处理登记按成本项目设置专栏的基本生产成本明细账，见表 2-11。

表 2-11 基本生产成本明细账——电力

单位：元

摘　要	燃料及动力	直接材料	直接人工	制造费用	合　计
分配燃料费	38 0000				380 000
分配材料费		34 800			34 800
分配水费		27 000			27 000
分配工资费			71 820		71 820
分配制造费				85 300	85 300
本月合计	380 000	61 800	71 820	85 300	598 920
本月转出	380 000	61 800	71 820	85 300	598 920

由于电力产品不能储存，不存在未完工的在产品，所以无需将生产费用在完工产品和在产品之间进行分配。当月发生的全部生产费用，即为当月电力产品的总成本，该厂所产电力，除少量自用外全部对外供应，因此，总成本除以对外供应的电力产量，即为电力产品的单位成本。

根据基本生产成本明细账和电力产量统计资料，编制电力产品成本计算单，见表 2-12。

由于燃料成本占电力成本的比重较大，从重要性原则考虑还要突出反映电力的燃料单位成本，以便加强对燃料成本的分析和考核。

根据电力产品成本计算单结转本月电力成本，编制记账凭证。

借：库存商品——电力 598 920

　　贷：基本生产成本——电力 598 920

根据以上记账凭证登记基本生产成本明细账等。

表 2-12 电力产品成本计算单

成本项目		生产量	总成本/元	单位成本/元
燃料及动力			380 000	0.190 3
直接材料			6 800	
直接人工			71 820	
制造费用			85 300	
合　计			598 920	
生产量		2 000 000		
其中	厂用电量	3 600		
	厂供电量	1 996 400		
产品单位成本				0.300 0

三、知识归纳

品种法也称“产品成本计算的品种法”，是以产品的品种作为成本计算对象，归集生产费用并计算产品成本的一种方法。品种法是成本计算方法中最基本的方法。

品种法主要适用于大量大批单步骤生产的企业或车间，例如发电、采掘等企业，辅助生产的供水、蒸汽等车间，也适用于大量大批多步骤生产，且管理上不要求按照生产步骤计算成本的企业，例如造纸厂、小型水泥厂等。

1. 简单品种法的含义及特点

在采用品种法计算产品成本时，如果只生产一种产品，该产品就是成本计算对象，为生产该种产品所发生的费用，都是该种产品的直接费用，如果该种产品属于简单生产，月末在计算产品成本时一般不存在尚未完工的在产品或者在产品数量较小，可以不计算在产品的成本，成本计算过程相当简单，故称为单一品种的品种法或简单品种法。简单品种法的特点体现在以下 3 个方面：

(1) 成本计算对象是产品品种。品种法以产品品种作为成本计算对象，并据以设置产品成本明细账归集生产费用和计算产品成本。

(2) 成本计算期与会计报告期一致。由于大量大批的生产是不间断的连续生产，意味着不断投入原材料不断有产品完工，无法按照产品的生产周期来归集生产费用，计算产品成本，所以只能定期按月计算产品成本。因此，产品成本是定期按月计算的，与会计报告期一致，与产品生产周期不一致。

(3) 月末一般不需要将生产费用在完工产品和在产品之间分配。大量大批的单步骤生产采用品种法计算产品成本，由于单步骤生产是生产技术不可间断的生产，不划分生产步骤，所以月末一般没有在产品，所以计算产品成本时不需要将生产费用在完工产品和在产品之间进行分配。

2. 简单品种法的适用范围

(1) 大量大批的单步骤生产的产品。具体说，发电、采掘、供水、供汽、磨粉、铸造等企业都不需要分批分步计算产品成本，可以直接用简单品种法计算一种或几种产品的成本。

(2) 企业内的供水、供电、供汽等辅助生产车间计算提供基本生产车间与其他辅助生产车间使用的水、电、汽的劳务成本。

3. 简单品种法的成本计算程序

简单品种法成本计算的程序一般可分为以下 3 个步骤。

1) 开设成本、费用明细账

根据产品品种设置基本生产成本明细账，并在成本明细账中按成本项目设置专栏，通常包括直接材料、直接人工和制造费用等项目。

根据辅助生产车间和辅助生产的产品、劳务设置“辅助生产成本”明细账，并在账中按辅助生产的成本项目或费用项目分设专栏。

根据基本生产车间设置制造费用明细账，并在账内按费用项目设立专栏。

2) 分配生产费用，登记总账和明细账

简单品种法根据各项费用的原始凭证和其他有关资料，分配各种费用，并登记各种产品成本明细账和有关成本费用明细账。其中，直接费用，如生产产品直接耗用的原材料和生产工人职工薪酬等直接计入；间接费用，如组织和管理生产的各种费用，按其发生地点归集再按一定比例分配计入。

在单一品种生产企业，为生产该种产品所发生的生产费用都是该种产品的直接费用，可以直接计入该产品成本明细账。

提示

在工业企业中，产品成本核算通常涉及的原始凭证有领料单、职工薪酬的结算汇总表、固定资产折旧计算表等。由于成本会计是内部会计，成本核算属于企业内部核算业务。因此，成本核算中所编制的各种费用汇总表、计算表、分配表等，其种类、格式、项目构成等内容可由企业自行确定。

(1) 材料费用的归集和分配。材料费用包括企业生产经营过程中耗用的原材料(原料及主要材料)、辅助材料、设备配件、外购半成品、燃料、低值易耗品和包装物等材料物料的货币表现。对产品生产过程中发生的材料耗费，不论是耗用的外购材料还是耗用的自制材料，都应根据领料凭证按照发生的部门(或地点)以及用途汇总，分配计入产品成本或当期损益。在核算过程中，能直接明确其受益对象的就直接归集到该受益对象对应的成本费用账户中。

① 材料费用的分配去向。基本生产车间耗用的材料按用途可分为直接用于产品生产的材料和一般耗用的材料。直接用于产品生产的材料应记入“基本生产成本”总账和相应产品的基本生产成本明细账的“直接材料”成本项目；基本生产车间一般耗用的材料则记入“制造费用”总账和所属明细账进行归集；月末分配记入“基本生产成本”总账和相应产品的基本生产成本明细账的“制造费用”成本项目。

对于辅助生产部门耗用的材料，如果辅助生产不对外提供商品产品，而且辅助生产车间规模较小、辅助产品或劳务单一时，辅助生产车间耗用的材料直接全部记入“辅助生产成本”总账和相应的明细账。

提示

辅助车间所发生的生产费用，也可按用途分为直接用于辅助产品生产(或劳务)和一般耗用两部分，其处理方法本教材在能力拓展中介绍。

销售机构、行政管理部门耗用的材料，不计入产品成本，而应分别记入“销售费用”、“管理费用”总账和所属明细账，作为期间费用转入“本年利润”账户，冲减当期损益。

② 材料费用分配。材料费用的分配是指将材料费用计入各受益对象。一般而言，凡能辨清材料费用受益对象的，应直接计入该分配对象对应的成本费用账户。

如果有余料退库和废料收回业务，应根据退料凭证和废料交库凭证，扣减原领用的材料费用。月末已领未用的材料，如果下月生产还需要用，应办理假退料手续，以冲减当月生产费用。

(2) 职工薪酬的归集和分配。职工薪酬是指企业为获得职工提供的服务而给予各种形式的报酬以及其他相关支出，包括职工在职期间和离职后提供给职工的全部货币性薪酬和非货币性福利。企业提供给职工配偶、子女或其他被赡养人的福利等，也属于职工薪酬。职工薪酬是企业必须付出的人力成本，是吸引和激励职工的重要手段，也就是说，职工薪酬既是职工对企业投入劳动获得的报酬，也是企业的成本费用。具体而言，职工薪酬主要包括以下几个方面的内容：职工工资、奖金、津贴和补贴；职工福利费；社会保险费；住房公积金；工会经费和职工教育经费；非货币性福利；辞退福利；股份支付等。

计量应付职工薪酬时，国家规定了计提基础和计提比例的，应当按照国家规定的标准计提。例如，应向社会保险经办机构等缴纳的医疗保险费、养老保险费、失业保险费、工伤保险费、生育保险费等社会保险费，应向住房公积金管理机构缴存的住房公积金以及工会经费和职工教育经费等，应当在职工为其提供服务的会计期间，根据职工薪酬总额的一定比例计算确定。国家没有规定计提基础和计提比例的，企业应当根据历史经验数据和实际情况，合理确定当期应付职工薪酬。

企业应按照职工薪酬发生的部门(或地点)以及用途分配计入有关成本费用。企业成本会计人员在每月终了时，应根据有关部门计算出的各种结算单，按车间、部门分别编制“职工薪酬结算汇总表”，在“职工薪酬结算汇总表”的基础上，分受益对象来分配职工薪酬。

① 职工薪酬的分配去向。基本生产车间人员的职工薪酬按用途，可分为直接从事产品生产的工人职工薪酬和车间管理人员的职工薪酬。直接从事产品生产的生产工人职工薪酬属于直接人工费用，应记入“基本生产成本”总账和相应产品的基本生产成本明细账的“直接人工”成本项目；基本生产车间管理人员的职工薪酬(包括除生产工人以外所有人员的职工薪酬)则记入“制造费用”总账和所属明细账进行归集。月末分配记入“基本生产成本”总账和相应产品的基本生产成本明细账的“制造费用”成本项目。

对于辅助生产车间人员的职工薪酬应记入“辅助生产成本”总账和相应产品或劳务明细账的“职工薪酬”费用项目。

销售机构、行政管理部门人员的职工薪酬应分别记入“销售费用”、“管理费用”总账和所属明细账，作为期间费用转入“本年利润”账户，冲减当期损益。

② 职工薪酬的分配方法。职工薪酬的分配方法指的是职工薪酬计入成本费用的方法。职工薪酬计入费用成本的方法因职工薪酬的计算形式不同而有所区别。

a. 在计件工资形式下的职工薪酬的分配。计件工资是根据产量和工时记录中登记的每一生产工人(或某一生产班组)完成的工作量，按照事前规定的相应产品的单位工作量工资(或称计件单价)计算的。生产工人的计件工资与产品生产直接联系，因此发生时直接记入基本生产成本账户的“直接人工”成本项目；对于基本生产工人的奖金、津贴则要采用一定的标准分配记入产品成本的“直接人工”成本项目，其分配方法一般按直接计入产品成本的生产工人计件工资比例进行分配。

b. 在计时工资形式下的职工薪酬的分配。计时工资是根据考勤记录的每一职工出勤日数，按照规定的职工薪酬标准计算的。在计时工资形式下，基本生产部门的生产工人职工薪酬计入产品成本的方法是：如果该生产部门只生产一种产品，则直接记入该种产品对应的基本生产成本账户的“直接人工”成本项目。

在实际工作中，月末根据职工薪酬结算单和有关的生产工时记录等凭证，按照职工所在的部门及岗位编制“职工薪酬汇总表”来分配职工薪酬费用。

(3) 归集分配本月发生的折旧费和其他费用。

① 固定资产折旧费用的归集和分配。固定资产由于损耗而减少的价值就是固定资产的折旧。折旧费用的归集必须按固定资产使用车间、部门来进行，以便正确计入各车间、部门有关产品成本及费用当中。

折旧费的归集是通过编制各车间、部门折旧计算明细表而汇总编制全厂的折旧计算汇总表进行的。

各车间、部门折旧计算明细表应根据月初计提折旧固定资产的有关资料和确定的折旧计算方法编制。根据规定，月份内开始使用的固定资产，当月不提折旧，从下月起计提折旧；月份内减少或者停用的固定资产，当月仍计提折旧，从下月起停止计提折旧。

不是所有固定资产都提取折旧的，提取折旧的固定资产包括房屋和建筑物、在用的机器设备、仪器仪表、运输车辆、工具器具、季节性停用和修理停用的设备，以及以经营租赁方式租出的固定资产、以融资租赁方式租入的固定资产等，而经营租赁方式租入的固定资产不提取折旧。

各车间、各部门根据确定的固定资产折旧方法和计算折旧的有关规定，计算并编制固定资产折旧计算明细表。

折旧费用的分配应按用途来进行。基本生产车间固定资产的折旧费用按现行会计制度规定，作为间接费用先按使用地点归集于制造费用中，月末随同其他制造费用一起分配计入产品成本；辅助生产部门固定资产的折旧费直接计入辅助生产成本；企业行政管理部门所使用的固定资产，其折旧费计入管理费用；专设销售机构所使用的固定资产，其折旧费计入销售费用。

折旧费用的分配通常由企业财会部门在月终编制折旧费用计算表，并据此编制记账凭证，登记有关总账及所属明细账。

② 其他费用的归集和分配。生产企业的其他要素费用是指除了上述材料费用、职工薪酬费用、折旧费用以外的其他要素费用，包括邮电费、差旅费、办公费、印刷费、保险费、运输费、租赁费、报纸杂志订阅费、职工技术培训费等。

这些费用通常以银行存款或现金支付，因此，应于费用发生时，根据银行付款凭证和现金付款凭证，将发生的其他各要素费用，按照费用发生的地点和用途编制其他费用汇总表并进行相应的账务处理。

属于基本生产车间发生的，例如基本生产车间订阅的报刊费、机器设备的修理费、差旅费等，应计入“制造费用”总账及所属明细账的有关项目；属于辅助生产车间发生的，应记入“辅助生产成本”总账及所属明细账的有关项目；属于行政管理部门发生的，应记入“管理费用”总账及所属明细账的有关项目；属于销售机构发生的，应记入“销售费用”总账及所属明细账的有关项目。

（4）分配辅助生产费用。辅助生产车间是指专门为基本生产车间和行政管理部门等提供劳务或产品的服务部门。辅助生产费用是指为了基本生产车间、管理部门或其他辅助生产车间提供产品或劳务而发生在辅助生产车间的各项费用。

在生产规模较大的制造企业中，除基本生产车间外，一般都设有辅助生产车间，如供电车间、供水车间、运输车间和修理车间等。在只提供一种劳务的辅助生产车间，其所发生的一切耗费都是直接计入耗费，因而在发生时可按经济用途直接归集，计入该劳务的有关成本项目，因此其成本归集的程序比较简单。并且，由于这些辅助生产车间提供的劳务一般无在产品，所以归集的生产耗费总额也就是该车间劳务的总成本，除以劳务的数量，即为劳务的单位成本。

提示

在提供两种或两种以上的劳务的辅助生产车间，所发生的各项耗费包括直接耗费和间接耗费，需要分清所发生的费用是哪一种劳务所耗，对于能分清的直接计入耗费，应直接计入该种劳务的成本中并予以归集；对于不能分清的共同耗费，作为间接计入耗费，应先按辅助生产车间分别归集，然后采用适当的分配标准，在各种劳务之间进行分配，最后确定各种劳务的总成本和单位成本。

① 辅助生产费用的归集。辅助生产费用在发生时已经根据要素费用分配表和相应的账务处理，将辅助生产车间发生的全部费用归集到了“辅助生产成本”总账及其有关的明细账户中。

② 辅助生产费用的分配。辅助生产费用的分配就是将归集在“辅助生产成本”总账及其明细账借方的辅助生产费用，采用一定的方法进行结转和分配。

分配辅助生产费用可依据辅助生产车间提供劳务的特点，选择相对合理而又简便的方法，以提供的劳务数量为分配标准，在受益单位之间进行分配，分配时应从“辅助生产成本”账户的贷方转入“基本生产成本”、“制造费用——基本生产车间”、“管理费用”、“销售费用”、“在建工程”等账户的借方。辅助生产费用分配也需要通过编制辅助生产费用分配表来进行。

（5）分配制造费用。

① 制造费用的核算范围。企业在生产产品的过程中，除了消耗原材料、燃料动力、人工费用、接受辅助生产车间提供的产品或劳务外，还会发生其他有关费用。如车间管理人员的职工薪酬，厂房、机器、设备的折旧，车间管理部门为组织产品生产而发生的其他管理费用等。对生产车间在组织产品生产过程中所发生的费用，以及在产品生产过程中发生应计入产品成本，但没有专设成本项目而不能直接归属到产品成本中的各项间接费用称为制造费用。

企业制造费用的范围广、内容多、情况比较复杂，通常包括以下 3 类：

a. 直接用于产品生产未单独设置成本项目的费用。这些耗费虽然用于产品生产，但管理上不要求或不便于单独核算，因而没有专设成本项目。这类制造费用主要有：未单独设置

“燃料及动力”成本项目的企业所发生的用于产品生产的动力费用；专门用于某产品生产的机器设备的折旧费、租赁费、保险费；生产车间的生产工具等低值易耗品摊销费；产品设计制图费和试验检验费用等。

b. 间接用于产品生产的费用。制造费用大部分是间接用于产品生产的耗费，通常包括机物料消耗费用；车间生产用的房屋、建筑物、机器、设备的折旧费用，保险费用及租赁费用；车间的照明、取暖、降温、通风、除尘等费用；工人的劳动保护费用；以及发生的季节性或修理期间停工所造成的损失等。

c. 为组织和管理产品生产而发生的费用。这是车间(分厂)管理机构及人员在日常生产管理过程中发生的费用，主要有生产管理人员的职工薪酬及按规定提取并交纳的社会保险等费用；生产管理部门使用的固定资产折旧费用、保险费用及租赁费用；生产管理过程中使用低值易耗品的摊销费用；管理部门发生的照明、取暖、降温、通信、出差、办公费用等。

对上述发生在生产过程中的费用，构成制造费用的核算范围。为了统一核算口径，便于资料对比，可以根据企业实际情况设置制造费用的费用项目，归类反映制造费用的构成。制造费用的明细项目一般设置为：职工薪酬、折旧费、保险费、租赁费、低值易耗品摊销、水电费、取暖费、运输费、差旅费、办公费、机物料消耗、劳动保护费、设计制图费、试验检验费、在产品损耗、停工损失等。

② 制造费用的归集。制造费用一般是间接计入成本，当制造费用发生时一般无法直接判定它所归属的成本计算对象，因而不能直接计入所生产的产品成本中去，而须按费用发生的地点先行归集，月终时再采用一定的方法在各成本计算对象间进行分配，计入各成本计算对象的成本中。

企业发生的各项制造费用是按其用途和发生地点，通过“制造费用”账户进行归集和分配的。“制造费用”明细账应根据管理要求，按车间设置，对于基本生产车间，应按车间分设明细账，账内按照费用项目开设专栏，进行明细核算。对于辅助生产车间，直接将其记入“辅助生产成本”账户核算。

企业发生的制造费用根据支出凭证借记“制造费用”科目及其所属有关明细账，可在月末根据“材料费用汇总表”、“职工薪酬汇总表”、“折旧费用计算表”、“其他费用汇总表”等有关凭证按其发生地点和用途归集，登记“制造费用”账户借方及其所属明细账的有关栏目。

③ 制造费用的分配。本期实际发生的制造费用归集汇总后，应于期末按一定的标准分配给本车间的受益对象。在只生产一种产品的车间，所发生的制造费用是直接制造费用，应直接计入该产品的成本。

3）计算并结转各种完工产品生产成本

月末，根据“基本生产成本明细账”上归集的生产费用及完工入库单，采用适当方法计算各种完工产品成本。

（1）不计算在产品成本法。对于单步骤、大量大批生产采用简单品种法计算完工产品生产成本的企业，由于月末没有在产品，本月发生的生产产品的费用汇总就是本月完工产品的总成本，除以产量，就是单位成本，成本计算上比较简单。这种计算完工产成品成本的方法称为不计算在产品成本法。如果各月末没有在产品或在产品数量很少、价值很低，且各月在产品数量比较稳定，在这种情况下，在产品成本对完工产品成本影响不大，为简化成本计算工作，可以不计算月末在产品成本，即在产品成本是零。

采用这种方法确定在产品成本，则本期完工产品总成本就是本期该产品所归集的生产费用。其计算公式如下：

$$本期某完工产品总成本=该产品本期归集的全部生产费用 \tag{2-1}$$

$$该完工产品单位成本=\frac{本期该产品总成本}{本期该产品完工数量} \tag{2-2}$$

这种方法适用于各月月末在产品数量很小且生产稳定的企业，如自来水生产企业、发电企业、采掘企业等都可采用这种方法。

（2）结转完工产品的成本。根据各成本计算单中计算出来的本月完工产品成本，计算出完工产品总成本和单位成本，并进行结转。

四、能力拓展

1. 材料发出的计价核算

企业生产用原材料是分批购入，陆续发出的。由于原材料的产地、价格和生产耗费的条件不同，即使同一种原材料的每一批单位成本也是不同的，这就涉及发出原材料时究竟按哪一种单价计价的问题，发出材料的计价直接影响到产品成本计算的准确性。按现行企业会计准则规定，企业发出的原材料，可以按实际成本计价，也可以按计划成本计价。

原材料按实际成本计价核算时，可采用先进先出法、加权平均法、移动加权平均法、个别计价法等确定其发出成本。

原材料按实际成本进行核算，不仅核算工作量较大，又影响核算的及时性。为了简化原材料日常核算工作，对于品种繁多的原材料，可按照计划成本进行计价。采用这种计价方法时，原材料的收入、发出和结存均按照预先确定的计划成本计价，月末，再核算各种原材料的计划成本与实际成本的差异，并采用一定的方法将发出材料的计划成本调整为实际成本。

在原材料按计划成本计价的情况下，各种发料凭证都是按计划成本填制的，但月末必须将发出原材料的计划成本调整为实际成本。其计算公式如下：

$$发出材料的实际成本=\begin{matrix}发出材料的\\计划成本\end{matrix}+\begin{matrix}发出材料应分\\摊的成本差异\end{matrix} \tag{2-3}$$

$$发出材料应分摊的成本差异=\begin{matrix}发出材料的\\计划成本\end{matrix}\times\begin{matrix}材料成本\\差异率\end{matrix} \tag{2-4}$$

$$材料成本差异率=\frac{\begin{matrix}月初结存材\\料成本差异\end{matrix}+\begin{matrix}本月收入材\\料成本差异\end{matrix}}{\begin{matrix}月初结存材\\料计划成本\end{matrix}+\begin{matrix}本月收入材\\料计划成本\end{matrix}}\times 100\% \tag{2-5}$$

2. 辅助生产车间账户的设置

辅助生产费用的归集与分配是通过“辅助生产成本”账户进行的，一般按车间以及产品和劳务设立明细账，账内按照成本项目或费用项目设立专栏或专行，进行明细核算。

对于直接用于辅助生产产品或劳务的费用，应计入“辅助生产成本”账户的借方；对于辅助生产车间所发生的制造费用，有两种核算方法：一种是通过“制造费用”账户核算；另一种是不通过“制造费用”账户核算。

通过“制造费用”账户核算的企业，应在“制造费用”总账下设置“辅助生产车间”二级账。发生间接费用时，先将所发生的各项制造费用在“制造费用”账户的借方进行归集，月末从其贷方全额转入“辅助生产成本”账户的借方，“辅助生产成本”明细账一般按照成本项目设专栏。这种方法一般适用于辅助生产车间规模较大、发生的制造费用较多的企业。

不通过“制造费用”账户核算的企业，辅助生产车间发生的间接费用，直接计入“辅助生产成本”账户的借方，“辅助生产成本”明细账一般按照费用项目设专栏，可以简化核算程序。这种方法一般适用于辅助生产车间规模较小、发生的制造费用较小，并且辅助车间不对外提供劳务的企业。本书对于辅助生产车间发生的制造费用的处理采用此种方法。

五、单项技能训练

1. 材料核算的技能训练

1）资料

某企业原材料采用计划成本核算。月初原材料计划成本 161 300 元，材料成本差异(超支)2 850 元，本月收入原材料 38 700 元，材料成本差异(超支)1 150 元；本月发出材料计划成本见表 2－13。

表 2－13 发料凭证汇总表

2008 年 8 月

单位：元

材料类别 \ 耗用情况		甲产品	乙产品	生产车间	管理部门	合计
原材料	原料及主要材料	82 320	3 920		5 900	86 240
	辅助材料	35 280		17 600		58 780
	外购半成品	29 400				29 400
	修理用备件		15 680			15 680
	燃料		13 600	1 050	910	15 560
计划成本合计		147 000	33 200	18 650	6 810	205 660

2）要求

（1）计算本月生产领用材料的实际成本。

（2）分配材料费用，编制领用材料的记账凭证(列明产品名称和成本项目)。

2. 企业调研

以小组为单位，到当地发电厂、水泥厂等生产企业进行社会调研，了解企业生产工艺流程，搜集相关成本资料，写出调研报告。

任务二　多品种产品成本的计算

一些大量大批的多步骤生产企业同时生产两种或两种以上的产品，且生产工艺复杂，生产周期长，月末一般生产线上都会有在产品，当管理上不要求分步骤计算产品成本时，可以按照产品品种归集所发生的生产费用，计算产品成本。

一、任务描述

北苑公司是一家无缝钢管生产企业，设有一个基本生产车间热轧车间和供电、锅炉两个辅助生产车间。基本生产车间热轧车间经过 8 个生产步骤大量生产低中压锅炉用无缝钢管(GB 3087)、高压锅炉用无缝钢管(GB 5310)两种产品，因步骤半成品没有独立的经济意义，管理上不要求计算步骤半成品成本。

热轧车间使用原料圆管坯轧制无缝管，生产工艺过程为：圆管胚要经过切割机的切割加工成坯料——钢管，并经传送带送到熔炉内加热；圆管坯出炉后要经过压力穿孔机进行穿孔；穿孔后，圆管坯就先后被三辊斜轧、连轧或挤压；挤压后要脱管定径；定径机通过锥形钻头高速旋转入钢坯打孔，形成钢管；钢管经定径后，进入冷却塔中，通过喷水冷却，经冷却后就要被矫直；钢管经矫直后由传送带送至金属探伤机进行内部探伤；最终钢管质检后，用油漆喷上编号、规格等，并由吊车吊入仓库中。生产工艺流程如图 2.1 所示。

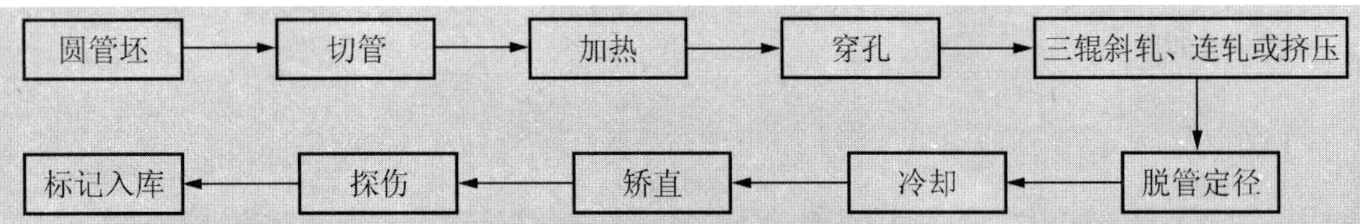

图 2.1 生产工艺流程

该企业供电、锅炉两个辅助生产车间向企业基本生产车间和管理部门提供电、气劳务，由于供电车间和锅炉车间都只是提供单一劳务，辅助生产车间的制造费用直接计入“辅助生产成本”明细账。该企业定额管理较好，各种定额资料齐全。

1. 2008 年 8 月有关成本计算资料

1）月初在产品成本

根据基本生产成本明细账 GB 3087、GB 5310 两种产品的月初在产品成本见表 2－14。

表 2－14 GB 3087、GB 5310 产品月初在产品成本资料表

2008 年 8 月　　单位：元

摘　　要	直接材料	直接人工	制造费用	合　　计
GB 3087 产品月初在产品成本	164 000	32 470	3 675	200 145
GB 5310 产品月初在产品成本	123 800	16 000	2 000	141 800

2）产量资料

月初在产品数量：GB 3087 产品月初在产品为 100 件，GB 5310 产品月初在产品为 20 件。

本月生产数量：根据基本生产车间上报的生产通知单、完工通知单统计的 GB 3087 产品本月投产 500 件，本月完工 500 件，月末在产品 100 件；GB 5310 产品本月投产 240 件，本月完工 230 件，月末在产品 30 件。

3）本月发生生产费用

（1）平时领用材料填制领料单，见表 2－15(其他领料单略)，根据领料单汇总编制“发出材料汇总表”，见表 2－16。

表 2－15 领料单

领料部门：基本生产车间　　2008 年 8 月 1 日　　编号：3170

材料		单位	数量		单位成本	金额	备注	
编号	名称		请领	实发				第二联 记账联
23－007	碳素钢	千克	12	12	300	3 600		
用途		用于生产 GB 3087 产品						

仓库负责人：李进　　发料：王丽　　领料：卢红

表 2－16 发出材料汇总表

2008 年 8 月　　单位：元

领料部门和用途	材料类别			合计
	原材料	包装物	低值易耗品	
基本生产车间耗用：				
GB 3087 产品耗用	800 000	10 000		810 000
GB 5310 产品耗用	600 000	4 000		604 000
GB 3087、GB 5310 两种产品共同耗用	28 000			28 000
车间一般耗用	2 000		100	2 100
辅助生产车间耗用：				
供电车间耗用	1 000			1 000
锅炉车间耗用	1 200			1 200
厂部管理部门耗用	1 200		400	1 600
合计	1 433 400	14 000	500	1 447 900

（2）根据各车间、各部门工资结算凭证、考勤记录等，汇总编制工资结算汇总表，本月工资结算汇总见表 2－17。

表 2－17 工资结算汇总表

2008 年 8 月　　单位：元

车间、部门		岗位工资	绩效工资	加班津贴	扣缺勤工资	应付工资	代扣款项			实发工资
							社会保险	住房公积金	个人所得税	
基本车间	生产工人	469 490	7 010	2 400	100	478 800	20 995	7 809	81	449 915
	管理人员	15 639	720	630	50	16 939	1 314	980	95	14 550

续表

车间、部门	岗位工资	绩效工资	加班津贴	扣缺勤工资	应付工资	代扣款项			实发工资
						社会保险	住房公积金	个人所得税	
供电车间	5 375.6	1 160	540	300	6 775.6	750	516	50	5 459.60
锅炉车间	4 675.67	700	300		5 675.67	315	240	11	5 109.67
管理部门	2 9432.4	2 640	360		32 432.4	5 580	1 374	159	25 319.40
合　计	524 512.67	12 230	4 230	450	540 622.67	28 954	10 919	396	500 353.67

说明：其中代扣的社会保险、住房公积金为应付职工薪酬中已包含的由个人负担的部分，由企业负担的部分应单独计提。

1. 社会保险和住房公积金单位和个人负担比例为：养老保险，单位 20%，个人 8%；医疗保险，单位 7%，个人 2%；失业保险，单位 2%，个人 1%；生育保险，由单位负担 1%；工伤保险，由单位负担 1.1%；住房公积金，单位和个人均为 6%。

2. 该企业的工会经费和职工教育经费按工资总额的 2%和 1.5%计提。

（3） 固定资产折旧计算见表 2－18。

表 2－18　固定资产折旧计算表

2008 年 8 月　　　　单位：元

分配对象		7 月份折旧额	7 月份增加固定资产的折旧额	7 月份减少固定资产的折旧额	8 月份折旧额
基本生产车间		9 500	1 000	500	10 000
辅助生产车间	供电车间	2 500	300	800	2 000
	锅炉车间	3 900	100		4 000
管理部门		6 000			6 000
合　计		21 900	1 400	1 300	22 000

（4） 根据银行存款支付凭证，本月发生的其他费用汇总见表 2－19。

表 2－19　其他费用汇总表

2008 年 8 月　　　　单位：元

分配对象	办公费	设计制图费	差旅费	劳动保护费	市内交通费	其他支出	合　计
基本生产车间	1 000	2 600	1 400	2 000	315	1 195	8 510
供电车间	500			1 800	145	800	3 245
锅炉车间	400				480	600	1 480
管理部门	3 800		1 200		1 560	600	7 160
合　计	5 700	2 600	2 600	3 800	2 500	3 195	20 395

4） 基本生产车间上报材料

基本生产车间汇总上报的本月 GB 3087、GB 5310 产品生产工时、材料定额消耗量资料见表 2－20。

表 2-20 产品生产工时、材料定额消耗量汇总表

项　　目		GB 3087 产品	GB 5310 产品
单位产品材料定额消耗量/千克		80	125
实际生产工时	完工产品	98 000	49 900
	在产品	2 000	100
	合　计	100 000	50 000

5）辅助生产车间提供的材料

辅助生产车间提供的劳务供应量资料见表 2-21。

表 2-21 供电和锅炉车间提供的劳务量表

受益部门	供电车间/度	锅炉车间/立方米
供电车间		313
锅炉车间	1 000	
基本生产车间	33 000	3 000
其中：GB 3087 产品	18 000	
GB 5310 产品	9 000	
一般耗费	6 000	3 000
厂部管理部门	12 000	1 187
合　计	46 000	4 500

6）有关费用分配方法

(1) 生产 GB 3087、GB 5310 两种产品的原材料在生产开始时一次投入，两种产品共同耗用的材料费用，按照定额消耗量比例分配法进行分配。

(2) 生产工人工资按实际生产工时比例分配。

(3) 辅助生产车间发生的费用采用直接分配法进行分配。

(4) 制造费用分配方法采用生产工时比例法。

(5) 生产费用在完工产品和在产品之间的分配：GB 5310 产品按照固定计算在产品成本法，GB 3087 产品采用约当产量法，在产品平均完工程度为 50%。

2. 核算要求

(1) 根据生产的类型和特点选择成本计算方法。

(2) 开设基本生产成本、辅助生产成本、制造费用等明细账。

(3) 按照产品成本计算的一般程序，计算完工产品和月末在产品的成本。

二、任务实施

北苑公司经过两个生产步骤大量生产 GB 3087、GB 5310 两种产品，因步骤半成品没有

独立的经济意义，管理上不要求计算步骤半成品成本，确定采用品种法计算 GB 3087、GB 5310两种产品成本。

1. 设置产品成本、费用明细账

该企业应按产品品种设置“基本生产成本明细账”，并按成本项目设置专栏，GB 3087 产品和 GB 5310 产品基本生产成本明细账见表 2-33 和表 2-34。该企业生产用的燃料和动力没有专门设置“燃料及动力”成本项目，发生的电费计入基本生产成本明细账“直接材料”成本项目，即作为原材料费用进行核算。

除此之外该企业还应设置辅助生产成本明细账、制造费用明细账。辅助生产成本明细账按辅助生产车间设置，“辅助生产成本——供电车间”见表 2-28，“辅助生产成本——锅炉车间”见表 2-29；制造费用明细账按基本生产车间设置，“制造费用——基本生产车间”见表 2-32。

2. 编制费用分配表，登记明细账

1）分配材料费用

直接用于产品生产的材料应记入相应产品的基本生产成本明细账的“直接材料”成本项目；生产 GB 3087、GB 5310 两种产品共同耗用材料 28 000 元，该企业材料定额耗用量比较准确，按 GB 3087、GB 5310 两种产品材料定额耗用量比例分配法分配。

材料定额耗用量比例分配法就是以原材料定额耗用量为分配标准，分配原材料费用的一种方法。这种分配方法的计算公式如下：

$$\text{某种产品原材料的定额耗用量}=\text{该种产品实际产量}\times\text{单位产品原材料消耗定额} \quad (2-6)$$

$$\text{原材料费用分配率}=\frac{\text{待分配的原材料费用总额}}{\text{各种产品原材料的定额耗用量总额}} \quad (2-7)$$

$$\text{某种产品应分配的原材料费用}=\text{该种产品原材料的定额耗用量}\times\text{原材料费用分配率} \quad (2-8)$$

GB 3087 产品的材料定额耗用量 $=500\times80=40\ 000$（千克）

GB 5310 产品的材料定额耗用量 $=240\times125=30\ 000$（千克）

$$\text{材料费用分配率}=\frac{28\ 000}{40\ 000+30\ 000}=0.4$$

GB 3087 产品应负担的材料费用 $=40\ 000\times0.4=16\ 000$（元）

GB 5310 产品应负担的材料费用 $=30\ 000\times0.4=12\ 000$（元）

采用材料定额耗用量比例分配法分配材料费用，编制原材料费用分配表，见表 2-22、表 2-23。

表 2-22　GB 3087、GB 5310 产品共同耗用材料分配表

2008 年 8 月　　单位：元

产品名称	单位产品材料消耗定额/千克	投产量	材料定额耗用量	分配率	分配金额
GB 3087 产品	80	500	40 000		16 000
GB 5310 产品	125	240	30 000		12 000
合计				0.4	28 000

表 2-23　材料费用分配表

2008 年 8 月　　单位：元

会计科目	明细科目	原材料	包装物	低值易耗品	合　计
基本生产成本	GB 3087 产品	816 000	10 000		826 000
	GB 5310 产品	612 000	4 000		616 000
	小计	1 428 000	14 000		1 442 000
辅助生产成本	供电车间	1 000			1 000
	锅炉车间	1 200			1 200
	小　计	2 200			2 200
制造费用	基本生产车间	2 000		100	2 100
管理费用		1 200		400	1 600
合　计		1 433 400	14 000	500	1 447 900

根据材料费用汇总表，编制发出材料的记账凭证。

借：基本生产成本——GB 3087 产品　　826 000
　　　　　　　——GB 5310 产品　　616 000
　　辅助生产成本——供电车间　　1 000
　　　　　　　——锅炉车间　　1 200
　　制造费用——基本生产车间　　2 100
　　管理费用　　1 600
　　贷：原材料　　1 433 400
　　　　周转材料——包装物　　14 000
　　　　　　　——低值易耗品　　500

2）分配人工费用

基本生产车间生产工人的工资应记入相应产品的基本生产成本明细账的“直接人工”成本项目。由于该企业生产两种产品，因此基本生产车间生产工人的工资应该在 GB 3087、GB 5310这两种产品之间进行分配。北苑公司工资费用采用按实际生产工时比例分配法分配。

采用实际生产工时比例法分配工资费用，计算公式如下：

$$\text{工资费用分配率}=\frac{\text{生产工人工资总额}}{\text{各种产品实际工时之和}} \tag{2-9}$$

$$\text{某种产品应负担计时工资费用}=\text{该产品的实际工时}\times\text{工资费用分配率} \tag{2-10}$$

北苑公司按照实际生产工时比例法分配工资费用，有关计算过程如下：

$$\text{工资费用分配率}=\frac{478\ 800}{100\ 000+50\ 000}=3.192$$

GB 3087 产品应负担计时工资费用＝100 000×3.192＝319 200(元)

GB 5310 产品应负担计时工资费用＝50 000×3.192＝159 600(元)

根据上述工资费用的分配过程及结果，编制生产工人工资费用分配表，见表 2-24。

表 2-24 生产工人工资费用分配表

2008 年 8 月 单位：元

分配对象		工资		
会计科目	明细科目	分配标准	分配率	分配额
基本生产成本	GB 3087 产品	100 000		319 200
	GB 5310 产品	50 000		159 600
	小　计	150 000	3.192	478 800

根据工资结算汇总表、生产工人工资费用分配表，编制职工薪酬分配表，见表 2-25。

表 2-25 职工薪酬分配表

2008 年 8 月 单位：元

应借科目	职工工资	社会保险	住房公积金	工会经费	职工教育经费	合　计
基本生产成本—GB 3087 产品	319 200	99 271.20	19 152	6 384	4 788	448 795.20
基本生产成本—GB 5310 产品	159 600	49 635.60	9 576	3 192	2 394	224 397.60
制造费用	16 939	4 251.66	1 016.34	338.78	254.22	22 800
辅助生产成本—供电车间	6 775.60	1 700.67	406.53	135.50	101.70	9 120
辅助生产成本—锅炉车间	5 675.67	1 765.13	340.54	113.51	85.15	7 980
管理费用	32 432.40	10 086.48	1 945.94	648.65	486.53	45 600
合　计	540 622.67	166 710.74	32 437.35	10 812.44	8 109.60	758 692.80

根据表 2-25，编制职工薪酬分配业务的记账凭证。

借：基本生产成本——GB 3087 产品　448 795.20
　　　　　　　　——GB 5310 产品　224 397.60
　　辅助生产成本——供电车间　9 120
　　　　　　　　——锅炉车间　7 980
　　制造费用——基本生产车间　22 800
　　管理费用　45 600
　　贷：应付职工薪酬——职工工资　540 622.67
　　　　　　　　　　——社会保险　166 710.74
　　　　　　　　　　——住房公积金　32 437.35
　　　　　　　　　　——工会经费　10 812.44
　　　　　　　　　　——职工教育经费　8 109.60

3）分配折旧费和其他费用

（1）根据固定资产折旧计算表编制折旧费用分配表，见表 2-26。

根据折旧计算分配表，编制计提折旧的记账凭证。

借：制造费用——基本生产车间　10 000
　　辅助生产成本——供电车间　2 000
　　　　　　　　——锅炉车间　4 000
　　管理费用——折旧费　6 000
　　贷：累计折旧　22 000

表 2-26 折旧费用分配表

2008 年 8 月　　　　单位：元

会计科目	明细科目	费用项目	分配金额
制造费用	基本生产车间	折旧费	10 000
辅助生产成本	供电车间	折旧费	2 000
	锅炉车间	折旧费	4 000
管理费用		折旧费	6 000
合　计			22 000

(2) 根据表 2-19 编制其他费用分配表，见表 2-27。

表 2-27 其他费用分配表

2008 年 8 月　　　　单位：元

会计科目	明细科目	合　计
制造费用	基本生产车间	8 510
辅助生产成本	供电车间	3 245
	锅炉车间	1 480
管理费用	其他	7 160
合　计		20 395

根据其他费用分配表，编制记账凭证。

借：制造费用——基本生产车间　　8 510
　　辅助生产成本——供电车间　　3 245
　　　　　　　　——锅炉车间　　1 480
　　管理费用　　7 160
　　贷：银行存款　　20 395

根据各项要素费用分配表及编制的记账凭证，登记有关基本生产成本明细账、辅助生产成本明细账和制造费用明细账。

4) 分配辅助生产费用

辅助生产成本明细账见表 2-28 和表 2-29。

表 2-28 辅助生产成本明细账

车间名称：供电车间　　　　单位：元

2008 年		凭证字号	摘　要	材料费用	职工薪酬	折旧费用	其他费用	合　计
月	日							
8	31	略	材料费用分配表	1 000				1 000
	31		工资费用分配表		9 120			9 120
	31		计提折旧费			2 000		2 000

续表

2008 年		凭证字号	摘要	材料费用	职工薪酬	折旧费用	其他费用	合计
月	日							
	31		其他费用				3 245	3 245
	31		本月合计	1 000	9 120	2 000	3 245	15 365
	31		结转各受益部门	1 000	9 120	2 000	3 245	15 365

表 2-29 辅助生产成本明细账

车间名称：锅炉车间　　单位：元

2008 年		凭证字号	摘要	材料费用	职工薪酬	折旧费用	其他费用	合计
月	日							
8	31	略	材料费用分配表	1 200				1 200
	31		工资费用分配表		7 980			7 980
	31		计提折旧费			4 000		4 000
	31		其他费用				1 480	1 480
	31		本月合计	1 200	7 980	4 000	1 480	14 660
	31		结转各受益部门	1 200	7 980	4 000	1 480	14 660

辅助生产成本明细账归集的待分配辅助生产费用，供电车间为 15 365 元，锅炉车间为 14 660 元。辅助生产车间本月劳务供应量见表 2-21，供电车间耗用锅炉车间 313 立方米蒸汽，锅炉车间耗用供电车间 1 000 度电。辅助生产车间相互耗用的量不多，该企业采用直接分配法分配辅助生产费用。

直接分配法是指将各辅助生产车间发生(归集)的费用，直接分配给各辅助生产车间以外的各受益单位，而对于各辅助生产车间相互提供产品和劳务的费用则不进行分配的一种方法。直接分配法计算公式如下：

$$\text{辅助生产的费用分配率(或单位成本)}=\frac{\text{辅助生产费用总额}}{\text{辅助生产的产品或劳务总量}}$$

(不包括对辅助生产各车间提供的产品或劳务量)　(2-11)

$$\begin{matrix}\text{各受益车间、产品或}\\\text{各部门应负担的费用}\end{matrix}=\begin{matrix}\text{辅助生产的}\\\text{单位成本}\end{matrix}\times\begin{matrix}\text{该车间、产品或}\\\text{部门的耗用量}\end{matrix}\quad(2-12)$$

北苑公司采用直接分配法分配辅助生产费用，有关计算过程如下：

$$\text{供电车间辅助生产费用分配率}=\frac{15\ 363}{46\ 000-1\ 000}=0.34$$

$$\text{锅炉车间辅助生产费用分配率}=\frac{14\ 660}{4\ 500-313}=3.50$$

GB 3087 产品生产耗用电费＝18 000×0.34＝6 120(元)

GB 5310 产品生产耗用电费＝9 000×0.34＝3 060(元)

基本车间一般耗用电费＝6 000×0.34＝2 040(元)

厂部管理部门耗用的电费＝15 365－11 220＝4 145(元)

基本车间耗用的蒸汽费＝3 000×3.50＝10 500(元)

厂部管理部门耗用的电费＝14 660－10 500＝4 160(元)

根据以上计算过程及结果，编制辅助生产费用分配表，见表2-30。

表2-30 辅助生产费用分配表

2008年8月　　单位：元

受益部门	供电车间			锅炉车间			合计
	用电度数	分配率	分配金额	蒸汽/立方米	分配率	分配金额	
供电车间				313			
锅炉车间	1 000						
基本生产车间	33 000		11 220	3 000		10 500	21 720
GB 3087产品	18 000		6 120				6 120
GB 5310产品	9 000		3 060				3 060
一般耗费	6 000		2 040	3 000		10 500	12 540
厂部管理部门	12 000		4 145	1 187		4 160	8 305
合　计	46 000	0.34	15 365	4 500	3.50	14 660	30 025

提示

本书各项费用尾差由最后的费用项目负担。

在直接分配法下，各辅助生产车间只对辅助生产车间以外的受益单位分配一次费用，所以采用这种方法计算较为方便，但由于各辅助生产车间的分配费用不完整，因而分配结果不是很准确。一般只适用于只有一个辅助生产车间或各辅助生产车间相互提供劳务不多，不进行交互分配对辅助生产成本和企业产品成本准确性影响不大时采用。

根据辅助生产费用分配表编制记账凭证。

借：基本生产成本——GB 3087产品　　6 120

　　　　　　　　——GB 5310产品　　3 060

　　制造费用——基本生产车间　　12 540

　　管理费用　　8 305

　　贷：辅助生产成本——供电车间　　15 365

　　　　　　　　　　——锅炉车间　　14 660

根据编制的记账凭证，登记有关基本生产成本明细账，见表2-33、表2-34，辅助生产成本明细账见表2-28、表2-29，制造费用明细账见表2-31。

表2-31 制造费用明细账

车间名称：基本生产车间　　单位：元

摘　要	材料费	人工费	折旧费	蒸汽费	水电费	其　他	合　计
材料费用分配表	2 100						2 100
工资费用分配表		22 800					22 800

续表

摘　　要	材料费	人工费	折旧费	蒸汽费	水电费	其　他	合　计
折旧费用计算表			10 000				10 000
其他费用分配表						8 510	8 510
辅助生产分配表				10 500	2 040		12 540
本月费用合计	2 100	22 800	10 000	10 500	2 040	8 510	55 950
结转制造费用	2 100	22 800	10 000	10 500	2 040	8 510	55 950

5）分配制造费用

北苑公司本月制造费用明细账归集的制造费用总额为 55 950 元，采用生产工时比例法分配。

生产工时比例分配法是按照各种产品所用生产工人工时的比例分配制造费用的一种方法。其中：生产工时可以是各种产品实际耗用的生产工时(实用工时)，如果产品的定额工时比较准确，也可按照定额工时比例法进行分配。其计算公式如下：

$$\text{制造费用分配率}=\frac{\text{制造费用总额}}{\text{各种产品实际工时之和}} \qquad (2-13)$$

$$\text{某种产品应负担制造费用}=\text{该产品的实际工时(定额)}\times\text{制造费用分配率} \qquad (2-14)$$

按生产工时比例分配制造费用是较为常用的一种方法，它将劳动生产率的高低与产品负担费用的多少联系起来，分配结果比较合理。但是，必须正确组织好产品生产工时的记录和核算工作，以保证生产工时的正确和可靠。

北苑公司按照生产工时分配制造费用，计算过程如下：

$$\text{制造费用分配率}=\frac{55\ 950}{100\ 000+50\ 000}=0.373$$

生产 GB 3087 产品应负担制造费用＝100 000×0.373＝37 300(元)

生产 GB 5310 产品应负担制造费用＝50 000×0.373＝18 650(元)

按照生产工时比例法分配制造费用，编制制造费用分配表，见表 2－32。

表 2－32　制造费用分配表

车间名称：基本生产车间　　　　2008 年 8 月　　　　单位：元

产　　品	生产工时	分配率	分配金额
GB 3087 产品	100 000		37 300
GB 5310 产品	50 000		18 650
合　计	150 000	0.373	55 950

根据制造费用分配表，编制记账凭证。

借：基本生产成本——GB 3087 产品　　37 300

　　　　　　　　——GB 5310 产品　　18 650

　贷：制造费用——基本生产车间　　55 950

根据记账凭证登记基本生产成本明细账(见表 2－33、表 2－34)和制造费用明细账。

表 2-33　基本生产成本明细账

产品名称：GB 3087 产品　　单位：元

2008 年		凭证字号	摘　要	直接材料	直接人工	制造费用	合　计
月	日						
7	31		月初在产品成本	164 000	32 470	3 675	200 145
8	31	略	材料费用分配表	826 000			826 000
	31		工资费用分配表		448 795.20		448 795.20
	31		辅助生产费用分配表	6 120			6 120
	31		制造费用分配表			37 300	37 300
	31		本月生产费用合计	832 120	448 795.20	37 300	1 318 215.20
	31		生产费用累计	996 120	481 265.20	40 975	1 518 360.20
	31		结转完工入库产品成本	830 100	437 513.82	37 250	1 304 863.82
	31		月末在产品成本	166 020	43 751.38	3 725	213 496.38

表 2-34　基本生产成本明细账

产品名称：GB 5310 产品　　单位：元

2008 年		凭证字号	摘　要	直接材料	直接人工	制造费用	合　计
月	日						
7	31		月初在产品成本	123 800	16 000	2 000	141 800
8	31	略	材料费用分配表	616 000			616 000
	31		工资费用分配表		224 397.60		224 397.60
	31		辅助生产费用分配表	3 060			3 060
	31		制造费用分配表			18 650	18 650
	31		本月生产费用合计	619 060	224 397.60	18 650	862 107.60
	31		生产费用累计	742 860	240 397.60	20 650	1 003 907.60
	31		结转完工产品成本	619 060	224 397.60	18 650	862 107.60
	31		月末在产品成本	123 800	16 000	2 000	141 800

3. 计算完工产品和月末在产品成本

根据各产品基本生产成本明细账归集的生产费用合计数和有关生产数量记录，在完工产品和月末在产品之间分配生产费用。

1）GB 3087 产品生产费用的分配

GB 3087 产品期末在产品数量较多，按约当产量法在完工产品与月末在产品之间分配生产费用。

（1）约当产量法。所谓约当产量，是指在产品按其完工程度(或投料程度)折合成完工产品的产量。约当产量比例法是指每月末结存的在产品，按材料消耗比例或完工程度折合成完工产品数量，然后再将归集的全部生产费用，按完工产品产量和在产品约当产量的比例进行分配，确定月末在产品成本与本期完工产品成本的一种方法。

这种方法适用于期末的在产品数量较多，各月月末的在产品数量变化较大，产品中各个成本项目所占比重相差不大的产品。约当产量法计算公式如下：

$$在产品约当产量=月末在产品数量\times 月末在产品完工程度(或投料程度) \quad (2-15)$$

$$约当总产量=本月完工产品数量+月末在产品约当产量 \quad (2-16)$$

$$某项费用分配率=\frac{该项费用总额}{约当总产量} \quad (2-17)$$

$$\begin{array}{c}本期完工产品应负\\担的某项生产费用\end{array}=完工产品产量\times 该项费用分配率 \quad (2-18)$$

由于产品生产过程中，材料费用、人工费用和制造费用的发生情况不同，所以在产品的约当产量应当按照成本项目分别加以确认。

① 分配直接材料成本项目在产品约当产量的计算。分配直接材料费用的在产品约当产量一般是按投料程度计算的。在产品投料程度是指在产品已投入材料(通常用各工序材料的消耗定额)占完工产品应投入材料(通常用完工产品材料的消耗定额)的百分比，也叫做投料百分比或投料率。

如果某种产品所耗原材料是在生产开始时一次投入，不论哪一道工序的在产品，其所耗的材料均和完工产品相同，投料程度达到100%。因此，在这种情况下，月末在产品约当量等于月末在产品数量，原材料费用可按照完工产品产量和月末在产品数量的比例分配。

② 分配其他成本项目在产品约当产量的计算。对于原材料费用以外的其他成本项目的在产品约当产量计算，通常按完工程度进行。因为这些费用的发生与完工程度密切相关，它们随着工艺过程的进行而逐渐投入耗费，产品完工程度越高，该产品应负担的这部分费用也就越多。完工程度可按照各道工序分别计算，也可不分工序，确定一个平均完工程度，即一般按50%作为各工序在产品的加工程度。如果各工序在产品数量和单位工时定额都相差不多，在产品的完工程度可按平均完工程度50%计算。

(2) 计算GB 3087产品的成本。本月北苑公司GB 3087产品完工入库为500件，月末在产品为100件。产品生产的原材料在生产开始时一次投入，投料程度为100%，所以按完工产品和在产品的数量做比例分配直接材料费用；直接人工费用、制造费用的分配，需计算在产品约当产量，按完工产品产量和在产品约当产量比例分配，在产品平均完工程度为50%，在产品100件折合约当产量50件(100×50%)。采用约当产量法计算过程如下：

$$直接材料费用分配率=\frac{996\ 120}{500+100}=1660.20$$

$$直接人工费用分配率=\frac{481\ 265.20}{500+50}=875.03$$

$$制造费用分配率=\frac{70\ 975}{500+50}=74.50$$

完工产品负担的直接材料费用=1 660.20×500=830 100(元)

完工产品负担的直接人工费用=875.03×500=437 513.82(元)

完工产品负担的制造费用=74.50×500=37 250(元)

以上计算过程可编制成本计算单，见表2-35。

表 2-35 产品成本计算单

产品名称：GB 3087 产品　　　　产成品：500 件　　　　在产品：100 件

摘　　要	直接材料	直接人工	制造费用	合　　计
月初在产品成本	164 000	32 470	3 675	200 145
本月发生生产费用	832 120	448 795.2	37 300	1 318 215.2
生产费用合计	996 120	481 265.2	40 975	1 518 360.2
完工产量	500	500	500	
在产品约当产量	100	50	50	
约当总产量	600	550	550	
分配率	1 660.20	875.03	74.50	
完工产品总成本	830 100	437 513.82	37 250	1 304 863.82
月末在产品成本	166 020	43 751.38	3 725	213 496.38

2）GB 5310 产品生产费用的分配

GB 5310 产品由于月末在产品数量很少、各月末在产品数量相对稳定，采用固定计算在产品成本法在完工产品和月末在产品之间分配生产费用。

（1）固定计算在产品成本法。固定计算在产品成本法是指年内各月在产品成本都按年初在产品成本计算，固定不变，并以此确定当月完工产品成本的一种方法。

这种方法适用于各月末在产品数量较少，或者在产品数量虽大，但各月末在产品数量是基本均衡的，而且单位产品成本变化很小，按固定成本作为月末在产品成本对完工产品成本计算的正确性影响不大的情况。如炼铁企业和化工企业的产品，由于高炉和化学反应装置的容积固定，可以采用这种方法计算在产品成本。

采用此种方法，各月在产品成本固定按年初数计算，某种产品本月发生的生产费用就是本月完工产品的成本。每年年终，根据实际盘点的在产品数量，重新调整计算 12 月末在产品的实际成本，以避免在产品成本与实际出入过大，影响成本计算的正确性，并将计算出的年末在产品成本作为下一年度各月固定的在产品成本。

（2）计算 GB 5310 产品的成本。GB 5310 产品月末在产品按照年初数固定计算，本月发生的生产费用即是完工产品的成本，编制成本计算单见表 2-36。

表 2-36 产品成本计算单

产品名称：GB 5310 产品　　　　产成品：230 件　　　　在产品：30 件

摘　　要	直接材料	直接人工	制造费用	合　　计
本月发生生产费用	619 060	224 397.6	18 650	862 107.6
完工产品总成本	619 060	224 397.6	18 650	862 107.6

4. 完工产品入库的核算

根据成本计算单编制完工产品成本汇总表，见表 2-37。

表 2－37　完工产品成本汇总表

2008 年 8 月　　单位：元

成本项目	GB 3087 产品(400 件)		GB 5310 产品(200 件)	
	总成本	单位成本	总成本	单位成本
直接材料	796 896	1 992.24	619 060	3 095.30
直接人工	427 791.29	1 069.48	224 397.6	1 121.99
制造费用	36 422.22	91.06	18 650	93.25
合　计	1 261 109.51	3 152.78	862 107.6	4 310.54

根据完工产品成本汇总表或成本计算单及产成品入库单，结转完工入库产品的生产成本，编制记账凭证。

借：库存商品——GB 3087 产品　　1 261 109.51

　　　　　——GB 5310 产品　　862 107.60

　贷：基本生产成本——GB 3087 产品　　1 261 109.51

　　　　　　　　——GB 5310 产品　　862 107.60

根据以上记账凭证，登记基本生产成本明细账见表 2－33 和表 2－34。

三、知识归纳

品种法按照产品的生产特点以及成本计算的繁简程度，可以分为单一品种的品种法和多品种的品种法两种。

1. 典型品种法的含义及适用范围

在企业生产多种产品的情况下，采用品种法计算产品成本，成本明细账就要按照产品品种分别设置，分产品品种来归集生产费用，期末将各种产品“基本生产成本明细账”上归集的生产费用，采用适当方法在完工产品和在产品之间进行分配，计算各种完工产品成本和在产品成本。这种计算产品成本的方法称为典型品种法，也叫多品种的品种法。

典型品种法一般适用于不要求分步骤计算产品成本的多步骤、大量大批生产的企业，如糖果厂、砖瓦厂、水泥厂、陶瓷厂等。

2. 典型品种法的特点

（1）以产品品种作为成本计算对象，设置生产成本明细账(产品成本计算单)。企业生产两种或以上的产品，应按产品品种分别设置生产成本明细账，发生的直接费用直接计入各品种生产成本明细账；间接费用应另行归集，然后采用适当的分配方法在各成本计算对象之间分配，再计入产品的成本。

（2）成本计算期与会计报告期一致。由于典型品种法适用于大量大批生产企业，而大量大批生产企业的产品生产总是连续不断地进行，其产成品也是不断地产出，按照会计分期的要求，其成本计算只能按月定期进行，以满足分期计算损益的需要。

（3）生产费用一般需要在完工产品和在产品之间进行分配。采用典型品种法计算产品成本的企业，一般是管理上不要求分步骤计算产品成本的大量大批的多步骤生产企业，生产工艺技术复杂，生产周期长，所以月末一般生产线上都会有在产品，这就需要将各种产品“基本生产成本明细账”上归集的生产费用，采用适当方法在完工产品和在产品之间进行分配，计算各种完工产品成本和在产品成本。

3. 典型品种法的成本计算程序

按照产品品种计算成本是产品成本计算的最一般、最起码的要求，不论什么生产类型的企业，不论成本管理的要求如何，最终都必须按照产品品种计算出产品成本，因此，典型品种法是产品成本计算方法中的最基本方法。而典型品种法的计算程序则体现着产品成本计算的一般程序，一般分以下 3 个步骤。

1）开设成本明细账

在企业生产多种产品的情况下，需按产品品种分别设置不同产品的基本生产成本明细账，并按成本项目设置专栏。除此之外，企业还需设置辅助生产成本明细账、制造费用明细账，这两种明细账的设置与简单品种法一致。

2）按照产品品种归集和分配本月发生的各项费用

在品种法下，应按产品品种归集和分配各项生产费用。根据各项费用的原始凭证和其他有关资料，编制各种费用分配表，分配各种费用，并登记各种产品成本明细账和有关成本费用明细账。其中，在企业生产多种产品的情况下，生产费用要按各种产品，并按成本项目进行归集；与某种产品生产直接有关的费用直接计入该种产品的成本，各种产品的共同费用则需分配计入各种产品的成本。

(1) 材料费用的归集和分配。根据领料凭证归集的产品生产过程中发生的材料耗费，能直接明确其受益对象的就直接归集到该受益对象中；由几种受益对象共同耗用的材料，则应采用适当的分配方法，分别计入各受益对象有关的成本费用明细账。一般而言，辅助生产部门耗用的材料、销售机构和行政管理部门耗用的材料、基本生产车间一般耗用的材料，都可以直接记入对应的成本费用明细账。而直接用于产品生产的材料，若被企业生产的多种产品共同耗用，则应采用适当的分配方法，分配记入相应产品的基本生产成本明细账的“直接材料”成本项目。

共同耗用的材料费用的分配方法可以采用材料定额耗用量比例法。这种分配方法的计算步骤如下：

第一步，计算各种产品材料定额耗用量。

第二步，以原材料定额耗用量为分配标准，计算原材料费用分配率。

第三步，计算某种产品应分摊的材料费用。

具体计算公式见公式(2-6)～公式(2-8)。

(2) 职工薪酬的归集和分配。企业应按照职工薪酬发生的部门(或地点)以及用途归集，分配计入有关成本费用。如果生产两种及两种以上的产品，则要把生产工人的职工薪酬按适当的分配标准分配计入基本生产成本账户的“直接人工”成本项目。

计时工资形式下生产工人职工薪酬的分配通常采用按产品实用工时比例分配的方法。如果企业没有实用工时的统计资料，在工时定额比较准确的情况下，也可以按定额工时比例进行分配。其中按实用工时比例分配比较合理，因为它能将产品所分配的职工薪酬与劳动生产率联系起来。即某种产品如果单位产品耗用的生产工时减少，说明劳动生产率提高，其所分配的人工成本就应减少；相反，如果单位产品耗用的工时增加，说明劳动生产率降低，其所分配的人工成本就应增加。但如果取得各种产品的实际生产工时的数据比较困难，而各种产品的单件工时定额比较准确，也可以按产品的定额工时比例分配职工薪酬。

(3) 折旧费和其他费用的归集和分配。月末根据固定资产折旧计算明细表，编制“固定资产折旧分配表”分配折旧费用。

以银行存款或现金支付的其他费用，应于费用发生时，根据银行付款凭证和现金付款凭证，将发生的其他各要素费用，按照费用发生的地点和用途编制其他费用分配表并进行相应的账务处理。

3) 归集和分配辅助生产费用

辅助生产提供的产品和劳务主要是为基本生产车间和企业行政部门使用和服务的，但在某些辅助生产车间之间，也有相互提供产品和劳务的情况。如果各辅助生产车间相互提供劳务不多，可以采用直接分配法分配辅助生产费用。

直接分配法是将各辅助生产车间发生(归集)的费用，直接分配给各辅助生产车间以外的各受益单位，而对于各辅助生产车间相互提供产品和劳务的费用则忽略不计，不进行分配。

4) 归集和分配制造费用

在生产多种产品的基本生产车间，车间发生的制造费用应按一定的标准在车间内生产的各种产品之间进行分配。

制造费用的分配方法可以采用生产工时比例法，在具有产品实用工时统计资料的车间里，可按实用生产工时的比例分配制造费用。如果企业没有实用工时统计资料，而制定有比较准确的产品工时定额，也可采用按产品定额生产工时的比例进行分配。在机械化程度较高的车间中，制造费用也可按机器工时比例分配，其计算公式如下：

$$\text{制造费用分配率}=\frac{\text{制造费用总额}}{\text{各种产品实用(定额、机器)工时之和}} \tag{2-19}$$

$$\text{某产品应负担的制造费用}=\text{该种产品实用(定额、机器)工时数}\times\text{分配率} \tag{2-20}$$

5) 计算本月完工产品的总成本和单位成本

对于采用典型品种法的不要求分步骤计算产品成本的多步骤、大量大批生产的企业，要计算出本月产成品成本，还要将本月发生的生产费用，加上月初在产品成本，然后再将其在本月完工产品和月末在产品之间进行分配，以求得本月产成品成本。

(1) 在产品含义。在产品是指企业已经投入生产，但还没有完成全部生产过程、不能作为商品销售的产品。在产品有广义和狭义之分，狭义的在产品是仅就某一生产车间或某一生产步骤来说的，它只包括该车间或该生产步骤正在加工中的那部分在产品，车间或生产步骤完工的半成品不包括在内。本书所述的在产品没有特殊说明均指的是狭义的在产品。

(2) 在产品数量的确定。要准确核算在产品成本，必须准确地确定在产品数量。在产品结存的数量同其他材料物资结存的数量一样，应同时具备账面核算资料和实际盘点资料。企业一方面要做好在产品收发结存的日常核算工作，另一方面要做好在产品的清查工作。

车间在产品收发结存的日常核算，通常是通过在产品收发结存账进行的。在实际工作中，这种账簿也叫在产品台账，应分车间并且按照产品的品种和在产品名称(如零、部件的名称)设立，以便用来反映车间各种在产品的转入、转出和结存的数量。各车间应认真做好在产品的计量、验收和交接工作，并在此基础上跟领料凭证、在产品内部转移凭证、产成品检验凭证和产品交库凭证核对，及时登记在产品收发结存账。该账簿由车间核算人员登记。

由于各个制造企业的生产规模、工艺流程、成本构成、管理水平、核算要求各不相同，月末在产品的数量也有多有少，可以采用固定计算在产品成本法和约当产量比例法等。企业可以根据实际情况选择使用，产品成本计算方法一经确定，不得随意变更，以保证产品成本资料的可比性。

6）结转本月完工产品成本

根据各成本计算单中计算出来的本月完工产品成本，汇总编制“完工产品成本汇总表”，计算出完工产品总成本和单位成本，并据以结转完工产品成本。

四、能力拓展

1. 材料费用的分配

北苑公司材料费用的分配采用定额耗用量比例分配法，对于不需要考核材料实际耗用量的企业，可按照材料定额耗用量的比例直接分配材料费用，计算材料费用分配率，计算各种产品应分配的原材料费用。

为了便于考核材料消耗定额的执行情况，加强原材料消耗的实物管理，可以按定额耗用量的比例分配计算各种产品的实际消耗原材料的数量，然后再根据原材料的单价计算各种产品应分配的原材料费用。其计算公式如下：

$$原材料耗用量分配率=\frac{原材料实际消耗总量}{各种产品原材料的定额耗用量总额} \tag{2-21}$$

$$某种产品应分配的材料数量=该种产品定额消耗的材料总量\times材料耗用量分配率 \tag{2-22}$$

$$某种产品应分配的材料费用=该种产品应分配的材料数量\times材料单价 \tag{2-23}$$

【例2-1】某企业的材料按实际成本计价，本月生产甲、乙产品共同领用原材料6 000千克，该原材料每千克1.44元，共计8 640元。生产甲产品1 200件，生产乙产品800件，各种产品的原材料消耗定额分别为3千克和1.5千克。

要求：采用定额耗用量比例分配法分配原材料费用。

原材料费用分配计算如下：

甲产品原材料定额耗用量＝1 200×3＝3 600(千克)

乙产品原材料定额耗用量＝800×1.5＝1 200(千克)

$$原材料耗用量分配率=\frac{6\ 000}{3\ 600+1\ 200}=1.25$$

甲产品应负担的原材料数量＝3 600×1.25＝4 500(千克)

乙产品应负担的原材料数量＝1 200×1.25＝1 500(千克)

甲产品应负担的原材料费用＝4 500×1.44＝6 480(元)

乙产品应负担的原材料费用＝1 500×1.44＝2 160(元)

通过计算可以看出，这种分配方法可以考核材料消耗定额的执行情况，有利于进行材料消耗的实物管理，但分配的计算工作量较大。

2. 外购动力费用的归集与分配

外购动力费用是指企业从外部单位购入的电力、蒸汽、热力等所支付的费用，应按照发生的部门(或地点)以及用途进行分配。

1）外购动力费用的归集

为了加强对能源费用的核算和控制，生产工艺用动力一般与生产工艺用燃料合并设置一个“燃料及动力”成本项目，此时外购动力费应记入产品成本的“燃料及动力”成本项目。如果按产品分别装有记录仪表，则应根据仪表所记录的各种产品的耗电数量以及外购动力单价，计算各种产品应负担的外购动力费用，并直接计入各种产品成本的“燃料及动力”成本项目；反之，如果没有按产品安装动力仪表，则应当选择恰当的分配标准和相应的分配方法，将外购动力费用分配计入各产品成本的“燃料及动力”成本项目。

提示

如果企业的生产工艺用的燃料和动力没有专门设置“燃料及动力”成本项目，这些费用则可以计入“直接材料”成本项目，即作为原材料费用进行核算。

2）外购动力费用的分配

外购动力费用的分配应当根据计量仪表记录的实际耗用数量，按照一定的单价和使用部门计算分配；在没有仪表的情况下，则不能确定承担对象的动力耗用量，此时可以按照生产工时(实际或定额)、定额耗用量的比例分配动力费用。以外购动力费用电费为例，在企业中，各车间、部门的动力用电和照明用电一般都分别装有电表。因此，外购动力费用在各车间、部门动力用电和照明用电之间一般都按用电度数进行分配；车间的动力用电一般无法按产品分别安装电表记录各自的用电数量，因此，车间动力用电费应在各种产品之间进行分配。常用的分配方法有生产工时分配法、机器工时分配法等。

（1）生产工时分配法。动力费用的发生与生产工时有直接联系，因此，动力费用的分配主要采用生产工时分配法。

生产工时分配法是以产品的生产工时为标准来分配费用的方法。计算公式如下：

$$\text{动力费用分配率}=\frac{\text{各种产品共同耗用的动力费用}}{\text{各种产品生产工时之和}} \qquad (2-24)$$

$$\text{某产品应负担的动力费用}=\text{该产品的生产工时}\times\text{动力费用分配率} \qquad (2-25)$$

（2）机器工时分配法。上述公式中的生产工时如果改换为机器工时，则称为机器工时分配法，即以各种产品的机器工作时间为标准来分配动力费用的方法。当产品生产过程以机器加工为主时，采用机器工时分配法来分配动力费用比较合理。

但在实际工作中，由于外购动力付款期与成本、费用核算期并不一致，即外购动力付款日期往往是下月初，而成本、费用核算期一般在月末进行，因而付款时并不反映成本、费用，而是先记入“应付账款”账户，等到月末核算成本、费用时，再将其分配到各有关成本、费用账户。即在付款时先作为暂付款处理，借记“应付账款”科目，贷记“银行存款”科目；月末按照外购动力的用途分配费用时，再借记各成本、费用科目，贷记“应付账款”科目。

分配外购动力费用时，可编制“动力费用分配表”，据以进行明细核算和总分类核算。

【例 2-2】 联通工厂 2010 年 8 月实际耗电量为 795 000 度，每度电为 0.30 元，共计为 238 500 元。根据电表记录，本月生产甲、乙两种产品耗电为 570 000 度，企业管理部门耗电为 600 00 度，车间管理部门耗电为 75 000 度，辅助生产车间供电车间耗电为 50 000 度，供水车间耗电为 20 000 度，专设销售机构耗电为 20 000 度。本月甲产品实耗工时为 555 000 小时，乙产品实耗工时为 300 000 小时，动力费用分配表见表 2-38 所示。

表 2-38 动力费用分配表

2010 年 8 月

应借科目		成本或费用项目	动力费用分配		金额/元
			实际工时（分配率 0.2）	度数（分配率 0.3）	
基本生产成本	甲产品	燃料及动力	555 000		111 000
	乙产品	燃料及动力	300 000		60 000
	小　计		855 000		171 000
制造费用	基本生产车间	机物料消耗		75 000	22 500
辅助生产成本	供电车间	机物料消耗		50 000	15 000
	供水车间	机物料消耗		20 000	6 000
	小　计			70 000	21 000
管理费用		其他		60 000	18 000
销售费用		其他		20 000	6 000
合　计				795 000	238 500

根据外购动力费用分配表，编制外购动力费用分配的记账凭证。

借：基本生产成本——甲产品　　111 000
　　　　　　　　——乙产品　　60 000
　　制造费用——基本生产车间　　22 500
　　辅助生产成本——供电车间　　15 000
　　　　　　　　——供水车间　　6 000
　　管理费用　　18 000
　　销售费用　　6 000
　　贷：应付账款　　238 500

提示

自制动力与外购动力的会计处理方法是一样的，自制动力由辅助车间进行生产，所以，自制动力费用的归集和分配应并入辅助生产费用核算的内容之中。

3. 约当产量法

生产费用在完工产品和月末在产品之间进行分配时，企业应从本单位实际情况出发，选择既合理又较简便的成本分配方法，比较常用的方法有约当产量法。

采用约当产量法的关键在于计算在产品的约当量。月末，企业应根据产品交库单确定完工产品数量，通过实地盘点或“在产品收发结存明细账”，确定在产品数量，并根据投料程度及完工程度，确定在产品的约当量。其计算公式如下：

月末在产品约当量＝月末在产品数量×完工程度(或投料程度)　　(2-26)

由于产品生产过程中，材料费用、人工费用和制造费用的发生情况不同，所以在产品的约当产量应按照成本项目分别加以确认。

1）分配直接材料成本项目在产品约当产量的计算

分配直接材料费用的在产品约当产量一般是按投料程度计算的。因为，月末在产品成本中的材料成本与在产品的投料程度关系密切，在实际工作中，不同产品的原材料投料方式不同，因此，确定各工序在产品投料程度时，应分别采用不同的方法进行计算，其方法主要有以下几种：

（1）如果某种产品所耗原材料是在生产开始时一次投入的，则不论哪一道工序的在产品，其所耗的材料均和完工产品相同，因而在产品的投料程度达到100%。这样一件在产品应与一件完工产品同等分配原材料费用，月末在产品约当量等于月末在产品数量。因此，在这种情况下，原材料费用可按照完工产品产量和月末在产品数量的比例分配。

（2）如果原材料随生产过程陆续投入，且投料程度与生产工时投入的进度基本一致，在这种情况下分配原材料所依据的在产品约当产量可以按照在产品的完工程度折算。

（3）如果原材料随生产过程陆续投入，且在每道工序开始时一次投入，则应按照各工序投入的材料费用在全部材料费用中所占的比例计算在产品的约当产量。在这种情况下，由于各工序所耗用的原材料是在本工序开始时一次投入，同一工序内所有产品不论其是否完工，所耗用的原材料数量是相同的。与此相联系，最后一道工序所有在产品的材料消耗定额（或累计材料费用定额），均为该种完工产品的材料消耗定额（或累计材料费用定额），其原材料的投料程度为100%。月末各工序在产品投料程度计算公式如下：

$$\text{某工序在产品投料程度}=\frac{\text{在产品上道工序累积投入材料费用}+\text{在产品本道工序投入材料费用}}{\text{完工产品应投材料费用}}\times 100\% \qquad (2-27)$$

【例2-3】某企业的甲产品经3道工序加工完成，原材料分3道工序在每道工序开始时一次投入，投料量分别为800千克、700千克、500千克，各工序在产品数量分别为100件、200件、300件。则每道工序的在产品投料程度及约当产量计算如下：

第一道工序在产品投料程度＝800÷(800＋700＋500)×100%＝40%

第二道工序在产品投料程度＝(800＋700)÷2 000×100%＝75%

第三道工序在产品投料程度＝(1 500＋500)÷2 000×100%＝100%

在产品约当产量＝100×40%＋200×75%＋300×100%

＝40＋150＋300

＝490(件)

在产品投料程度一般可以根据原材料消耗定额和产品原材料费用投入情况确定，月末在产品约当产量可以通过编制“在产品投料程度及约当产量计算表”计算。根据上述资料编制的“在产品投料程度及约当产量计算表”，见表2-39。

表2-39　在产品投料程度及约当产量计算表

产品：甲产品　　　　　　　　　　××年×月

工　序	单位产品投料定额	在产品投料程度	月末在产品数量	月末在产品约当产量
一工序	800	40%	100	40
二工序	700	75%	200	150
三工序	500	100%	300	300
合　计	2 000			490

2）分配其他成本项目在产品约当产量的计算

对于原材料费用以外的其他成本项目在产品约当产量的计算，通常按完工程度进行。因为这些费用的发生与完工程度密切相关，它们随着工艺过程的进行而逐渐投入耗费，产品完工程度越高，该产品应负担的这部分费用也就越多。

在多工序生产企业中，完工程度可按照各道工序分别计算，也可不分工序，确定一个平均完工程度。如果各工序在产品数量和单位工时定额都相差不多，在产品的完工程度可按平均完工程度的50%计算，参见典型品种法。但如果各工序在产品数量和单位产品在各工序的加工量相差很大，则用平均完工程度计算出的约当产量与实际情况相差太大，可以分工序分别测定加工程度，根据各工序的工时定额计算各工序完工程度。在费用发生比较均衡的情况下，各工序投入的直接人工和制造费用一般按各工序完工程度的50%计算，其计算公式如下：

$$\text{某道工序在产品完工程度}=\frac{\text{单位在产品前面各道工序工时定额之和}+\text{单位在产品工序工时定额}\times 50\%}{\text{单位完工产品工时定额}}\times 100\% \tag{2-28}$$

在公式(2-28)中，本工序(即在产品所在工序)的工时定额乘以50%，是因为该工序中各件在产品的加工程度也不同，为了简化测算工作，都按平均完工的50%计算。在产品从上道工序转入下一道工序时，其上一道工序已经完工，因而前面各道工序的工时定额应按100%累加。

【例2-4】 丙产品单位工时定额为50小时，经两道工序制成。各工序单位工时定额为：第一道工序20小时，第二道工序30小时。在产品数量，第一道工序100件，第二道工序200件。则每道工序的在产品完工程度计算如下：

$$\text{第一道工序在产品完工程度}=\frac{20\times 50\%}{50}\times 100\%=20\%$$

$$\text{第二道工序在产品完工程度}=\frac{20+30\times 50\%}{50}\times 100\%=70\%$$

在产品完工程度的测定，对于费用分配的正确性影响很大。月末在产品约当产量可以编制“在产品完工程度及约当产量计算表”，见表2-40。

表2-40 在产品完工程度及约当产量计算表

工　序	工时定额	完工程度	在产品数量	在产品约当产量
1	20	20%	100	20
2	30	70%	200	140
合　计	50			160

4. 废品损失的核算

前文对生产过程中各项费用的核算，都是以合格产品的生产耗用为假定的。实际上，生产过程中由于生产工艺、生产管理水平等诸多因素的影响，常常发生各种各样的损失。例如，由于制造不合格产品而产生的废品损失。

1）废品损失概述

(1) 废品及废品损失的含义。废品是指由于生产原因而造成的不符合规定的技术标准，不能按原定用途使用，或需加工修复后才能使用的产品，包括在生产过程中发现的不合格的在产品，入库时发现的不合格的半成品或完工产品。但不包括可以降价销售的次品或等外品；合格品入库后因保管不善发生损坏变质的产品；以及在产品销售时发现的废品。对于质量虽不符合规定标准，但经过质量检验部门鉴定不需要返修，可以降价出售的不合格品，应与合格品同等计算成本，其降价损失体现为销售损益，不作为废品损失处理；入库时确定为合格品，入库以后由于保管不善、运输不当原因造成的损失变质，其损失属于管理上的原因，应列作管理费用，也不作为废品损失处理；实行产品包退、包修、包换（“三包”）的企业，在产品出售以后发现废品所发生的一切损失，计入管理费用，不包括在废品损失之中。

废品按照能否修复在技术上的可能性和经济上的合理性，分为可修复废品和不可修复废品两类。可修复废品是指在技术上可修复，并且支付的修理费用在经济上合算的废品；不可修复废品是指在技术上不能修复，或者虽能修复，但修复成本过大在经济成本上不合算而放弃修复的废品。

废品按其产生原因，分为工废品和料废品。工废品是指由于生产工人操作原因造成的废品，工废品的产生属于操作工人的过失，应由操作工人承担责任；料废品是指由于被加工的原材料、半成品和零部件质量不符合要求而造成的废品，料废品的产生不应该由生产工人承担责任。

废品损失是指在生产过程中因产生废品而造成的损失。对可修复废品而言，废品损失是追加的修复成本扣除收回的废品残值及责任人赔款后的差额；对不可修复的废品而言，废品损失是废品生产成本扣除收回的废品残值及责任人赔款后的差额。

(2) 废品损失的核算形式。发现废品时，应由质量检验部门填制“废品通知单”，列明废品种类、数量、产生原因和过失人责任以及废品生产工时等，经成本会计人员会同检验人员审核，作为废品损失核算的原始凭证。

企业发生的废品损失在会计上是否需要单独核算，应根据企业的具体情况而定。

① 不单独核算废品损失。有些简单生产的企业，在产品的生产过程中，不易产生废品，或即便产生废品，损失额也比较小，对产品生产成本影响不大，而且管理上不需要单独考核废品损失。为了简化核算程序，可以采用不单独核算废品损失的方法。

在不单独核算废品损失的企业中，可修复废品的修复费用应直接计入生产成本的有关成本项目；不可修复废品只扣除产量，不结转成本；废品的残料价值和过失人的赔偿直接冲减相应基本生产成本明细账中的“直接材料”和“直接人工”成本项目。

② 单独核算废品损失。在大中型的复杂生产企业中，生产产品时易产生废品，且数额较大，对产品生产成本影响也较大，而且管理上也要求单独考核废品损失及其相关成本项目的费用，则可以采用单独核算废品损失的方法。

在单独核算废品损失的企业中，可以单独设置“废品损失”账户，“废品损失”账户应按车间及产品品种设立明细账，账内按成本项目分设专栏进行明细核算，并在“基本生产成本”明细账的成本项目中，还应增设“废品损失”成本项目，以便单独体现废品损失的费用额。

废品损失一般全部由当月同种或同类完工产品负担，月末在产品不负担废品损失，分配结转后“废品损失”账户月末没有余额。

2) 废品损失的核算

单独核算废品损失的企业，由于废品种类不同，核算方法也不相同，下面分别介绍。

(1) 可修复废品损失的归集与分配。由于可修复废品经修复后仍为合格品，所以可修复废品返修以前发生的生产费用，在“基本生产成本”及有关成本明细账中，不必转出，只需计算其追加的修复耗费。返修时发生的修复费用，应根据原材料、职工薪酬、辅助生产费用和制造费用等分配表计算确定，记入“废品损失”科目的借方；如有残值和应收赔款，根据废料交库凭证及其他有关结算凭证，从“废品损失”科目的贷方转入“原材料”、“其他应收款”等科目的借方；最后将废品净损失从“废品损失”科目的贷方转入“基本生产成本”明细账的废品损失成本项目。

【例 2-5】某企业本月基本生产车间所产甲产品中，发现可修复废品 10 件，已修复验收入库。根据本月“耗用材料汇总表”提供的资料，修复甲产品领用材料实际成本为 200 元，根据本月“职工薪酬分配表”和“制造费用分配表”提供的资料，修复甲产品应分配人工费用 300 元、制造费用 280 元。按规定本月发生的废品应由过失人赔偿 70 元。根据上述资料，应编制如下记账凭证。

发生修复费用。

借：废品损失——甲产品	780	
贷：原材料		200
应付职工薪酬		300
制造费用		280

应收过失人赔款。

借：其他应收款——×××	70	
贷：废品损失——甲产品		70

结转废品净损失。

借：基本生产成本—甲产品	710	
贷：废品损失—甲产品		710

(2) 不可修复废品损失的归集与分配。为了归集和分配不可修复的废品损失，必须首先计算废品的生产成本，然后扣除废品的残值和应收赔款，计算出废品净损失。由于不可修复废品报废以前发生的生产成本是与合格产品生产成本同时发生并一起归集核算的，所以需要采取适当分配方法在不可修复废品与合格产品之间进行分配，计算不可修复废品的生产成本。一般有两种方法：一是按废品所耗实际成本计算；二是按废品所耗定额成本计算。

① 按废品所耗实际成本计算。按废品所耗实际成本计算，有以下两种情况。

a. 完工入库时发生的废品。当不可修复废品发生在完工入库时，合格品与废品应负担同等的费用，因而可以按两者的产量作为分配标准进行分配。其计算公式如下：

$$\text{某项目生产费用分配率}=\text{该项生产费用}/(\text{合格品产量}+\text{废品产量}) \tag{2-29}$$

$$\text{废品应负担生产费用额}=\text{废品产量}\times\text{分配率} \tag{2-30}$$

b. 生产过程中发生废品。如果不可修复废品发生在生产过程中，原材料系一次性投入，则原材料等直接材料仍可按产量作为分配标准，直接人工和制造费用则应按生产工时作为分配标准，其计算公式如下：

$$\text{直接材料费用分配率}=\text{直接材料费用总额}/(\text{合格品产量}+\text{废品产量}) \tag{2-31}$$

$$\text{废品应负担材料费用额}=\text{废品产量}\times\text{直接材料费用分配率} \tag{2-32}$$

$$\text{直接人工(制造费用)分配率}=\frac{\text{直接人工(制造费用)总额}}{\text{合格品生产工时}+\text{废品生产工时}} \tag{2-33}$$

$$\text{废品应负担直接人工(制造费用)}=\text{废品生产工时}\times\text{该成本项目分配率} \tag{2-34}$$

【例 2-6】2010 年 8 月，某公司基本生产车间生产甲产品 1 000 件，生产过程中发现其中有不可修复废品 20 件。本月生产甲产品的生产费用为：材料费用 200 000 元，人工费用 49 500 元，制造费用 29 700 元，合计 279 200 元。废品收回残料 1 000 元，作为辅助材料入库，过失人赔偿 200 元。原材料系一次性投入，生产甲产品共耗用生产工时 12 000 小时，其中废品耗用 300 小时。根据以上资料编制“不可修复废品损失计算表”，见表 2-41。

表 2-41 不可修复废品损失计算表

产品名称：甲产品　　2010 年 8 月

项　目	产量/件	直接材料/元	生产工时/时	直接人工/元	制造费用/元	成本合计/元
生产费用	1000	200 000	12 000	49 500	29 700	279 200
分配率		200		4.125	2.475	
废品成本	20	4 000	300	1 237.50	742.50	5 980
减：残料收回		1 000				1 000
减：赔款				200		200
废品损失	980	3 000		1 037.50	742.50	4 780

会计主管：　　复核：　　制单：

根据上表编制记账凭证。

借：废品损失——甲产品　　5 980
　　贷：基本生产成本——甲产品　　5 980
借：原材料　　1 000
　　贷：废品损失——甲产品　　1 000
借：其他应收款——×××　　200
　　贷：废品损失——甲产品　　200
借：基本生产成本——甲产品　　4 780
　　贷：废品损失——甲产品　　4 780

根据不可修复废品损失计算表及记账凭证，登记“基本生产成本”明细账，见表 2-42。

表 2-42 基本生产成本明细账

产品名称：甲产品　　生产车间：×基本生产车间

摘　要	产量/件	成本项目				合　计
		直接材料	直接人工	制造费用	废品损失	
材料费用	1 000	200 000				200 000
人工费用			49 500			49 500
制造费用				29 700		29 700
转出废品损失	20	4 000	1 237.50	742.50		5 980
转入废品损失					4 780	4 780
生产费用合计	980	196 000	48 262.50	28 957.50	4 780	278 000

不可修复废品损失按实际成本计算，其结果较为准确，但工作量较大，并且只能在月末生产费用计算后才能进行，不利于及时控制废品损失。

② 按废品所耗定额成本计算。在消耗定额和费用定额比较健全的企业，也可以按废品所耗定额成本计算不可修复废品的生产成本。即按废品的实际数量和事先核定的各项消耗定额、费用定额计算不可修复废品的定额生产成本(实际成本与定额成本的差异额全部由合格品负担)，再扣除废品残值及责任人赔偿款后确定废品损失的方法。

【例 2-7】 某企业第二基本生产车间生产 A 产品，本月验收入库时发现不可修复的废品 20 件。该企业核定 A 产品单位直接材料成本 300 元，该产品所耗材料在生产开始时一次投入；核定废品定额工时 10 小时，每小时定额人工费用 6 元，每小时定额制造费用 4 元，废品残值共计 500 元，责任人应赔偿 1 000 元。根据上述资料计算废品损失，编制废品损失计算表，见表 2-43。

表 2-43 不可修复废品损失计算表

生产车间：第二基本生产车间

产品名称：A 产品　　　　2008 年 8 月

项　目	废 品 数 量	直接材料/元	定额工时	直接人工/元	制造费用/元	合计/元
单位定额	20	300	10	6	4	—
废品定额成本		6 000		1 200	800	8 000
减：残值收回		500				500
减：赔偿款				1 000		1 000
废品损失额		5 500		200	800	6 500

会计主管：　　　　复核：　　　　制单：

采用定额成本计算废品损失的会计处理，与按实际成本计算的废品损失会计处理相同。

按定额耗费计算不可修复废品生产成本的特点是不考虑废品实际发生的生产成本，不仅计算比较简便、计算及时，而且计入产品成本的废品损失不受废品实际耗费水平高低影响，从而有利于对废品损失和产品成本进行分析和考核，故应用较为广泛。但采用这种方法必须具备比较准确的消耗定额和耗费定额资料。

五、单项技能训练

1. 材料费用分配的技能训练

1）资料

某企业本月生产 A、B 两种产品，共同耗用甲材料 2 000 千克。本月实际产量为：A 产品 200 件，B 产品 100 件。其单位产品材料消耗定额为：A 产品 5 千克，B 产品 8 千克。本月耗用甲材料资料，见表 2-44。

表 2-44 产品耗用甲材料统计表

日　期	项　目	数量/千克	单价/元
1 日	期初余额	200	30
3 日	购入材料	500	32

续表

日　期	项　目	数量/千克	单价/元
5 日	领用材料	300	—
10 日	购入材料	600	35
11 日	领用材料	600	—
12 日	领用材料	100	—
18 日	购入材料	900	30
20 日	领用材料	1 000	—
30 日	期末余额	200	—

2）要求

（1）采用先进先出法计算本月生产领用材料的实际成本。

（2）采用定额耗用量比例分配法分配甲材料费用(分配率保留两位小数)。

（3）根据分配结果编制领用材料的记账凭证(列明产品名称和成本项目)。

2. 动力费用分配的技能训练

1）资料

某厂本月实际耗用外购电 12 000 度(动力用电 10 000 度，每度单价 0.70 元；照明用电 2 000度，每度单价 0.50 元)，其中基本生产产品耗用动力电 8 000 度，基本生产车间照明用电 800 度；辅助生产车间动力车间耗用动力电 2 000 度，照明用电 600 度，厂部管理部门照明用电 600 度。基本车间生产 A、B 两种产品，A 产品生产工时为 3 000 小时；B 产品生产工时为 2 000 小时。

注：该厂设置“燃料及动力”成本项目。

2）要求

（1）按所耗电度数分配电力费用，A、B 产品按生产工时分配电费。

（2）编制该月支付电费的记账凭证。

（3）编制该月分配外购电费的记账凭证。

3. 工资费用分配的技能训练

1）资料

甲企业基本生产车间生产 A、B、C 共 3 种产品，本月份基本生产车间生产工人计时工资 170 000 元，管理人员工资 1 500 元；辅助车间(锅炉)工人工资 2 800 元，管理人员工资 1 200 元；企业管理人员工资 2 600 元。各种产品的实用工时分别为：A 产品 7 000 小时，B 产品 8 000 小时，C 产品 5 000 小时。

2）要求

（1）按生产工时比例将基本生产车间工人工资在 A、B、C 这 3 种产品间分配。

（2）编制工资费用分配的记账凭证(分录列示到明细科目及成本项目)。

4. 制造费用分配的技能训练

1）资料

某企业在生产甲、乙、丙 3 种产品时，发生制造费用 56 000 元。统计部门提供的生产工时：甲产品生产工时 20 000 小时；乙产品生产工时 14 000 小时；丙产品生产工时 30 000 小时。

2）要求

（1）按生产工时比例分配制造费用。

（2）编制结转制造费用的记账凭证（列示明细科目）。

5. 辅助生产费用分配的技能训练

1）资料

某工业企业设有一车间、二车间两个基本生产车间，一车间生产 A、B 两种产品，二车间生产 C 产品，并设有供汽和供电两个辅助生产车间。有关资料见表 2－45 和表 2－46。

表 2－45 生产费用和劳务供应量

辅助车间	生产费用/元	劳务供应量
供汽	18 000	5 000 立方米
供电	90 000	100 000 度

表 2－46 各受益单位耗用劳务情况

受益单位		耗用劳务量	
		供汽/立方米	用电度数
供汽车间			3 000
供电车间		200	
第一车间	A 产品		30 000
	B 产品		24 000
	一般耗用	2 800	9 000
第二车间	C 产品		18 000
	一般耗用	1 500	6 000
企业管理部门		500	10 000
合计		5 000	100 000

2）要求

根据上述资料，采用直接分配法分配辅助生产费用，编制辅助生产费用分配表和相应记账凭证。

6. 废品损失核算的技能训练

1）按实际成本计算

（1）资料：某厂第一车间本月完工入库合格产品 A 为 2 350 件，生产中产生废品 150 件。本月 A 产品累计生产费用为 193 110 元，其中直接材料为 90 000 元，直接人工费为 58 920元，制造费用为 44 190 元，A 产品月初月末无在产品。在废品生产成本的计算中，直接材料项目按合格品同等负担，直接人工和制造费用按生产工时比例分配，合格品的生产工时为 2 350 小时，废品的生产工时为 105 小时。废品残料处理回收现金 1 200 元，已决定由过失人赔偿损失 500 元。本月发生可修复废品的修复费用为：原材料 300 元，人工费 100 元，制造费用 150 元。

（2）要求：

① 编制可修复废品修复费用发生的记账凭证。

② 计算并结转不可修复废品生产成本。

③ 核算回收废品残料价值。

④ 核算过失人应赔偿款。

⑤ 计算并结转废品净损失。

2）按定额成本计算

（1）资料：某工业企业各种费用分配表中列示甲种产品不可修复废品的定额成本资料为：不可修复废品 5 件，每件原材料费用定额 100 元；每件定额工时为 30 小时。每小时人工费 3 元，制造费用 4 元。不可修复废品成本按定额成本计价；不可修复废品的残料价值按计划成本计价，共 160 元作为辅助材料入库；应由过失人赔款 120 元。废品净损失由当月同种产品成本负担。

（2）要求：

① 计算甲产品不可修复废品的生产成本。

② 计算甲产品不可修复废品的净损失。

③ 编制有关记账凭证。

7. 生产费用在完工产品和月末在产品之间分配的技能训练

1）约当产量法技能训练一

（1）资料：某企业某月份生产 A 产品，原材料在生产开始一次投入，在产品的完工率均按 50%计算，本月完工 A 产品 74 件，月末在产品的数量为 60 件，A 产品的月初和本月的生产费用，见表 2－47。

表 2－47　生产费用资料

成本项目	月初在产品成本	本月生产费用	生产费用合计
直接材料	21 000	51 000	72 000
直接人工	7 000	11 000	18 000
制造费用	6 000	9 000	15 000
合　计	34 000	71 000	105 000

（2）要求：采用约当产量法计算月末在产品的约当产量，并计算本月完工 A 产品和月末在产品的成本。

2）约当产量法技能训练二

（1）资料：田园有限公司生产的 C 产品，顺序经过 3 道加工工序，单位产品原材料消耗定额为 300 元，其中第一工序投料定额 120 元，第二工序投料定额 105 元，第三工序投料定额 75 元，原材料在各工序生产开始时一次投入。单位产品工时消耗定额为 40 小时，其中：第一工序为 12 小时，第二工序为 18 小时，第三工序为 10 小时，各工序在产品在本工序的完工程度均为50%。月末盘点确定的在产品数量为300件，其中第一工序80件，第二工序120件，第三工序100件。该企业“产品交库单”统计表明，本月完工C产品1 500件。

(2) 要求：① 计算C产品各工序月末在产品的投料程度和约当产量；② 计算C产品各工序月末在产品的完工程度和约当产量。

3) 约当产量法技能训练三

(1) 资料：某厂生产A、B、C共3种产品，C产品无期初在产品，A产品耗用的原材料是在生产开始时一次投入的。

① A、B产品本月的期初在产品成本资料见表2-48。

表2-48 期初在产品成本

单位：元

产　品	直接材料	燃料及动力	直接人工	制造费用	合　计
A	34 154	820	1 296	4 092	40 362
B	15 270	1 185	2 384	4 768	23 607

② 各种产品本月完工产量、在产品数量和完工程度见表2-49。

表2-49 产量和完工程度资料

产品名称	完工数量/件	期末在产品	
		数量/件	完工程度
A产品	2 500	625	80%
B产品	3 125	1 725	
C产品	4 000	0	—

③ 3种产品本月发生费用资料见表2-50。

表2-50 本月生产费用统计

单位：元

分配表＼产品	A产品	B产品	C产品
原材料分配表	277 046	184 730	245 000
耗用燃料分配表	4 900	6 125	7 480
外购动力分配表	1 984	1 540	880
工资费用分配表	7 704	5 616	10 656
辅助生产费用分配表(蒸汽)	8 800	7 200	4 000
制造费用分配表	15 408	11 232	14 775

(2) 要求：填制产品成本计算单，并编制产品入库的记账凭证。

① 按约当产量比例计算A产品完工产品成本和在产品成本。

② B产品月末在产品数量较大，各月末在产品数量变化不大，在产品按期初固定成本计价。

③ C产品的在产品成本忽略不计。

项目小结

品种法是以产品品种作为成本计算对象来归集生产费用，计算各种产品成本的一种方法。根据品种法成本核算对象的差别，可以将品种法划分为单一品种的品种法和多品种的品种法。品种法广泛应用于大量大批单步骤生产；大量大批多步骤生产、管理上不要求按照生产步骤计算成本的生产企业，也可以采用品种法计算产品成本；企业的辅助生产单位如供水车间、供汽车间也可以采用品种法计算产品(劳务)的成本。

在采用品种法计算产品成本时，以产品的品种作为成本计算对象，设置基本生产明细账；成本计算是定期按月进行的，与会计报告期一致，与产品生产周期不一致。如果是大量大批的单步骤生产采用品种法计算产品成本，月末一般没有在产品，或者在产品数量很少，可以不计算月末在产品成本；如果是管理上不要求分步骤计算产品成本的大量大批复杂生产采用品种法计算产品成本，月末一般生产线上都会有在产品，则期末需要在完工产品与月末在产品之间分配生产费用。品种法是成本计算方法中最基本的方法。

思考与讨论

1. 思考题

(1) 李冰说："凡是大量大批多步骤的生产企业，都应该采用品种法计算成本。"他说的对吗？

(2) 华源机械公司设有一个辅助生产车间——模具车间，辅助生产成本明细账应该如何设置？

(3) 王玫是企业的成本核算会计，她在计算人工费用时应取得哪些原始凭证？

(4) 一个企业或车间，生产费用在完工产品与月末在产品之间分配时可以采用几种计算方法？如何选择？

2. 个案分析

案例1 小王从大学会计专业毕业，刚应聘到烟台啤酒公司从事成本会计核算工作。他通过一段时间的学习，总结出该公司啤酒生产工艺流程可以分为制麦工序、糖化工序、发酵工序、包装工序4个工序。根据掌握的资料，小王认为该啤酒生产企业是典型的多步骤生产，因此将其成本核算方法设计为分步法成本计算法。

思考：

(1) 这种分析设计是否科学合理？

(2) 是否还有其他方法可供选择？

(3) 实际核算工作中又应怎样去实施呢？

案例 2 舒朗服饰公司在全国范围内拥有10个生产点供专卖店销售，所有的生产点均采用品种法进行成本核算。每逢月末，各生产点的经理必须提交一份生产报告和一份成本报告。在生产报告中包括经理人员对期末在产品的直接材料和加工成本的完工比率的估计。各生产点按1到20排名，标准是：①直接材料约当产量的单位成本；②加工成本约当产量的单位成本。郭梅是舒朗服饰公司的会计主管，每个月郭梅都印制一份叫"舒朗服饰的效率记分表"的报告。排名最高的3个生产点的经理会得到一份奖金并作为公司业绩通报的佼佼者。

郭梅对这一打分制十分满意，然而她也听到一些让人不愉快的消息。有几封匿名信指出，为了获得较好的业绩，有两个生产点的经理人员篡改了他们对完工比率的实际估计值。

思考：

(1) 为什么生产点的经理人员要篡改他们的月完工比率？如何篡改？

(2) 郭梅的第一反应是与各生产点的会计主管联系讨论这一问题。这是否有效？

(3) 郭梅如何才能真正掌握特定生产点经理是否篡改数据的情况？

综合技能测试

综合技能测试一

1. 资料

新兴焦炭厂为大量大批单步骤生产的企业。企业设有一个基本生产车间——炼焦车间生产焦炭，还设有一个辅助生产车间——运输车间及其他职能部门。

炼焦生产流程：已经制备好的煤料从煤塔放入装煤车，分别送至各个炭化室装炉；经过一个结焦周期(即从装炉到推焦所需的时间，一般为14～18小时)，炼制成焦炭；用推焦机将炼制成熟的焦炭经拦焦机推入熄焦车，熄焦后，将焦炭卸入凉焦台筛分、储藏。

该厂2008年5月份有关产品成本核算资料如下：

(1) 该月发生的生产费用：

① 材料费用。生产产品耗用原煤4 410元，运输车间耗用汽油900元，基本生产车间耗用消耗性材料1 938元。发料凭证汇总表见表2-51。

表2-51 发料凭证汇总表

2008年5月

材料类别 \ 耗用情况		产品生产	生产车间	运输车间	合计
原材料	原煤	4 410			4 410
	辅助材料		1 938		1 938
	燃料			900	900
合计		4 410	1 938	900	7 248

② 职工薪酬。生产工人工资10 000元，运输车间人员工资800元，基本生产车间管理人员工资1 600元。

③ 固定资产折旧费及其他费用汇总见表 2-52。

表 2-52 折旧及其他费用汇总表

2008 年 5 月

分配对象	办公费	折旧费	水电费	合 计
基本生产车间	402	5 800	260	6 462
运输车间	40	200	160	400
合 计	442	6 000	420	6 862

（2）本月运输车间共完成 2 100 千米运输工作量，其中：基本生产车间耗用 2 000 千米，企业管理部门耗用 100 公里。运输车间提供的劳务量表见表 2-53。

表 2-53 运输车间提供的劳务量表

受益部门	运输里程/千米
基本生产车间	2 000
厂部管理部门	100
合 计	2 100

（3）产量资料见表 2-54。

表 2-54 产量统计表

单位：吨

产品名称	本月投产	完工产品
焦炭	72	72

2. 要求

根据生产的类型和特点选择成本计算方法，计算完工产品成本，并登记成本费用明细账。

综合技能测试二

1. 资料

（1）企业概况。

江海机械厂是一家中型水泵和阀门生产企业。该厂设有一个基本生产车间，主要从事水泵和阀门的生产，基本生产车间按生产工艺的流程分设铸造、加工和装配 3 个生产班组；该厂产品的生产工艺流程是：首先由铸造班组根据生产计划浇铸各种毛坯件，经检验合格后送交加工班组；加工班组用各种毛坯件，经车、钳、铣、刨、磨等工序，加工成各种不同的零部件，经检验合格后直接送交装配班组；装配班组将收到的各种零部件连同从仓库领来的各种外购件组装成水泵和阀门，经检验合格后送交产成品仓库，各步骤半成品没有独立的经济意义。该厂另设有辅助生产车间——供水车间，主要任务是抽取地下水。

该厂的材料日常收发核算按实际成本计价；低值易耗品分为刃具、量具、工作服和其他物品，采用一次摊销法。固定资产的折旧均采用直线法，基本生产车间的固定资产包括房屋、建筑物、机器设备；供水车间的固定资产为供水专用设备；管理部门的固定资产为管理设备。另外，该厂定额管理较好，生产产品共同耗用的材料按两种产品定额耗用量比例分配法进行分配。

该厂供水车间为提供劳务发生的各种间接费用，如车间管理人员的工资、固定资产折旧费、一般材料消耗等，月终记入“辅助生产成本”账户，不单独设置“制造费用”账户核算。

根据本企业生产的特点结合管理的要求，其产品成本计算选用品种法，以水泵和阀门作为成本计算对象。设置以下成本项目：

① 直接材料。直接材料包括企业生产经营过程中实际消耗的原料及主要材料、辅助材料、外购件、燃料以及其他直接材料。

② 燃料及动力。直接动力包括企业生产经营过程中实际消耗的电力等。

③ 直接人工。直接人工包括企业直接从事产品生产人员的职工薪酬等。

④ 制造费用。制造费用包括企业各个生产车间为组织和管理生产所发生的生产车间管理人员的职工薪酬、固定资产折旧费、机物料消耗、低值易耗品摊销等。

(2) 2008 年 8 月有关成本计算资料如下：

① 月初在产品成本。水泵和阀门两种产品的月初在产品成本见表 2-55。

表 2-55 水泵和阀门月初在产品成本资料表

2008 年 8 月　　　　单位：元

摘　要	直接材料	燃料及动力	直接人工	制造费用	合　计
水泵月初在产品成本	99 000	3 000	1 200	25 000	128 200

② 本月产量资料。2008 年 8 月份生产情况资料见表 2-56。

表 2-56 产品生产情况表

项　目	水　泵	阀　门
月初结存	58	7
本月投入	415	470
本月完工	413	467
月末结存	60	10

③ 产品生产工时、材料定额消耗量资料见表 2-57。

表 2-57 生产工时、材料定额消耗量资料

项　目	水　泵	阀　门
单位产品材料定额消耗量(吨)	0.15	0.08
实际生产工时	10 200	1 350

④ 本月发生生产费用如下：

a. 平时领用材料填制领料单(表 2-58～表 2-68)，根据领料单汇总编制“发出材料汇总表”，月末根据“发出材料汇总表”编制材料费用分配表。

表 2-58　领料单

领料部门：铸造班组　　2008 年 8 月 2 日　　编号：12—1

材料		单位	数量		单位成本	金额	备注	
类别	名称		请领	实发				第二联 记账联
原材料	生板	吨	60	60	1 350	81 000		
用途		用于生产产品						

仓库负责人：李云　　发料：王兵　　领料：刘红

表 2-59　领料单

领料部门：铸造班组　　2008 年 8 月 2 日　　编号：12—2

材料		单位	数量		单位成本	金额	备注	
类别	名称		请领	实发				第二联 记账联
原材料	钢板	吨	2	2	5 030	10 060		
用途		用于生产水泵						

仓库负责人：李云　　发料：王兵　　领料：刘红

表 2-60　领料单

领料部门：铸造班组　　2008 年 8 月 3 日　　编号：12—3

材料		单位	数量		单位成本	金额	备注	
类别	名称		请领	实发				第二联 记账联
原材料	煤粉	吨	40	40	160	6 400		
用途		一般消耗						

仓库负责人：李云　　发料：王兵　　领料：刘红

表 2-61　领料单

领料部门：供水班组　　2008 年 8 月 3 日　　编号：12—4

材料		单位	数量		单位成本	金额	备注	
类别	名称		请领	实发				第二联 记账联
原材料	柴油	公斤	60	60	3	180		
用途		用于生产						

仓库负责人：李云　　发料：王兵　　领料：魏小桐

表 2-62 领料单

领料部门：加工班组　　2008 年 8 月 6 日　　编号：12—5

材料		单位	数量		单位成本	金额	备注
类别	名称		请领	实发			
原材料	主轴	件	60	60	120	7 200	
用途		用于生产阀门					

第二联 记账联

仓库负责人：李云　　发料：王兵　　领料：刘敏

表 2-63 领料单

领料部门：装配班组　　2008 年 8 月 8 日　　编号：12—6

材料		单位	数量		单位成本	金额	备注
类别	名称		请领	实发			
原材料	电器元件	套	50	50	1 860	93 000	
用途		用于生产水泵					

第二联 记账联

仓库负责人：李云　　发料：王兵　　领料：王卿

表 2-64 领料单

领料部门：装配班组　　2008 年 8 月 8 日　　编号：12—7

材料		单位	数量		单位成本	金额	备注
类别	名称		请领	实发			
原材料	叶轮	件	80	80	350	28 000	
用途		用于生产水泵					

第二联 记账联

仓库负责人：李云　　发料：王兵　　领料：王卿

表 2-65 领料单

领料部门：装配班组　　2008 年 8 月 8 日　　编号：12—8

材料		单位	数量		单位成本	金额	备注
类别	名称		请领	实发			
原材料	主轴	件	50	50	120	6 000	
用途		用于生产水泵					

第二联 记账联

仓库负责人：李云　　发料：王兵　　领料：王卿

表 2-66　领料单

领料部门：装配班组　　　　2008 年 8 月 8 日　　　　编号：12—9

材料		单位	数量		单位成本	金额	备注
类别	名称		请领	实发			
周转材料	工作服	套	80	80	100	8 000	
用途		一般消耗					

第二联　记账联

仓库负责人：李云　　　　发料：王兵　　　　领料：王卿

表 2-67　领料单

领料部门：铸造班组　　　　2008 年 8 月 8 日　　　　编号：12—10

材料		单位	数量		单位成本	金额	备注
类别	名称		请领	实发			
周转材料	工作服	件	80	80	100	8 000	
用途		用于生产水泵					

第二联　记账联

仓库负责人：李云　　　　发料：王兵　　　　领料：刘红

表 2-68　领料单

领料部门：铸造班组　　　　2008 年 8 月 3 日　　　　编号：12—11

材料		单位	数量		单位成本	金额	备注
类别	名称		请领	实发			
原材料	油漆	公斤	40	40	50	2 000	
用途		用于生产水泵					

第二联　记账联

仓库负责人：李云　　　　发料：王兵　　　　领料：刘红

b. 本月工资结算汇总表见表 2-69。

c. 本月生产实际耗电量为 86 000 度，每度电 0.70 元，照明实际耗电量为 5 570 度，每度电 0.55 元。相关票据见表 2-70～表 2-72。

表 2-69 工资结算汇总表

2008 年 8 月

单位：元

车间、部门		计时工资	计件工资	考绩奖金	工资性津贴		应扣工资		应付工资	代扣款项				实发工资
					夜班津贴	保健津贴	事假	病假		社会保险	房租	住房公积金	个人所得税	
基本车间	生产工人	30 530	32 880	4 200	1 250	4 620	380	260	72 840	3 320	740	350	320	68 110
	管理人员	5 310		800	50	420	20		6 560	430	118	60	42	5 910
供水车间		17 980	26 500	4 950	1 280	3 690	410	210	53 780	2 260	762	360	308	50 090
管理部门		25 760		3 840	1 630		104	36	31 090	1 880	240	395	175	28 400
合　计		79 580	59 380	13 790	4 210	8 730	914	506	164 270	7 890	1 860	1 165	845	152 510

说明：

1. 社会保险和住房公积金单位负担比例为：住房公积金，6%；养老保险，20%；医疗保险，7%；失业保险，2%；生育保险，1%；工伤保险，1.1%。

2. 该企业工会经费和职工教育经费按工资总额的 2%和 1.5%计提。

表 2-70　中国工商银行转账支票存根

Ⅵ1102249788

科　　目

对方科目

出票日期 2008 年 8 月 17 日

收款人：蓬莱供电公司	
金　额：74 018.30	
用　途：电费	

单位主管　　会计

表 2-71　山东增值税专用发票

发票联

开票日期　2008年7月17日

购货单位	名　　称：江海机械厂 纳税人识别号：1331076813536 地 址 、电 话：蓬莱市解放路26号6230355 开户行及账号：工行156567536			密码区	6*06-<6-4150-7>5+8加密版本：01 81-294+96364/6+/-<6+81-664>310+ /-28><6<523700081140< 7028/-41469/79/6>>05　02175944		
货物或应税劳务名称	规格型号	单位	数 量	单价	金　额	税率	税 额
电　费	规格	千瓦时	5.570	0.55	3 063.50	17%	520.80
	生产	千瓦时	86 000	0.70	60 200.00	17%	10 234.00
合　计					¥63 263.50		¥10 754.80
价税合计（大写）⊗柒万肆仟零壹拾捌元叁角整　　（小写）¥74 018.30							
销货单位	名　　称：蓬莱供电公司 纳税人识别号：1301178812568 地 址 、电 话：蓬莱市长江路18号5760368 开户行及账号：工行蓬莱之行760186588			备注	蓬莱供电公司 370602038917309 发票专用章		

第三联　发票联　购货方记账凭证

收款人：　　　　复核：　　　　开票人：魏强　　　　销货单位：（章）

说明：抵扣联略

表 2-72　外购电费耗用汇总表

2008 年 8 月

耗用部门 \ 项目		动力用电耗用量	照明用电耗用量
生产耗用	基本生产车间	65 000	
	供水车间	21 000	
一般消耗	基本生产车间		3 500
	供水车间		1 770
管理部门			300
合　计		86 000	5 570

d. 本月固定资产折旧计算表见表 2-73。

表 2-73 固定资产折旧费用计算表

2008 年 8 月 金额单位：元

项目 资产类别	月折 旧率	上月计提的折旧		上月增加额		上月减少额		本月应计提折旧额	
		原 值	折旧额	原 值	折旧额	原 值	折旧额	原 值	折旧额
房屋建筑物	0.2%	900 000	1 800	—	—	—	—	900 000	1 800
机器设备	0.7%	700 000	4 900	120 000	840	20 000	140	800 000	5 600
专用设备	0.8%	400 000	3 200	70 000	560	—	—	470 000	3 760
管理设备	0.9%	200 000	1 800	—	—	50 000	450	150 000	1 350
合 计	—	2 200 000	11 700	190 000	1 400	70 000	590	2 320 000	12 510

e. 本月发生的其他费用见表 2-74。

表 2-74 其他费用汇总表

2008 年 8 月 单位：元

分配对象	费用项目	现金支付	银行存款支付	合 计
基本生产车间	办公费	250	1 000	1 250
	交通费	65		65
	水电费		2 000	2 000
	差旅费		1 400	1 400
	设计制图费		2 600	2 600
供水车间	交通费	145		145
	水电费		500	500
	修理费		1 800	1 800
管理部门	办公费	1 360	3 000	4 360
	招待费		200	200
	话费		600	600
	水费		1 200	1 200
	运输费	200		200
合 计		2 020	14 300	16 320

⑤ 辅助生产车间劳务供应量资料见表 2-75。

表 2-75 供水车间提供的劳务量表

受益部门			供水车间/吨
基本生产车间	铸造班组	产品生产	100 000
		一般耗费	1 000
	加工班组	产品生产	0
		一般耗费	48 000
	装配班组	产品生产	0
		一般耗费	30 000
厂部管理部门			21 000
合 计			200 000

⑥ 各种费用分配方法：

a. 生产工人工资按实际生产工时比例分配。

b. 产品用动力费用采用实际工时比例分配。

c. 供水车间提供劳务的实际成本，在受益部门之间按受益数量采用直接分配法进行分配。

d. 基本生产车间发生的制造费用按水泵、阀门两种产品的生产工时比例分配。

⑦ 生产费用在完工产品和在产品之间的分配方法：

阀门由于在产品较少采用在产品不计算成本法；水泵按约当产量法，在产品平均完工程度为50%，原材料在生产开始时一次投入。

2. 要求

编制成本计算单及完工产品成本汇总表，根据完工产品成本汇总表或成本计算单及产成品入库单，结转完工入库产品生产成本。

项目三 分批法

学习目标

（1）了解分批法的基本含义及批次的划分方法。

（2）掌握分批法的适用范围、特点以及成本计算程序。

（3）能够根据企业的生产特点和管理要求，正确选择并运用分批法计算产品成本。

（4）能够熟练开设成本费用明细账，归集分配生产费用，编制记账凭证及登记明细账。

任务一 小批生产产品成本的计算

在小批生产的企业中，产品生产通常是根据客户的订单、按事先规定的规格和数量分批组织生产，如重型机械制造、船舶制造等企业。这类企业如果在管理上要求按照产品的批别来考核成本，则根据其生产特点和管理要求，可以按照产品的批别或订单作为成本计算对象来归集生产费用，计算产品成本。

一、任务描述

东风机械厂属于小批生产类型的企业，按批别组织生产甲、乙两种产品，在管理上要求按产品的批别来考核成本。该厂除设有一个基本生产车间进行产品生产之外，还设有供电和供汽两个辅助生产车间，分别负责对全厂用电和蒸汽的供应，辅助生产车间内部相互提供的劳务较多。

该厂产品生产所需原材料均系生产开始时一次投入。材料采用实际成本计价，发出材料采用先进先出法计算。

2009 年 8 月份生产甲、乙产品的有关成本计算资料如下。

1. 产量资料

8 月份生产的各批产品的投产产量及完工情况见表 3－1。

表 3－1 甲、乙产品生产情况表

2009 年 8 月

产品批号	产品名称	投产情况	完工情况
701	甲产品	7 月份投产 20 台	本月全部完工
801	乙产品	8 月份投产 20 台	本月完工 8 台，未完工 12 台
802	甲产品	8 月份投产 25 台	全未完工

2. 月初在产品成本

701 批甲产品月初在产品成本资料见表 3-2。

表 3-2　月初在产品成本资料表

2009 年 8 月　　单位：元

产品批号	直接材料	直接人工	制造费用	合　计
701	273 632	53 200	16 675	343 507

3. 本月发生生产费用

1）本月各部门领用材料情况

平时领用材料填制的领料单见表 3-3(其他领料表略)，月末根据领料单，汇总编制材料费用汇总分配表，见表 3-4。

表 3-3　领料单

NO. 01001

领料部门：基本生产车间　　2009 年 8 月 2 日　　仓库：1 号库

材料		单位	数量		单位成本	金额	过账
编号	名称		请领	实发			
3205	A 材料	千克	500	500	4.2	2 100	
用途	用于 801 批乙产品的加工						

第二联　记账联

仓库负责人：张晓慧　　发料：孙丽　　领料：李东

表 3-4　材料费用汇总分配表

2009 年 8 月　　单位：元

应借科目		直接耗用材料	共同耗用材料					合　计
总账科目	明细科目		本月投入产量	单位产品重量	产品重量	分配率	分配费用	
基本生产成本	801 批	269 500						
	802 批	326 440						
	小　计	595 940					27 300	
辅助生产成本	供电车间	36 000						
	供汽车间	1 600						
	小　计	37 600						
制造费用	基本生产车间	5 100						
管理费用	其他	1 600						
合　计		640 240						

2）本月发生的职工薪酬费用

根据本厂 8 月份的工资单编制的工资结算汇总见表 3-5，本月各部门发生的福利费以及本月单位负担的社会保险和住房公积金情况见表 3-6，工会经费和职工教育经费按工资总额的 2%和 1.5%计提。

表 3-5　工资结算汇总表

2009 年 8 月 7 日　　　　单位：元

部门		计时工资	计件工资	奖金		津贴和补贴	缺勤扣款		应付工资	代扣款项				实发工资
				综合奖	单项奖		事假	病假		社会保险	住房公积金	个税	小计	
基本车间	生产工人	31 000	91 300	9 000	4 000	18 200	70	30	153 400	16 874	9 204	580	26 658	126 742
	管理人员	3 200		500		1 150		50	4 800	528	288	20	836	3 964
辅助车间	供电车间	3 900		500		880	80		5 200	572	312	15	899	4 301
	供汽车间	3 800		400		700			4 900	539	294	18	851	4 049
管理部门		6 000		900		1 600			8 500	935	510	35	1 480	7 020
合　计		47 900	91 300	11 300	4 000	22 530	150	80	176 800	19 448	10 608	668	30 724	146 076

表 3-6　福利费及单位负担的社会保险、公积金汇总表

2009 年 8 月 30 日　　　　单位：元

部　门	基本车间		供电车间	供汽车间	管理部门	合　计
	生产工人	管理人员				
福利费	2 088.60	450	574.80	500	950	4 563.40
社会保险	47 707.40	1 492.80	1 617.20	1 523.90	2 643.50	54 984.80
住房公积金	9 204	288	312	294	510	10 608
合　计	59 000	2 230.80	2 504	2 317.90	4 103.50	70 156.20

3）上月固定资产折旧计算表及上月固定资产的增加减少情况

（1）7 月固定资产折旧的计算见表 3-7。

表 3-7　固定资产折旧计算表

2009 年 8 月　　　　单位：元

部　门	类　别	上月折旧额	上月增加固定资产		上月减少固定资产		本月折旧额
			原　值	折旧额	原　值	折旧额	
基本车间	房屋建筑物	3 000					3 000
	机器设备	14 900					14 900
	其他	600					600
	小计	18 500					18 500

续表

部门	类别	上月折旧额	上月增加固定资产		上月减少固定资产		本月折旧额
			原值	折旧额	原值	折旧额	
供电车间	房屋建筑物	900					900
	机器设备	1 000			50 000	400	600
	其他	100					100
	小计	2 000			50 000	400	1 600
供汽车间	房屋建筑物	900					900
	机器设备	1 100					1 100
	其他						
	小计	2 000					2 000
管理部门	房屋建筑物	1 000					1 000
	机器设备	900	75 000	600			1 500
	其他	150					150
	小计	2 050	75 000	600			2 650
合计		24 550	75 000	600	50 000	400	24 750

(2) 2009 年 7 月固定资产的增加减少情况。供电车间减少机器设备原值 50 000 元，管理部门增加机器设备原值 75 000 元，机器设备的月折旧率为 0.8%。

4) 本月发生的其他费用

本厂当月发生的办公费、差旅费等其他费用的汇总情况见表 3－8。

表 3－8　其他费用汇总表

2009 年 8 月　　单位：元

车间及部门	办公费	水费	劳保费	差旅费	业务招待费	市内交通费	合计
基本生产车间	650	1 800	4 041.35	700	200	600	7 991.35
供电车间	300	500	1 566.00			100	2 466.00
供汽车间	400	3 200	1 070.60			200	4 870.60
管理部门	3 000	200		1 800	1 600	300	6 900.00
合计	4 350	5 700	6 677.95	2 500	1 800	1 200	22 227.95

说明：其他费用均以银行存款支付，支付凭证略(不考虑增值税)。

4. 定额资料

(1) 本月各批产品定额工时。701 批甲产品为 6 000 小时；801 批乙产品为 9 600 小时；802 批甲产品为 8 000 小时。

(2) 乙产品的计划单位成本为 25 175 元，其中：直接材料 17 000 元，直接人工 6 625 元，制造费用 1 550 元。

5. 辅助生产车间劳务供应量资料

2009年8月份供电车间、供汽车间向企业内部各部门和产品提供的劳务数量情况见表3-9。

表3-9 各受益对象耗用电和蒸汽统计表

2009年8月

受益产品或部门	电/度	蒸汽/立方米
701批	11 600	6 300
801批	18 800	10 080
802批	15 600	8 400
基本生产车间	2 040	3 620
供电车间		3 000
供汽车间	4 000	
管理部门	1 240	320
合 计	53 280	31 720

6. 核算要求

(1) 开设基本生产成本、辅助生产成本、制造费用明细账。

(2) 采用适当的方法分配本月发生的各项费用，编制各种费用分配表，并据以编制会计分录，登记相关账簿。

① 生产产品共同耗用材料按重量比例法分配。单位甲产品的重量为960千克，单位乙产品的重量为900千克。

② 生产工人工资按定额工时比例法分配。

③ 辅助生产费用采用交互分配法分配。

④ 制造费用按生产工人工资比例法分配。

(3) 计算各批完工产品的成本，并编制完工产品成本汇总表，据以编制会计分录，结转完工产品的成本。

如某批产品有跨月陆续完工情况，按计划成本转出，待整批产品全部完工后，再重新计算全部产品的总成本和单位成本。

二、任务实施

东风机械厂属于小批生产类型的企业，按产品批别组织生产，并在管理上要求按产品的批别来考核成本。根据该厂的生产特点和管理要求，应当采用分批法计算产品成本，即以产品的批别作为成本计算对象来归集生产费用，计算产品成本。

在小批生产企业中，产品批别一般根据购买单位的订单确定，但产品的批别与订单并不完全相同。根据购买单位的要求和生产组织的需要，企业可以将一张订单划分成多个批别组织生产，也可以将几张相同产品的订单合并为一批组织生产。企业在根据购买单位的订单划分产品批别时，如果一张订单中的产品为一批，即以订单划分批别，按订单组织生产，按订单计算成本；如果一张订单中包括的产品有几个品种，为了便于分析和考核各种产品成本计划的执行情况，并适应生产管理的需要，应按不同品种的产品划分为若干批别，按批别组织生产，并作为成本计算对象；如一张订单中的产品只有一种，但数量较多，不便于集中一次投入生产，则可按照一定数量分为若干批别，按批别分次投入生产，按批别分次计算成本；如一张订单中只有一件产品，但其属于大型复杂产品，价值较大，生产周期较长，如大型船舶制造，则可以按照产品的组成部分分批组织生产，分别计算成本；如在同一时期内，企业接到不同的购货单位要求生产同一产品的几张订单，也可合并为一批组织生产，计算成本。

按产品批别组织生产时，企业生产计划部门在确定产品批别后，应签发下达“生产通知单”，单内需对本批生产任务进行编号(称为产品批号或生产令号)。生产部门根据“生产通知单”组织生产，财会部门则应以“生产通知单”的生产批号作为成本计算对象，设置基本生产成本明细账，归集生产费用，计算产品成本。

“生产通知单”又称“内部订单”，主要内容有：拟制造产品的品种、规格、样式；开工日期、交货日期；生产数量；产品所用的原材料、工艺流程及其他与产品有关的资料。

1. 设置账户

东风机械厂采用分批法进行成本计算时，按产品批别设置了701批、801批、802批3批产品的“基本生产成本”明细账，并登记月初在产品成本；按辅助生产车间设置了“辅助生产成本”；按基本生产车间设置了“制造费用”明细账；其管理费用、财务费用和销售费用明细账在此省略。

2. 分配各项要素费用

1) 分配材料费用

东风机械厂原材料在生产开始时一次投入，本月801批、802批产品直接领用的材料分别为269 500元、32 6440元，两批产品共同耗用的材料为27 300元。根据核算要求，生产产品共同耗用的材料应按重量比例分配法进行分配。重量比例分配法是以产品重量作为分配标准分配共耗材料费用的一种方法。重量比例分配法的计算公式如下：

$$\text{材料费用分配率}=\frac{\text{共同耗用材料费用}}{\text{各批产品重量之和}} \tag{3-1}$$

$$\text{某批产品应负担的材料费用}=\text{该批产品的重量}\times\text{材料费用分配率} \tag{3-2}$$

任务中，产品共同耗用的材料为27 300元，应按801批、802批两批产品的重量进行分配，有关计算过程如下：

801批乙产品的重量＝900×20＝18 000(千克)

802批甲产品的重量＝960×25＝24 000(千克)

$$\text{材料费用分配率}=\frac{27\ 300}{18\ 000+24\ 000}=0.65$$

801批乙产品应负担的材料费用＝18 000×0.65＝11 700(元)

802批甲产品应负担的材料费用＝24 000×0.65＝15 600(元)

根据上述材料费用分配的过程及结果，编制材料费用汇总分配表，见表3－10。

表 3-10 材料费用汇总分配表

2009 年 8 月　　单位：元

应借科目		直接耗用材料	共同耗用材料					合计
总账科目	明细科目		本月投入产量	单位产品重量	产品重量	分配率	分配费用	
基本生产成本	801 批	269 500	20	900	18 000		11 700	281 200
	802 批	326 440	25	960	24 000		15 600	342 040
	小计	595 940			42 000	0.65	27 300	623 240
辅助生产成本	供电车间	36 000						36 000
	供汽车间	1 600						1 600
	小计	37 600						37 600
制造费用	基本生产车间	5 100						5 100
管理费用	机物料消耗	1 600						1 600
合计		640 240					27 300	667 540

根据表 3-10，编制会计分录。

借：基本生产成本——801 批(直接材料)　　281 200

——802 批(直接材料)　　342 040

辅助生产成本——供电车间(机物料消耗)　　36 000

——供汽车间(机物料消耗)　　1 600

制造费用——基本生产车间(机物料消耗)　　5 100

管理费用——机物料消耗　　1 600

贷：原材料　　667 540

根据会计分录登记“基本生产成本”明细账、“辅助生产成本”明细账、“制造费用”明细账等。

2) 分配职工薪酬费用

(1) 分配职工工资费用、工会经费及职工教育经费。东风机械厂工时定额比较准确，该厂采用定额工时比例分配法分配生产工人工资。定额工时比例分配法是以产品的定额工时作为分配标准分配工资费用的一种方法。定额工时比例分配法的计算公式如下：

$$工资费用分配率=\frac{生产工人工资总额}{各批产品定额工时之和} \quad (3-3)$$

$$某批产品应负担的工资费用=该批产品的定额工时\times工资费用分配率 \quad (3-4)$$

任务中，701 批、801 批及 802 批产品的定额工时分别为：6 000 小时、9 600 小时和 8 000小时。根据已知资料，采用定额工时比例分配法在各批产品之间分配工资费用的有关计算过程如下：

$$工资费用分配率=\frac{153\ 400}{6\ 000+9\ 600+8\ 000}=6.50$$

701 批甲产品应负担的工资费用=6 000×6.50=39 000(元)

801 批乙产品应负担的工资费用=9 600×6.50=62 400(元)

802 批甲产品应负担的工资费用＝8 000×6.50＝52 000(元)

根据工资结算汇总表、工会经费及职工教育经费计提比例等资料，结合上述工资费用分配的过程及结果，编制职工薪酬费用分配表(一)，见表 3－11。

表 3－11 职工薪酬分配表(一)

——职工工资、工会经费、职工教育经费分配表

2009 年 8 月 30 日　　　　单位：元

应借科目		职工工资			工会经费计提(2%)	职工教育经费计提(1.5%)	合计
		定额工时	分配率	分配金额			
基本生产成本	701 批	6 000		39 000	780	585	40 365
	801 批	9 600		62 400	1 248	936	64 584
	802 批	8 000		52 000	1040	780	53 820
	合计	23 600	6.50	153 400	3 068	2 301	158 769
制造费用	基本生产车间			4 800	96	72	4 968
辅助生产成本——供电车间				5 200	104	78	5 382
辅助生产成本——供汽车间				4 900	98	73.50	5 071.50
管理费用				8 500	170	127.50	8 797.50
合计				176 800	3 536	2 652	182 988

制表：　　　　复核：

(2) 分配社会保险、住房公积金及福利费等职工薪酬费用。东风机械厂根据工资结算汇总表以及单位负担的社会保险、住房公积金等资料，编制职工薪酬费用分配表(二)，见表3－12。

根据表 3－11 和表 3－12 编制会计分录。

借：基本生产成本——701 批(直接人工)　　55 365
　　　　　　　　——801 批(直接人工)　　88 584
　　　　　　　　——802 批(直接人工)　　73 820
　　制造费用——基本生产车间(职工薪酬)　　7 198.80
　　辅助生产成本——供电车间(职工薪酬)　　7 886
　　　　　　　　——供汽车间(职工薪酬)　　7 389.40
　　管理费用——职工薪酬　　12 901
　　贷：应付职工薪酬——工资　　176 800
　　　　　　　　　　——工会经费　　3 536
　　　　　　　　　　——职工教育经费　　2 652
　　　　　　　　　　——社会保险　　54 984.80
　　　　　　　　　　——住房公积金　　10 608
　　　　　　　　　　——职工福利　　4 563.40

根据会计分录登记“基本生产成本”明细账、“辅助生产成本”明细账、“制造费用”明细账等。

表 3-12 职工薪酬分配表(二)
——社会保险、住房公积金及福利费分配表

2009 年 8 月 30 日 单位：元

应借科目		社会保险	住房公积金	福利费	合计	定额工时	分配率	分配金额
基本生产成本	701 批					6 000		15 000
	801 批					9 600		24 000
	802 批					8 000		20 000
	合　计	47 707.40	9 204	2 088.60	59 000	23 600	2.50	59 000
制造费用	基本生产车间	1 492.80	288	450	2 230.80			2 230.80
辅助生产成本—供电车间		1 617.20	312	574.80	2 504			2 504
辅助生产成本—供汽车间		1 523.90	294	500	2 317.90			2 317.90
管理费用		2 643.50	510	950	4 103.50			4 103.50
合　计		54 984.80	10 608	4 563.40	70 156.20			70 156.20

3）分配折旧费用

根据 7 月份固定资产折旧计算表和 7 月份固定资产增减情况，编制本月固定资产折旧计算表，见表 3-13。

表 3-13 固定资产折旧计算表

2009 年 8 月 单位：元

部门	类别	上月折旧额	上月增加固定资产		上月减少固定资产		本月折旧额
			原值	折旧额	原值	折旧额	
基本车间	房屋建筑物	3 000					3 000
	机器设备	14 900					14 900
	其他	600					600
	小计	18 500					18 500
供电车间	房屋建筑物	900					900
	机器设备	1 000			50 000	400	600
	其他	100					100
	小计	2 000			50 000	400	1 600
供汽车间	房屋建筑物	900					900
	机器设备	1 100					1 100
	其他						
	小计	2 000					2 000

续表

部门	类别	上月折旧额	上月增加固定资产		上月减少固定资产		本月折旧额
			原值	折旧额	原值	折旧额	
管理部门	房屋建筑物	1 000					1 000
	机器设备	900	75 000	600			1 500
	其他	150					150
	小计	2 050	75 000	600			2 650
合计		24 550	75 000	600	50 000	400	24 750

根据表 3－13，编制会计分录。

借：制造费用——基本生产车间(折旧费)　18 500
　　辅助生产成本——供电车间(折旧费)　1 600
　　　　——供汽车间(折旧费)　2 000
　　管理费用——折旧费　2 650
　　贷：累计折旧　24 750

根据会计分录登记“辅助生产成本”明细账、“制造费用”明细账等。

4）分配其他费用

按照本月发生其他费用的地点和用途，根据支付凭证编制会计分录：

借：制造费用——基本生产车间(办公费)　650
　　　　——基本生产车间(水电费)　1 800
　　　　——基本生产车间(劳保费)　4 041.35
　　　　——基本生产车间(其他)　1 500
　　辅助生产成本——供电车间(办公费)　300
　　　　——供电车间(水电费)　500
　　　　——供电车间(劳保费)　1 566
　　　　——供电车间(其他)　100
　　　　——供汽车间(办公费)　400
　　　　——供汽车间(水电费)　3 200
　　　　——供汽车间(劳保费)　1 070.60
　　　　——供汽车间(其他)　200
　　管理费用——办公费　3 000
　　　　——水电费　200
　　　　——其他　3 700
　　贷：银行存款　22 227.95

根据会计分录登记“辅助生产成本”明细账、“制造费用”明细账等，分别见表 3－14 和表 3－15。

表 3-14 辅助生产成本明细账

车间：供电车间

2009 年		凭证号数	摘 要	明细项目							
月	日			机物料消耗	职工薪酬	折旧费	水电费	办公费	劳保费	其 他	合 计
8	31	略	分配材料费用	36 000							36 000
			分配职工薪酬		7 886						7 886
			分配折旧费用			1 600					1 600
			分配其他费用				500	300	1 566	100	2 466
			本月发生额合计	36 000	7 886	1 600	500	300	1 566	100	47 952
			交互分配转入							1 500	1500
			交互分配转出							3 600	3 600
			对外分配	36 000	7 886	1 600	500	300	1 566	2 000	45 852

说明：供汽车间的辅助生产成本明细账略。

表 3-15 制造费用明细账

车间：基本生产车间

2009 年		凭证号数	摘 要	明细项目							
月	日			机物料消耗	职工薪酬	折旧费	水电费	办公费	劳保费	其 他	合计
8	31	略	分配材料费用	5 100							5 100
			分配职工薪酬		7 198.8						7 198.8
			分配折旧费用			18 500					18 500
			分配其他费用				2 000	750	4 241.35	1 000	7 991.35
			分配辅助生产费用				1 898.09			2 263.76	4 161.85
			本月发生额合计	5 100	7 198.8	18 500	3 898.09	750	4 241.35	3 263.76	42 952
			分配制造费用	5 100	7 198.8	18 500	3 898.09	750	4 241.35	3 263.76	42 952

3. 分配辅助生产费用

通过对辅助生产成本明细账进行本月发生额合计可知：本月供电车间发生费用为 47 952 元，供汽车间发生费用为 15 860 元。由于辅助生产车间内部相互提供的劳务较多，采用直接分配法会影响分配结果的准确性，东风机械厂采用了交互分配法分配辅助生产费用。

交互分配法是在分配辅助生产成本时采用分两阶段进行分配的一种方法，先根据各辅助生产单位相互提供劳务的数量和费用分配率(单位成本)，在各辅助生产单位之间进行一次交互分配；再将交互分配以后辅助生产单位的全部应分配费用(即交互分配前的待分配费用，加上交互分配转入的应负担费用，减去交互分配转出的费用)，按提供劳务的数量，在辅助生产以外的各受益对象之间进行分配。其计算公式如下：

$$交互分配费用分配率=\frac{交互分配前辅助生产单位的待分配费用总额}{该辅助生产单位劳务供应总量} \quad (3-5)$$

$$\begin{matrix}某辅助生产车间\\应负担的费用\end{matrix}=\begin{matrix}该辅助生产车间\\接受的劳务量\end{matrix}\times\begin{matrix}交互分配费用\\分配率\end{matrix} \quad (3-6)$$

$$对外分配分配率=\left(\begin{matrix}交互分配前待分配费用总和+交互\\分配转入费用-交互分配转出费用\end{matrix}\right)\div\begin{matrix}该生产单位供应给辅助生产\\以外部门的劳务总量\end{matrix} \quad (3-7)$$

$$\begin{matrix}某辅助生产车间以外\\部门应负担的费用\end{matrix}=\begin{matrix}该生产单位或部门\\接受劳务的数量\end{matrix}\times\begin{matrix}对外分配费用\\分配率\end{matrix} \quad (3-8)$$

东风机械厂采用交互分配法分配辅助生产费用，有关计算过程如下：

供电车间交互分配费用分配率＝47 952÷53 280＝0.90

供汽车间交互分配费用分配率＝15 860÷31 720＝0.50

供汽车间应负担电费＝4 000×0.90＝3 600(元)

供电车间应负担蒸汽费＝3 000×0.50＝1 500(元)

供电车间对外分配的费用＝47 952＋1 500－3 600＝45 852(元)

供汽车间对外分配的费用＝15 860＋3 600－1 500＝17 960(元)

供电车间对外分配的费用分配率＝45 852÷49 280＝0.930 4

供汽车间对外分配的费用分配率＝17 960÷28 720＝0.625 3

根据计算过程及结果，编制辅助生产费用分配表，见表 3－18。

表 3－16 辅助生产费用分配表(交互分配法)

2009 年 8 月

单位：元

项目		分配电费		分配供汽费		合计
		度数	分配额	立方米	分配额	
交互分配	待分配费用		47 952		15 860	
	劳务总量	53 280		31 720		
	分配率	0.90		0.50		
	供电车间			3 000	1 500	
	供汽车间	4 000	3 600			
对外分配	实际费用		45 852		17 960	
	劳务总量	49 280		28 720		
	分配率	0.930 4		0.625 3		
	701 批	11 600	10 793.08	6 300	3 939.69	14 732.77
	801 批	18 800	17 492.24	10 080	6 303.51	23 795.75
	802 批	15 600	14 514.84	8 400	5 252.92	19 767.76
	基本车间	2 040	1 898.09	3 620	2 263.76	4 161.85
	管理部门	1 240	1 153.75	320	200.12	1 353.87

注：计算误差在管理费用中调整。

根据表 3－16 的分配结果，编制会计分录。

（1）交互分配的分录。

借：辅助生产成本——供电车间（其他）　　1 500

　　贷：辅助生产成本——供汽车间（其他）　　1 500

借：辅助生产成本——供汽车间（水电费）　　3 600

　　贷：辅助生产成本——供电车间（其他）　　3 600

（2）对外分配的分录。

借：基本生产成本——701 批（直接材料）　　14 732.77

　　　　　　　　——801 批（直接材料）　　23 795.75

　　　　　　　　——802 批（直接材料）　　19 767.76

　　制造费用——基本生产车间（水电费）　　1 898.09

　　　　　　——基本生产车间（其他）　　2 263.76

　　管理费用——水电费　　1 153.75

　　　　　　——其他　　200.12

　　贷：辅助生产成本——供电车间　　45 852

　　　　　　　　　　——供汽车间　　17 960

根据会计分录登记"基本生产成本"明细账、"辅助生产成本"明细账、"制造费用"明细账等。

4. 分配制造费用

东风机械厂的基本生产车间本月归集的制造费用为 33 748 元，应在各批产品之间进行分配，计入产品成本。根据核算要求，东风机械厂应按照生产工人工资比例法分配制造费用，生产工人工资比例法是按照计入各批产品成本的生产工人实际工资的比例分配制造费用的一种方法。其计算公式如下：

$$\text{制造费用分配率}=\frac{\text{制造费用总额}}{\text{各批产品生产工人工资总额}} \tag{3-9}$$

$$\text{某批产品应负担的制造费用}=\text{该批产品生产工人工资}\times\text{制造费用分配率} \tag{3-10}$$

任务中，本月各批产品生产工人工资分别为：701 批甲产品 39 000 元；801 批乙产品 62 400 元；802 批甲产品 52 000 元。根据已知资料，采用生产工人工资比例法在各批产品之间分配制造费用，有关计算过程如下：

$$\text{制造费用分配率}=\frac{42\,952}{39\,000+62\,400+52\,000}=0.28$$

701 批甲产品应负担的制造费用 $=39\,000\times0.28=10\,920$（元）

801 批乙产品应负担的制造费用 $=62\,400\times0.28=17\,472$（元）

802 批甲产品应负担的制造费用 $=52\,000\times0.28=14\,560$（元）

根据上述费用分配的计算过程及结果，编制制造费用分配表，见表 3－17。

根据表 3－17 的分配结果，编制会计分录。

借：基本生产成本——701 批（制造费用）　　10 920

　　　　　　　　——801 批（制造费用）　　17 472

　　　　　　　　——802 批（制造费用）　　14 560

　　贷：制造费用——基本生产车间　　42 952

根据会计分录，登记“基本生产成本”明细账和“制造费用”明细账。

表 3－17　制造费用分配表

2009 年月 8 日　　单位：元

产品批号	生产工人工资	分配率	金　额
701 批	39 000		10 920
801 批	62 400		17 472
802 批	52 000		14 560
合　计	153 400	0.28	42 952

5. 计算完工产品和月末在产品成本

1）计算 701 批甲产品完工产品成本

由于 701 批甲产品有 20 台在 7 月份投产，并在 8 月份全部完工，因此，701 批甲产品基本生产成本明细账中从 7 月份投产开始到 8 月份完工为止，两个月发生的各项生产费用按成本项目汇总，即为该批产品的总成本，以总成本除以该批产品的数量，即可求出该批产品单位成本。

701 批甲产品基本生产成本明细账格式、登记费用及结转成本，见表 3－18。

表 3－18　基本生产成本明细账

生产批号：701　　产品名称：甲产品　　投产日期：7 月 3 日

生产批量：20 台　　完工日期：8 月 30 日

2009 年		凭证字号	摘　要	直接材料	直接人工	制造费用	合　计
月	日						
7	31	（略）	生产费用累计	273 632	53 200	16 675	343 507
8	31		分配职工薪酬		55 365		55 365
			分配辅助生产费用	14 732.77			14 732.77
			分配制造费用			10 920	10 920
			本月生产费用合计	14 732.77	55 365	10 920	81 017.77
			生产费用累计	288 364.77	108 565	27 595	424 524.77
			完工产品成本	288 364.77	108 565	27 595	424 524.77
			产成品单位成本	14 418.24	5 428.25	1 379.75	21 226.24

2）计算 801 批乙产品完工产品和月末在产品成本

801 批乙产品 8 月份投产，生产批量 20 台，8 月份已完工 8 台。该厂对同批内跨月陆续完工的产品，月末计算成本时，对完工产品按计划成本转出，待该批产品全部完工后再计算完工产品的总成本和单位成本。因此，任务中 801 批乙产品 8 月份已完工的 8 台应按计划成本结转。

801 批乙产品基本生产成本明细账格式、登记费用及结转成本，见表 3－19。

表 3-19 基本生产成本明细账

产品批号：801　　　　产品名称：乙产品　　　　投产时期：8 月 2 日

生产批量：20 台　　　　完工时期：

2009 年		凭证字号	摘　　要	直接材料	直接人工	制造费用	合　计
月	日						
8	31	（略）	分配材料费用	281 200			281 200
			分配职工薪酬		88 584		88 584
			分配辅助生产费用	23 795.75			23 795.75
			分配制造费用			17 472	17 472
			本月生产费用合计	304 995.75	88 584	17 472	411 051.75
			生产费用累计	304 995.75	88 584	17 472	411 051.75
			完工的 8 台成本	136 000	53 000	12 400	20 1400
			月末在产品成本	168 995.75	35 584	5 072	209 651.75

3）计算 802 批甲产品月末在产品成本

802 批甲产品 8 月份投产，生产批量 25 台，至 8 月末均未完工。因此，8 月份根据各种费用分配表记入该批产品成本明细账的各项费用就是该批产品 8 月末的在产品成本。

802 批甲产品基本生产成本明细账格式、登记费用，见表 3-20。

表 3-20 基本生产成本明细账

产品批号：802　　　　产品名称：甲产品　　　　投产时期：8 月 15 日

生产批量：25 台　　　　完工时期：

2009 年		凭证字号	摘　　要	直接材料	直接人工	制造费用	合　计
月	日						
8	31	（略）	领用材料	342 040			342 040
			分配职工薪酬		73 820		73 820
			分配辅助生产费用	19 767.76			19 767.76
			分配制造费用			14 560	14 560
			本月生产费用合计	361 807.76	73 820	14 560	450 187.76

6. 编制完工产品成本汇总表

根据成本计算结果，结转完工产品成本，见表 3-21，并据以结转完工产品成本。

根据表 3-21，编制会计分录。

借：库存商品——甲产品　　　　424 524.77

　　　　　——乙产品　　　　201 400

　贷：基本生产成本——701 批　　　　424 524.77

　　　　　　　　——801 批　　　　201 400

根据会计分录，登记“库存商品”明细账和“基本生产成本”明细账。

表 3-21 完工产品成本汇总表

2009年8月 单位：元

成本项目	701批甲产品(20台)		801批乙产品(8台)	
	总成本	单位成本	总成本	单位成本
直接材料	288 364.77	14 418.24	136 000	17 000
直接人工	108 565	5 428.25	53 000	6 625
制造费用	27 595	1 379.75	12 400	1 550
合 计	424 524.77	21 226.24	201 400	25 175

三、知识归纳

1. 分批法的适用范围

分批法又称订单法，是按照产品批别或订单作为成本计算对象，归集生产费用，计算产品成本的一种方法。

分批法主要适用于小批生产或单件生产的企业或车间，如精密仪器、专用设备、重型机械和船舶制造等企业，也适用于一般工业企业中新产品试制或实验的生产以及辅助生产车间的工具、模具制造、设备作业修理等。

2. 分批法的特点

1）成本计算对象

由于小批单件生产企业，其生产的产品批量小，一批产品一般可以同时完工，因此在这种类型的企业中，应以每件或每批产品作为成本计算对象；如果管理上要求提供每件或每批产品所经过的生产步骤成本，则要以每件或每批产品及其经过的加工步骤的成本，作为其成本计算对象。

在分批法下，产品成本明细账按订单或批别开设。在归集生产费用时，能按订单或批别划分的直接费用，要直接记入各成本明细账的有关项目，不能按订单或批别划分的间接费用，则需先按费用发生的地点和用途进行归集，再采用一定的方法，按一定的标准分配记入各成本明细账的有关项目。

2）成本计算期

对于单件小批生产企业，可以在该批或该件产品完工后计算产品成本。因此，使用分批法时产品成本计算是不定期的，一般来说，成本计算期与批别产品的生产周期一致，而与会计报告期是不一致的。

3）生产费用在完工产品与在产品之间的分配

在分批法下，同样要按月归集各批产品的生产费用。由于成本计算期与产品的生产周期一致，即产品成本要在批别产品完工后才计算，因此，各订单或批别产品完工以前，产品成本明细账上所归集的费用就是在产品成本；在某订单或批别产品全部完工时，其产品成本明细账上所归集的费用就是完工产品总成本。因此，从理论上讲，小批生产产品成本的计算一般不存在生产费用在批内完工产品和月末在产品之间的分配问题。

但是，如果同一批产品出现跨月陆续完工并分期陆续交货的情况时，则应采取适当的方法将生产费用在完工产品与月末在产品之间进行分配。为了使同一批产品尽量同时完工，避免出现跨月陆续完工的情况，减少完工产品与月末在产品之间分配费用的工作，在合理组织生产的前提下，可以适当缩小产品的批量。

3. 分批法成本计算的一般程序

1）设置账户

产品投产时，会计部门应根据生产计划部门签发的“生产通知单”的生产批号，为每批产品开设基本生产成本明细账，在明细账账页上既要注明批号，也要列明产品名称，并按成本项目分设专栏。除此之外，企业还应根据需要设置辅助生产成本明细账、制造费用明细账、管理费用明细账等，这些明细账的设置与品种法一致。

2）按产品批别归集和分配本月发生的各项要素费用

在分批法下，应按产品批别归集和分配各项生产费用。对各批产品发生的直接费用，要在有关的原始凭证上填明生产批号、订单号或生产通知单号，以便将费用直接记入各批别产品的基本生产成本明细账内；在记录间接费用发生的原始凭证上要填明各种费用的用途和发生地点，以便将费用归集于辅助生产成本和制造费用明细账内。发生的间接费用按照一定的标准在各批产品之间进行分配后，再记入各批别产品的基本生产成本明细账内。

（1）材料费用的分配。月末，根据领料单、限额领料单等有关凭证，按照领料部门及用途分配材料费用，编制材料费用分配表时，各批别产品分别领用的材料，应按批号直接汇总记入各批产品的成本，对于各批产品共同消耗的材料则应采用一定的标准进行分配，分配记入有关批别的产品成本。

产品重量比例分配法是以产品重量作为分配标准分配共耗材料费用的一种方法，这种方法适用于产品耗用原材料数量与产品重量有密切关系的企业。

（2）职工薪酬费用的分配。在实际工作中，月末应根据工资结算汇总表和国家规定的计提职工工会经费、职工教育经费、五险一金的比例等资料，分配职工薪酬费用，编制职工薪酬分配表，并进行相应的账务处理。

在分配职工薪酬费用过程中，对于产品生产共同发生的职工薪酬费用，需采用一定的标准在各种产品之间进行分配。职工薪酬费用的分配通常采用按产品实用工时比例分配的方法。如果企业没有实用工时的统计资料，在工时定额比较准确的情况下，也可以按定额工时比例进行分配。

（3）折旧费用的分配。根据上月的固定资产折旧计算表及上月固定资产的变化情况，编制本月的固定资产折旧计算表，进行固定资产折旧费用分配的账务处理。

（4）其他费用的分配。根据银行付款凭证和现金付款凭证等凭证，将发生的其他各要素费用，按照费用发生的地点和用途，进行其他费用分配的账务处理。

根据以上各项要素费用分配表，登记基本生产成本、制造费用和辅助生产成本等明细账。

3）分配辅助生产费用

在分批法下，设有辅助生产单位的企业，月末应将归集的辅助生产费用按照一定的分配方法分配给各受益对象，编制辅助生产费用分配表，并进行相应的账务处理。

企业在对归集的辅助生产费用进行分配时，应充分考虑企业自身的特点，东风机械厂根据本企业辅助生产车间内部相互提供劳务较多的特点，确定采用交互分配法分配辅助生产费用。

采用交互分配法，辅助生产单位内部相互提供的产品和劳务进行了交互分配(即相互分配了费用)，克服了直接分配法在辅助生产车间之间不分配费用的缺点，提高了费用分配结果的正确性。但由于在分配费用时都要计算交互分配和对外分配两个费用分配率、进行两次分配，增加了分配计算的工作量。同时，交互分配的费用分配率是根据交互分配前的待分配费用计算的，不是该辅助生产单位产品或劳务的实际单位成本，因此，分配结果也不是很准确的。这种方法一般适用于各辅助生产部门之间相互提供劳务较多的企业。

4) 分配制造费用

基本生产单位的制造费用应由该生产单位生产的各批产品负担，月末应将归集的基本生产单位的制造费用按照一定的分配方法在各批产品之间进行分配，计入各批别产品的基本生产成本明细账内。

生产工人工资比例法是按照计入各批产品成本的生产工人实际工资的比例分配制造费用的一种方法。采用这种分配方法分配制造费用时，由于其分配依据的生产工人工资的资料容易取得，因而核算工作很简便。

生产工人工资比例法适用于产品生产的机械化程度大致相同的生产单位，否则，机械化程度较高的产品，由于生产工人工资费用较少，分配负担的制造费用也少，就会影响费用分配的合理性，从而影响产品成本计算的正确性。因为，制造费用中包含与机械使用有关的折旧费等，产品市场的机械化程度高，应当多负担这部分费用。应当注意的是，如果生产工人工资本身是按照生产工时比例法分配计入各种产品成本的，那么，按照生产工人工资比例法分配制造费用，实际上也就是按照生产工时比例法分配制造费用，其分配结果是完全相同的。

5) 计算完工产品成本和月末在产品成本

某批产品完工检验合格后，应由生产单位填制“完工通知单”，一份送交会计部门通知会计部门计算产品成本。会计部门接到“完工通知单”后，应注意检查该批产品的相关费用是否已全部登记入账，剩余材料是否已办理了退库手续等。经检查无误后，该批产品基本生产成本明细账中所归集的生产费用，就是该批完工产品的实际总成本。月末将未完工各批产品基本生产明细账中所归集的生产费用予以累计，就是月末在产品成本。如果某批产品发生跨月陆续完工情况，则应采取适当的方法将生产费用在完工产品与月末在产品之间进行分配，通常的做法是，采用计划单位成本、定额单位成本或最近一批相同产品的实际单位成本对完工产品进行计价，然后将产品成本明细账中归集的费用总额减去所确定的完工产品成本，就是在产品成本。为了全面反映该批产品的生产耗费和成本水平，在该批产品全部完工时，还应计算该批全部产品的实际总成本和单位成本。但对已经转账的完工产品成本，不做账面调整。

6) 结转完工产品成本

根据成本计算结果，编制完工产品成本汇总表，结转完工入库产品成本。

四、能力拓展

东风机械厂辅助生产费用的分配采用交互分配法，在实际工作中，企业根据具体情况，辅助生产费用的分配还可以采用顺序分配法。

顺序分配法也称为梯形分配法，是将各辅助生产车间按照相互耗用产品或劳务费用的多少排列顺序，受益少的排在前面，先分配费用，受益多的排在后面，后分配费用的一种方法。

假定东风机械厂采用顺序分配法分配辅助生产费用，该厂供电和供汽两个辅助生产车间中，由于供电车间耗用的劳务费用(15 860÷31 720×3 000=1 500)少于供汽车间耗用的劳务费用(47 952÷53 280×4 000=3 600)，应按照供电、供汽的顺序排列，先分配电费，再分配蒸汽费，具体见表3-22。

表 3-22 辅助生产费用分配表(顺序分配法)

2009 年 8 月

会计科目	辅助生产成本						基本生产成本						制造费用		管理费用		分配金额合计
	供电车间			供汽车间			701 批		801 批		802 批		基本生产车间				
车间部门	劳务量	待分配使用	分配率	劳务量	待分配费用	分配率	耗用数量	分配金额	耗用数量	分配金额	耗用数量	分配金额	耗用数量	分配金额	耗用数量	分配金额	
			53 280	47 952		31 720	15 860										
分配电费	−53 280	−47 952	0.9	4 000	3 600		11 600	10 440	18 800	16 920	15 600	14 040	2 040	1 836	1 240	1 116	47 952
分配蒸汽费				−28 720	−19 460	0.677 6	6 300	4 268.73	10 080	6 829.97	8 400	5 691.64	3 620	2 452.83	320	216.83	19 460
分配金额合计								14 708.73		23 749.97		19 731.64		4 288.83		1 322.83	63 812

采用顺序分配法分配辅助生产费用时，各种辅助生产费用虽然只分配一次，但既分配给辅助生产车间以外的受益单位，又分配给排列在后面的其他辅助生产车间、部门，因而分配结果的正确性和计算的工作量都有所增加。由于排列在前面的辅助生产车间、部门不负担排列在后面的辅助生产车间、部门的费用，分配结果的正确性仍然受到一定的影响。这种分配方法只宜在各辅助生产车间、部门之间相互受益程序有着明显顺序的企业中采用。

电费分配率＝47 952÷53 820＝0.9

蒸汽费分配率＝(15 860＋3 600)÷(31 720－3 000)＝0.677 6

根据辅助生产费用分配表编制会计。

(1) 分配电费。

借：辅助生产成本——供汽车间(水电费)	3 600	
基本生产成本——701 批(直接材料)	10 440	
——801 批(直接材料)	16 920	
——802 批(直接材料)	14 040	
制造费用——基本生产车间(水电费)	1 836	
管理费用——水电费	1 116	
贷：辅助生产成本——供电车间		47 952

(2) 分配蒸汽费。

借：基本生产成本——701 批(直接材料)	4 268.73	
——801 批(直接材料)	6 829.97	
——802 批(直接材料)	5 691.64	
制造费用——基本生产车间(蒸汽费)	2 452.83	
管理费用——其他	216.83	
贷：辅助生产成本——供汽车间		19 460

五、单项技能训练

1. 材料费用分配的技能训练

1) 资料

某企业某月生产 301 批甲产品 1 000 件、302 批乙产品 2 500 件、两批产品共同耗用材料费用 30 000 元。单位甲产品重 1 千克，单位乙产品重 2 千克。

2) 要求

采用重量比例法分配计算 301 批和 302 批产品的直接材料费用。

2. 工资费用分配的技能训练

1) 资料

某企业基本生产车间 10 月份生产工人工资为 138 000 元，本月共生产甲产品 300 台，乙产品 200 台，两种产品的工时定额分别为：甲产品 50 小时，乙产品 40 小时。

2) 要求

采用定额工时比例分配法计算甲、乙两种产品应负担的生产工人工资。

3. 辅助生产费用分配的技能训练

1）资料

某工业企业有供水和供电两个辅助生产车间，本月各车间的辅助生产成本明细账中归集的费用为：供水车间 15 300 元，供电车间 18 000 元。辅助生产车间本月为各车间和部门提供的劳务数量见表 3-23。

表 3-23 各部门耗用辅助生产车间产品、劳务数量

受益单位或产品	耗电/度	耗水/吨
501 批甲产品	6 000	1 100
502 批乙产品	5 000	900
第一基本生产车间	2 500	600
第二基本生产车间	2 000	400
供电车间		200
供水车间	2 000	
行政管理部门	500	200
合　计	18 000	3 400

2）要求

(1）采用交互分配法分配辅助生产费用，并做出相应的会计分录。

(2）采用顺序分配法分配辅助生产费用，并做出相应的会计分录。

4. 制造费用分配的技能训练

1）资料

红星工厂一车间生产甲、乙、丙 3 种产品，2 月份该车间制造费用总额为 32 400 元，该车间 3 种产品的生产工人工资分别为 9 000 元、13 500 元、20 700 元。

2）要求

按生产工人工资比例分配法分配各种产品应负担的制造费用，并做出相应的会计分录。

任务二　多批次生产产品成本的简化计算

在一些小批单件生产企业，各月生产的产品批次很多，而且月末完工的批次不多。在这种情况下，如果对当月所发生的各项生产费用，无论是直接材料费用，还是直接人工及制造费用，都要在当月在各批产品之间进行分配，费用分配的工作将非常繁重。为了简化核算，减少计算分配的工作量，这类企业可以采用简化分批法计算产品成本。

一、任务描述

振兴机械厂属于小批生产类型的企业，根据客户订单生产甲、乙、丙、丁 4 种产品，产

品种类和批次都比较多。该厂只设有一个基本生产车间，不设辅助生产车间。

产品生产所需原材料均系生产开始时一次投入。采用实际成本计价，发出材料采用先进先出法计算。2009 年 8 月份有关成本计算资料如下。

1. 产量资料

该企业 8 月份各批产品的生产情况见表 3－24。

表 3－24　生产情况表

2009 年 8 月

产品批号	产品名称	投产情况	完工情况	生产工时
601	甲产品	6 月份投产 20 台	本月全部完工	2 000
701	乙产品	7 月份投产 10 台	本月完工 7 台	2 800
702	甲产品	7 月份投产 30 台	尚未完工	4 000
801	丙产品	8 月份投产 30 台	尚未完工	3 200
802	丁产品	8 月份投产 5 台	尚未完工	1 600

2. 费用资料

（1）月初在产品成本资料：见基本生产成本二级账（见表 3－35）及各批基本生产成本明细账（见表 3－36、表 3－37、表 3－38、表 3－39 和表 3－40）。

（2）本月发生的生产费用如下：

① 本月各部门领用材料情况。平时领用材料填制领料单（领料单略），月末根据领料单，汇总编制“材料费用汇总分配表”，见表 3－25。

表 3－25　材料费用汇总分配表

2009 年 8 月　　单位：元

应借科目		直接耗用材料	共同耗用材料					合计
总账科目	明细科目		本月投入产量	单耗定额	定额耗用量	分配率	分配费用	
基本生产成本	801 批	92 900						
	802 批	68 450						
	小计	161 350					118 650	
制造费用	基本生产车间	16 143						
管理费用	其他	3 200						
总计		170 693						

② 本月职工薪酬费用。振兴机械厂本月职工工资见表 3－26，社会保险、住房公积金和福利费见表 3－27、表 3－28 和表 3－29。

表 3－26　工资结算汇总表

2009 年 8 月　　　　　　　　　　　　　　　　单位：元

生产部门		月标准工资	奖　金	津贴和补贴	应发工资	代扣款项			实发工资
						社会保险	住房公积金	个人所得税	
基本车间	生产工人	85 700	8 500	6 800	101 000	11 110	6 060	420	83 410
	管理人员	8 400	800	600	9 800	1 078	588	38	8 096
管理部门		5 500	580	420	6 500	715	390	25	5 370
合　计		99 600	9 880	7 820	117 300	12 903	7 038	483	96 876

说明：该厂的工会经费和职工教育经费按工资总额的 2％和 1.5％计提。

表 3－27　山东省社会保险费专用发票

流水号：09083456710　　　　　　　　　　　　No.2100988888

单位：振兴机械厂　　　　　　　　　　　　　　单位：元

项　目	起始年月	终止年月	人数	单位缴纳额	个人缴纳额	滞纳金	利息	合计金额
养老保险	20090801	20090831		23 460.00	9 384.00			32 844.00
医疗保险	20090801	20090831		8 211.00	2 346.00			10 557.00
失业保险	20090801	20090831		2 346.00	1 173.00			3 519.00
工伤保险	20090801	20090831		1 173.00				1 173.00
生育保险	20090801	20090831		1 290.30				1 290.30
								49 383.30
合计(大写)肆万玖仟叁佰捌拾叁元叁角整　　(小写)￥49383.30								

第一联　收据

烟台市社会保险事业处　收费专用章

单位(章)：　　业务复核人：　　操作员：王萍　　开具时间：2009年8月20日

表 3－28　住房公积金汇(补)缴款书

2009年8月18日　　　　　　　　　附清册　　张

单位名称	振兴机械厂	汇缴 √　2009　年 8 月
住房公积金账号	00421009898	补缴　　人　　月份
汇缴金额人民币(大写)壹万肆仟零柒拾陆元整　小写￥14 076.00		

上月汇缴		本月增加数		本月减少数		本月汇缴	
人数	金额	人数	金额	人数	金额	人数	金额
72	14 076.00					72	14 076.00

付款方式	付款行	付款账号	支票号码
转账 √ 现金	建设银行解放路分理处	370016652600500××××	略

烟台住房公积金管理中心　收费专用章

表 3-29　单位负担的社会保险、住房公积金和福利费汇总表

应借科目	养老保险	医疗保险	失业保险	工伤保险	生育保险	住房公积金	福利费	合　计
基本生产成本	20 200	7 070	2 020	1 111	1 010	6 060	1 554	39 025
制造费用	1 960	686	196	107.80	98	588	828.20	4 464
管理费用	1 300	455	130	71.50	65	390	600	3 011.50
合　计	23 460	8 211	2 346	1 290.30	1 173	7 038	2 982.20	46 500.50

③ 计提固定资产折旧费用。

a. 7月各部门固定资产折旧情况见表 3-30。

表 3-30　固定资产折旧计算表

2009 年 7 月　　单位：元

部　门	类　别	固定资产原值	预计净残值率	月折旧率	本月折旧额
基本车间	房屋建筑物	651 000		0.4%	2 499.84
	机器设备	1 627 600		0.8%	12 499.97
	其他	39 075		1.6%	600.19
	小计	2 317 675	4%		15 600
管理部门	房屋建筑物	260 500		0.4%	1 000.32
	机器设备	182 300		0.8%	1 400.06
	其他	12 996		1.6%	199.62
	小　计	455 796	4%		2 600
合　计		2 773 471			18 200

b. 7月固定资产没有发生增加减少情况。

④ 本月发生的其他费用见表 3-31。

表 3-31　其他费用汇总表

2009 年 8 月　　单位：元

车间及部门	办公费	电　费	水　费	劳保费	差旅费	其　他	合　计
基本生产车间	350	22 300	1 000	1 500		300	25 450
管理部门	1 560	630	550		660	510	3 910
合　计	1 910	22 930	1 550	1 500	660	810	29 360

说明：其他费用均以银行存款支付，支付凭证略(不考虑增值税)。

3. 工时资料

(1) 月初各批产品所耗生产工时的累计数，见基本生产成本二级账(表 3-35)。

(2) 月初各批产品所耗生产工时的合计数见各批产品的基本生产成本明细账(表 3-37、表 3-38)。

（3）本月各批次产品实用生产工时分别为：601 批 2 000 小时，701 批 2 800 小时，702 批 4 000 小时，801 批 3 200 小时，802 批 1 600 小时，合计 13 600 小时。

4. 定额资料

（1）701 批乙产品月末在产品定额工时总数为 1 000 工时。
（2）单位丙产品的材料消耗定额为 850 千克，单位丁产品的材料消耗定额为 550 千克。

5. 有关的费用分配方法

（1）生产产品共同耗用材料按定额消耗量比例法分配。
（2）各批产品所耗原材料在生产开始时一次投入，完工产品与月末在产品分配费用时，直接材料费按完工产品与月末在产品的数量比例分配，其他成本项目按生产工时比例分配。

6. 核算要求

根据振兴机械厂的生产特点和管理要求，正确选择产品成本计算方法，计算各批完工产品的总成本和单位成本，并完成相关费用分配表的编制、记账凭证的填制以及账簿的登记工作。

二、任务实施

振兴机械厂属于小批生产类型的企业，当月生产批次比较多，且月末未完工批次也较多，为了简化产品成本计算工作，该厂应采用简化的分批法计算产品成本。

1. 设置账户

振兴机械厂采用简化分批法进行成本计算时，应按基本生产单位设置“基本生产成本二级账”（见表 3 - 35；按产品批别设置 601 批、701 批、702 批、801 批、802 批 5 批产品的“基本生产成本”明细账(见表 3 - 36、表 3 - 37、表 3 - 38、表 3 - 39 和表 3 - 40)；按基本生产车间设置“制造费用”等明细账(见表 3 - 38)；期间费用明细账略。

2. 分配各项要素费用

1）分配材料费用

振兴机械厂原材料在生产开始时一次投入，本月 801 批、802 批产品直接领用的材料分别是 92 900 元、68 450 元，两批产品共同耗用的材料为 118 650 元。该厂生产产品共同耗用的材料采用定额消耗量比例分配法进行分配。根据已知资料，采用定额消耗量比例分配法分配共耗材料费用，有关计算过程如下：

801 批丙产品的定额消耗量＝30×850＝25 500(千克)

802 批丁产品的定额消耗量＝5×550＝2 750(千克)

$$材料费用分配率=\frac{118\ 650}{25\ 500+2\ 750}=4.20$$

801 批丙产品应负担的材料费用＝25 500×4.20＝107 100(元)

802 批丁产品应负担的材料费用＝2 750×4.20＝11 550(元)

根据上述材料费用的分配过程及结果，编制材料费用汇总分配表，见表 3-32。

表 3-32 材料费用汇总分配表

2009 年 8 月　　单位：元

应借科目		直接耗用材料	共同耗用材料					合计
总账科目	明细科目		本月投入产量	单耗定额	定额耗用量	分配率	分配费用	
基本生产成本	801 批	92 900	30	850	25 500		107 100	200 000
	802 批	68 450	5	550	2 750		11 550	80 000
	小　计	161 350			28 250	4.20	118 650	280 000
制造费用	基本生产车间	16 143						16 143
管理费用	其他	3 200						3 200
合　计		170 693					118 650	299 343

根据表 3-32，编制会计分录。

借：基本生产成本——基本生产车间—801 批(直接材料)　　200 000
　　　　　　　——基本生产车间—802 批(直接材料)　　80 000
　　制造费用——基本生产车间(机物料消耗)　　16 143
　　管理费用——其他　　3 200
　　贷：原材料　　299 343

根据会计分录登记“基本生产成本”二级账、明细账和“制造费用”明细账等。

2）分配职工薪酬费用

根据工资结算汇总表以及单位负担的社会保险、住房公积金等资料，编制职工薪酬费用分配表，见表 3-33。

表 3-33 职工薪酬分配表

2009 年 8 月　　单位：元

应借科目	职工工资	福利费	社会保险	住房公积金	工会经费	职工教育经费	合计
基本生产成本	101 000	1 554	31 411	6 060	2 020	1 515	143 560
制造费用	9 800	828.20	3 047.80	588	196	147	14 607
管理费用	6 500	600	2 021.50	390	130	97.50	9 739
合　计	117 300	2 982.20	36 480.30	7 038	2 346	1 759.50	167 906

根据表 3-33 编制会计分录。

借：基本生产成本——基本生产车间(直接人工)　　143 560
　　制造费用——基本生产车间(职工薪酬)　　14 607
　　管理费用——职工薪酬　　9 739
　　贷：应付职工薪酬——工资　　117 300
　　　　　　　　　——职工福利　　2 982.20
　　　　　　　　　——社会保险　　36 480.30

——住房公积金　　7 038

——工会经费　　2 346

——职工教育经费　　1 759.50

根据会计分录及生产工时资料，登记“基本生产成本”二级账、明细账等。

3）分配折旧费用

由于7月份固定资产没有发生增减变化，8月份固定资产折旧计算表的编制与7月份固定资产折旧计算表相同，编制会计分录。

借：制造费用——基本生产车间(折旧费)　　15 600

　　管理费用——折旧费　　2 600

　　贷：累计折旧　　18 200

根据会计分录登记“制造费用”明细账等。

4）分配其他费用

根据其他费用汇总表，按照费用发生的地点和用途，编制会计分录。

借：制造费用——基本生产车间(办公费)　　350

　　——基本生产车间(水电费)　　23 300

　　——基本生产车间(劳保费)　　1 500

　　——基本生产车间(其他)　　300

　　管理费用——办公费　　1 560

　　——水电费　　1 180

　　——其他　　1 170

　　贷：银行存款　　29 360

根据会计分录，登记“制造费用”明细账等。

3. 分配制造费用

制造费用明细账见表3-34。

表3-34　制造费用明细账

车间：基本生产车间

2009年		凭证号数	摘要	明细项目							
月	日			机物料消耗	职工薪酬	折旧费	水电费	办公费	劳保费	其他	合计
8	31	略	分配材料费用	16 143							16 143
			分配职工薪酬		14 607						14 607
			分配折旧费用			15 600					15 600
			分配其他费用				23 300	350	1 500	300	25 450
			本月发生额合计	16 143	14 607	15 600	23 300	350	1 500	300	71 800
			分配制造费用	16 143	14 607	15 600	23 300	350	1 500	300	71 800

根据振兴机械厂制造费用明细账提供的资料，该厂基本生产车间本月共发生制造费用71 800元。制造费用作为间接计入费用，不需要在本车间生产的各批产品之间分配，应于月

末全部转入基本生产成本二级账，结转的会计分录。

借：基本生产成本——基本生产车间(制造费用)　　71 800

　　贷：制造费用——基本生产车间　　71 800

根据会计分录登记“基本生产成本”二级账、“制造费用”明细账等。

4. 计算完工产品和月末在产品成本

1）计算累计费用分配率

振兴机械厂本月有完工产品，月末应根据基本生产成本二级账提供的资料，计算累计费用分配率如下：

$$累计直接人工费用分配率=\frac{227\ 960}{27\ 800}=8.20$$

$$累计制造费用分配率=\frac{130\ 660}{27\ 800}=4.70$$

基本生产成本二级账见表 3-35。

表 3-35　基本生产成本二级账

2009年 月	日	凭证字号	摘　要	直接材料	生产工时	直接人工	制造费用	合　计
7	31		月末在产品成本	1 048 000	14 200	84 400	58 860	1 191 260
8	31		分配材料费用	280 000				280 000
	31		分配职工薪酬		13 600	143 560		143 560
	31		分配制造费用				71 800	71 800
	31		累计生产费用	1 328 000	27 800	227 960	130 660	1 686 620
	31		累计费用分配率			8.20	4.70	
	31	(略)	完工产品成本	499 600	14 200	116 440	66 740	682 780
	31		月末在产品成本	828 400	13 600	111 520	63 920	1 003 840

2）计算各批完工产品的总成本和单位成本

601 批甲产品，月末全部完工，其累计的直接材料费用和生产工时就是完工产品的直接材料费用和生产工时，以其生产工时分别乘以累计费用分配率，即可计算出完工产品的直接人工、制造费用等项目。最后以完工产品成本除以完工产品的数量，计算出完工产品的单位成本，见表 3-36。

表 3-36　基本生产成本明细账

产品批号：601　　产品名称：甲产品　　投产时期：6 月 8 日

生产批量：20 台　　完工时期：8 月 30 日

2009年 月	日	凭证字号	摘　要	直接材料	生产工时	直接人工	制造费用	合　计
7	31	(略)	月末在产品成本	312 000	7 200			
8	31		本月发生费用		2 000			

续表

2009年 月	日	凭证字号	摘　　要	直接材料	生产工时	直接人工	制造费用	合　　计
	31		累计生产费用	312 000	9 200			
	31		累计费用分配率			8.2	4.7	
	31		完工产品成本	312 000	9 200	75 440	43 240	430 680
	31		完工产品单位成本	15 600		3 772	2 162	21 534

701批乙产品，月末部分完工，因而还需要在完工产品和月末在产品之间分配费用。该批产品所消耗原材料在开始生产时一次投入，因而直接材料费用按完工产品与月末在产品数量比例分配。

$$材料费用分配率=\frac{268\ 000}{10}=26\ 800$$

完工产品应负担的材料费用＝7×26 800＝187 600(元)

月末在产品应负担的材料费用＝3×26 800＝80 400(元)

由于该批产品的月末在产品工时按定额工时计算，其定额总工时为1 000小时，则其完工产品的生产工时应为5 000小时，(即6 000小时～1 000小时)，以该工时分别乘以累计费用分配率，即可计算登记该批完工产品应负担的直接人工、制造费用，见表3－27。

表3－37　基本生产成本明细账

产品批号：701　　　　产品名称：乙产品　　　　投产时期：7月10日

生产批量：10台　　　　　　　　　　　　　　　　完工时期：8.31完工7台

2009年 月	日	凭证字号	摘　　要	直接材料	生产工时	直接人工	制造费用	合　　计
7	31		月末在产品成本	268 000	3 200			
8	31		本月发生费用		2 800			
	31		累计生产费用	268 000	6 000			
	31		累计费用分配率	26 800		8.2	4.7	
	31	(略)	完工7台成本	187 600	5 000	41 000	23 500	252 100
	31		完工产品单位成本	26 800		5 857.14	3 357.14	36 014.28
	31		月末在产品成本	80 400	1 000			

对于没有完工的702批、801批和802批产品，产品成本明细账上只登记了直接材料费用(一般只有原材料费用是直接计入的)和生产工时，间接计入费用仍保留在基本生产成本二级账中，分别见表3－38、表3－39和表3－40。

表 3－38　基本生产成本明细账

产品批号：702　　产品名称：甲产品　　投产时期：7 月 15 日

生产批量：30 台　　完工时期：8.31 完工 7 台

2009 年		凭证字号	摘　　要	直接材料	生产工时	直接人工	制造费用	合　　计
月	日							
7	31	（略）	月末在产品成本	468 000	3 800			
8	31		本月发生费用		4 000			
	31		累计生产费用	468 000	7 800			

表 3－39　基本生产成本明细账

产品批号：801　　产品名称：丙产品　　投产时期：8 月 3 日

生产批量：30 台　　完工时期：

2009 年		凭证字号	摘　　要	直接材料	生产工时	直接人工	制造费用	合　计
月	日							
8	31		本月发生费用	200 000	3 200			

表 3－40　基本生产成本明细账

产品批号：802　　产品名称：丁产品　　投产时期：8 月 5 日

生产批量：5 台　　完工时期：

2009 年		凭证字号	摘　　要	直接材料	生产工时	直接人工	制造费用	合　计
月	日							
8	31		本月发生费用	80 000	1 600			

5. 编制完工产品成本汇总表，结转完工产品成本

根据成本计算结果，编制完工产品成本汇总表，见表 3－41，并据以结转完工产品成本。

表 3－41　完工产品成本汇总表

2009 年 8 月　　单位：元

成本项目	601 批甲产品(20 台)		701 批乙产品(7 台)	
	总成本	单位成本	总成本	单位成本
直接材料	312 000	15 600	187 600	26 800
直接人工	75 440	3 772	41 000	5 857.14
制造费用	43 240	2 162	23 500	3 357.14
合　计	430 680	21 534	252 100	36 014.28

根据表 3－41 编制会计分录。

借：库存商品——甲产品　　430 680
　　　　　　——乙产品　　252 100
　　贷：基本生产成本——基本生产车间—601 批　　430 680
　　　　　　　　　　——基本生产车间—701 批　　252 100

根据会计分录，登记“库存商品”明细账、“基本生产成本”二级账和“基本生产成本”明细账。

提示

在登记基本生产二级账时，本月完工转出的直接材料费用和生产工时，应根据其所属各批产品成本明细账中完工转出的直接材料和生产工时汇总登记。本月完工转出的直接人工、制造费用，可根据账中完工产品的生产工时分别乘以各该累计费用分配率计算登记；也可根据其所属各批产品成本明细账中完工转出的各该费用分别汇总登记；月末在产品成本可根据二级账中累计生产费用数减去本月完工转出数计算登记。

三、知识归纳

1. 简化分批法的特点

简化分批法特点是，在各批产品完工之前，在产品生产成本明细账内只需按月登记各批产品的直接材料费用和生产工时；而不需要按月分配登记发生的间接计入费用(如直接人工和制造费用)。发生的各项间接计入费用是通过设置“基本生产成本二级账”分成本项目进行逐月累计登记的，只有在有完工产品的那个月份，才根据基本生产成本二级账中提供的资料，计算登记各批完工产品的成本。未完工产品的间接计入费用保留在基本生产成本二级账中。

2. 简化分批法的成本计算程序

1）设置账户

在简化分批法下，应按基本生产单位开设基本生产成本二级账，按产品批别开设基本生产成本明细账。辅助生产成本明细账、制造费用明细账、管理费用明细账等其他明细账的设置应与品种法一致。

2）分配各项要素费用

（1）材料费用的分配。月末，根据领料单、限额领料单等有关凭证，按照领料部门及用途分配材料费用，编制材料费用分配表时，各批次产品直接领用的材料，应按批号直接汇总记入各批产品的成本，对于各批产品共同耗用的材料应采用一定的标准进行分配，计入有关批别的产品成本。登记各批产品耗用的材料费用时，应同时登记基本生产成本明细账及二级账。

（2）职工薪酬费用的分配。根据工资结算汇总表和国家规定的计提职工工会经费、职工教育经费、五险一金的比例，编制职工薪酬分配表，进行职工薪酬费用分配的账务处理。

进行职工薪酬费用的分配时，对于生产工人的职工薪酬费用，只记入基本生产成本二级账；不在各批产品之间进行分配，也不登记基本生产成本明细账。

（3）折旧费用的分配。根据上月的固定资产折旧计算表及上月固定资产的变化情况，编制本月的固定资产折旧计算表，进行固定资产折旧费用分配的账务处理，并登记相关明细账。

（4）其他费用的分配。根据银行付款凭证和现金付款凭证等凭证，将发生的其他各项费用，按照费用发生的地点和用途，进行其他费用分配的账务处理，并登记相关明细账。

3）分配辅助生产费用

在简化分批法下，设有辅助生产车间的企业，月末要将归集的辅助生产费用按照一定的分配方法进行分配，编制辅助生产费用分配表，并据以登记基本生产成本明细账、制造费用明细账等相关明细账。

4）分配制造费用

在简化分批法下，月末应将归集的制造费用转入基本生产成本二级账。

5）计算完工产品和月末在产品成本

为了对各批完工产品分配各项间接计入费用，先要计算全部产品累计费用分配率，然后再按照完工产品工时和累计费用分配率，对各批完工产品分配间接计入费用，最后计算各批完工产品的总成本和单位成本。

（1）计算间接费用分配率。在有完工产品的月份，通过基本生产成本二级账上的累计生产工时和累计间接费用计算累计费用分配率，并分别在基本生产成本二级账和有完工产品的基本生产明细账上进行登记。累计费用分配率的计算公式如下：

$$\text{全部产品某项累计费用分配率}=\frac{\text{全部产品某项费用累计数}}{\text{全部产品累计生产工时}} \tag{3-11}$$

（2）计算完工批别产品应负担的间接费用。在基本生产成本明细账中分批别计算完工产品应负担的间接费用，其计算公式如下：

$$\text{某批完工产品应负担的费用}=\text{该批完工产品累计工时}\times\text{全部产品某项累计费用分配率} \tag{3-12}$$

（3）计算各批完工产品的总成本和单位成本。

6）编制完工产品汇总表

根据成本计算结果，结转完工产品成本，并据以结转完工入库产品成本。

3. 简化分批法与一般分批法的区别

（1）使用简化分批法时，必须设立基本生产成本二级账。设立基本生产成本二级账的作用在于：按月提供企业或车间全部产品的累计生产费用和生产工时资料；在有完工产品的月份，按照前述公式计算登记全部产品间接费用累计分配率，以及完工产品的总成本、单位成本及月末在产品的成本。而采用其他的成本计算方法则可以不设立基本生产成本二级账。

（2）使用简化分批法时，间接费用的分配可累计、合并进行。在简化分批法下，各批产品之间分配间接费用的工作以及完工产品与月末在产品之间的分配费用工作，都是利用间接费用累计分配率，到产品完工时合并在一起进行的。也就是说，各项间接费用累计分配率，既是在各批完工产品之间分配各项费用的依据，也是在完工批别与月末在产品批别之间，以及在某批完工产品与月末在产品之间分配各项费用的依据。而一般的分批法都是在间接费用发生时，先在各批产品之间进行分配，然后在有完工产品的月份，再将生产费用在完工产品与月末在产品之间进行分配。

4. 简化分批法的优缺点及适用范围

采用简化分批法时，由于间接费用的分配是利用累计的费用分配率，到产品完工时合并一次进行的，因而大大简化了间接费用的分配和登记工作，而且月末未完工产品的批别越多，核算工作就越简化。但是，这种方法也存在一些缺点：由于各批未完工产品的基本生产明细账中，未登记应负担的间接计入费用，所以不能完整地反映各批在产品的成本；由于累计分配率实际是一种加权平均分配率，当各月发生的间接费用相差较大时采用这种方法，就会引起各月累计间接费用分配率波动较大，从而影响各月产品成本的正确性。例如，前几个月的间接计入费用水平比本月低，而某批产品本月投产，当月完工，在这种情况下，按间接费用累计分配率分配计算的该批完工产品的成本就会发生偏低。因此，简化分批法适用于同一月份投产的产品批数较多，月末未完工批数也较多，且各月间接计入费用水平相差不大的企业采用。

四、能力拓展

在多种产品共同耗用原材料的情况下，应按照一定的分配标准分配材料费用，常用的材料费用分配方法有定额耗用量比例分配法、产品重量比例分配法、定额费用比例分配法和产品产量比例分配法等。前两种分配方法已经讲过，下面介绍定额费用比例分配法和产品产量比例分配法。

1. 定额费用比例分配法

定额费用比例分配法是以产品定额总费用为标准进行材料费用分配的一种方法。这种方法适用于各种产品共同耗用原材料种类较多的情况，其计算公式如下：

$$\text{某种产品材料定额费用}=\text{该产品实际产量}\times\text{单位产品材料费用定额} \quad (3-13)$$

$$\text{材料费用分配率}=\frac{\text{各种材料实际费用总额}}{\text{各种产品各种材料定额费用之和}} \quad (3-14)$$

$$\text{某种产品应负担的材料费用}=\text{该种产品材料定额费用之和}\times\text{材料费用分配率} \quad (3-15)$$

【例 3-1】 某企业材料按实际成本计价，生产产品领用原材料 110 000 元，该企业生产 A 产品 2 000 件，B 产品 3 000 件，C 产品 1 000 件，各种产品的单位材料定额费用分别为：A 产品 20 元，B 产品 10 元，C 产品 30 元。

要求：采用定额费用比例分配法分配材料费用。

采用定额费用比例分配法分配材料费用计算如下：

A 产品材料定额费用＝2 000×20＝40 000(元)

B 产品材料定额费用＝3 000×10＝30 000(元)

C 产品材料定额费用＝1 000×30＝30 000(元)

$$\text{材料费用分配率}=\frac{110\ 000}{40\ 000+30\ 000+30\ 000}=1.1$$

A 产品应分配的材料费用＝40 000×1.1＝44 000(元)

B 产品应分配的材料费用＝30 000×1.1＝33 000(元)

C 产品应分配的材料费用＝30 000×1.1＝33 000(元)

2. 产品产量比例分配法

产品产量比例分配法是按产品的产量比例分配材料费用的一种方法，当产品的产量与其耗用的材料有密切联系的情况下，可以采用这种方法。采用这种方法分配材料费用，其计算公式如下：

$$材料费用分配率=\frac{共同耗用材料费用}{各种产品产量之和} \tag{3-16}$$

$$某种产品应负担的材料费用=该产品实际产量\times材料费用分配率 \tag{3-17}$$

【例 3-2】 某企业生产甲、乙两种产品，共耗用 D 材料 4 032 千克，每千克 6 元，甲产品实际产量为 1 800 件，乙产品实际产量为 2 400 件。

要求：采用产品产量比例分配法分配材料费用。

采用产品产量比例分配法分配材料费用计算如下：

$$材料费用分配率=\frac{4\ 032\times6}{1\ 800+2\ 400}=5.76$$

甲产品应分配的材料费用＝1 800×5.76＝10 368(元)

乙产品应分配的材料费用＝2 400×5.76＝13 824(元)

五、单项技能训练

1. 资料

东兴机械厂为小批生产类型的企业，根据客户订单生产 A、B、C、D 共 4 种产品，生产产品的种类和批次较多，且月末未完工批次也较多。该厂设有一个基本生产车间和一个辅助生产车间，8 月份有关情况如下：

（1）生产情况见表 3-42。

表 3-42 产品生产情况表

产品批号	产品名称	产品批量	投产日期	完工情况
＃501	A 产品	40	5.5	本月全部完工
＃502	B 产品	20	5.2	完工 15 台
＃601	C 产品	50	6.3	未完工
＃701	D 产品	15	7.8	未完工
＃801	A 产品	10	8.2	未完工

（2）8 月初在产品成本为 1 154 620 元，其中：直接材料费用为 850 000 元(＃501 批次 250 000元，＃502 批次 210 000 元，＃601 批次 240 000 元，＃701 批次 150 000 元)，直接人工费为 180 540 元，制造费用为 124 080 元。月初累计生产工时为 46 500 小时，其中，＃501批次 17 000 小时；＃502 批次 12 500 小时；＃601 批次 13 000 小时；＃701 批次 4 000 小时。

（3）本月发生直接材料费用 200 000 元，全部为＃801 批产品所耗用，直接人工费为 57 304元，制造费用为 35 300 元。本月实际生产工时为 14 800 小时，其中：＃501 批次 3 500小时；＃502 批次 3 500 小时；＃601 批次 3 000 小时；＃701 批次 2 200 小时；＃801 批次 2 600 小时。

2. 要求

(1) 502批B产品本月部分完工，该批产品所耗原材料在生产开始时一次投入，完工产品与月末在产品分配直接材料费用时，按约当产量法进行分配，其他成本项目按生产工时比例分配，月末在产品定额工时总数为2 000小时。

(2) 开设基本生产成本二级账和基本生产成本明细账，并登记期初余额。

(3) 登记本月发生的生产费用并按简化分配法计算完工批次产品的总成本及单位成本。

(4) 编制结转完工产品成本的会计分录。

项目小结

本项目主要介绍了使用分批法在小批单件生产企业中计算产品成本的应用。

分批法是成本计算的一种基本方法，这种方法是按照产品批别或订单作为成本计算对象，归集生产费用，计算产品成本的。主要适用于小批生产或单件生产的企业或车间，如精密仪器、专用设备、重型机械和船舶制造等企业，也适用于一般工业企业中新产品试制或实验的生产以及辅助生产车间的工具、模具制造、设备作业修理等。在分批法下计算产品成本是不定期的，成本计算期与批别产品的生产周期一致，而与会计报告期不一致。生产费用一般不在完工产品和在产品之间进行分配。若某批产品跨月陆续完工，则应采取适当的方法将生产费用在完工产品与月末在产品之间进行分配。

一般分批法主要适用于各月生产的批次不多，且各月完工批次较多的小批单件生产企业采用。而对于各月生产批次较多，而月末完工的批次不多的小批单件企业，采用简化分批法可以减轻成本核算的工作量。

思考与讨论

1. 思考题

(1) 分批法的特点和适用范围是什么？

(2) 简述分批法计算成本的程序。

(3) 简化分批法的优缺点是什么？采用这种方法应具备哪些条件？

(4) 在简化分批法中，基本生产成本二级账的作用是什么？

2. 个案分析

光明机械加工厂常年生产一些机器设备的通用零配件，这些零部件都要经过多个生产步骤的加工才能完成，但管理上不要求按照生产步骤计算成本。8月份，一个客户希望该企业能为其生产一批零部件。由于零部件加工的程序和工艺与企业所生产的产品相类似，再加上企业在保证正常生产任务完成的情况下，有能力完成该批零部件的加工，因此，企业决定接受这批零部件的生产。该企业成本会计王钢对常年生产的产品采用品种法计算成本，而对这批订货采用分批法计算成本。刚参加工作的大学生陈力则认为王会计对成本计算方法的选择有误。陈力认为，企业常年生产的通用零配件需要多个生产步骤的加工才能完成，对这种生产类型的企业，应该分步骤计算成本。而对这批订货，采用分批法更不恰当，对一个企业产品的生产不能采用两种方法，由于该批订货的生产也需要多个生产步骤，所以采用分步骤计算成本。

思考：

你认为他们哪一个人的做法是正确的？为什么？

综合技能测试

1. 资料

发达钟表有限公司是一家生产钟表的专业公司，公司设有一个基本生产车间，按批别组织生产机械座挂钟、落地钟、石英钟、礼品钟、建筑塔钟以及机场时钟系统，不设辅助生产车间。

公司产品生产所需原材料均系生产开始时一次投入，材料日常收发核算按实际成本计价；包装物、低值易耗品采用一次摊销法摊销，发出材料采用先进先出法计算。

2009 年 7 月份生产子母钟、天文钟、大区域等钟表的有关成本计算资料如下：

（1）产量及工时资料见表 3－43。

表 3－43　产品生产情况表

产品批号	产品名称	投产情况	完工情况	本月生产工时
601 批	子母钟	6 月份投产 6 套	6 月完工 2 套 其余本月全部完工	500
701 批	天文钟	7 月份投产 90 只	本月全部完工	360
702 批	大区域	7 月份投产 4 套	本月均未完工	1 000

（2）月初在产品成本资料见表 3－44。

表 3－44　基本生产成本明细账

产品批号：601　　产品名称：子母钟　　投产时期：6 月 20 日

生产批量：6 套　　完工时期：7 月 30 日

2009 年		凭证字号	摘　要	直接材料	直接人工	制造费用	合　计
月	日						
6	30		分配材料费用	72 400			72 400
	30	（略）	分配职工薪酬费用		2 040		2 040
	30		分配制造费用			18 300	18 300
	30		生产费用合计	72 400	2 040	18 300	92 740
	30		完工 2 套产品成本	24 000	1 800	11 600	37 400
	30		月末在产品成本	48 400	240	6 700	55 340

(3) 本月发生费用如下。

① 本月各部门领用材料情况。平时领用材料填制领料单(略)，月末根据领料单汇总编制“发出材料汇总表”，见表 3-45。

表 3-45 发出材料汇总表

2009 年 7 月　　单位：元

领料部门和用途	原 材 料	包 装 物	低值易耗品	合　计
基本生产车间耗用				
701 批	26 668	4 400		31 068
702 批	204 492	2 600		207 092
701 批、702 批产品共同耗用	7 420			7 420
车间一般耗用	12 000		2 000	14 000
厂部管理部门耗用	1 600		500	2 100
合　计	252 180	7 000	2 500	261 680

② 本月发生的职工薪酬费用。职工工资见表 3-46，福利费、社会保险和住房公积金见表 3-47，公司的工会经费和职工教育经费按工资总额的 2%和 1.5%计提。

表 3-46 工资结算汇总表

2009 年 7 月 7 日　　单位：元

生产部门		基本工资	综合奖金	津贴和补贴	扣缺勤工资	应付工资	代扣款项			实发工资
							社会保险	住房公积金	个人所得税	
基本车间	生产工人	5 400	870	2 200	100	8 370	920.70	502.20	80	6 867.10
	管理人员	2 900	500	1 150	50	4 500	495	270	20	3 715
管理部门		4 000	600	1 400		6 000	660	360	60	4 920
合　计		12 300	1 970	4 750	150	18 870	2 075.70	1 132.20	160	15 502.10

表 3-47 单位负担的社会保险、住房公积金和福利费汇总表

应借科目	养老保险	医疗保险	失业保险	工伤保险	生育保险	住房公积金	福利费	合　计
基本生产成本	1 674	585.90	167.40	92.01	83.70	502.20	1 623.78	4 728.99
制造费用	900	315	90	49.50	45	270	950	2 619.50
管理费用	1 200	420	120	66	60	360	1 160	3 386
合　计	3 774	1 320.90	377.40	207.51	188.70	1 132.20	3 733.78	10 734.49

③ 上月固定资产折旧计算表及上月固定资产的增加减少情况如下。

a. 6月固定资产折旧计算表见表 3-48。

表 3-48 固定资产折旧计算表

2009 年 6 月

单位：元

部门	类别	上月折旧额	上月增加固定资产		上月减少固定资产		本月折旧额
			原值	折旧额	原值	折旧额	
基本车间	房屋建筑物	4 100					4 100
	机器设备	14 420					14 420
	小计	18 520					18 520
管理部门	房屋建筑物	800					800
	机器设备	900					900
	其他	200					200
	小计	1 900					1 900
合计		20 420					20 420

b. 6月固定资产的增加减少情况为：基本车间减少机器设备原值 40 000 元，机器设备的月折旧率为 0.8%。

④ 本月以银行存款支付的其他费用汇总资料，见表 3-49。

表 3-49 其他费用汇总表

2009 年 7 月

单位：元

车间及部门	办公费	水电费	质检费	修理费	其他	合计
基本生产车间	1 600	2 000	16 000	1 200	573	21 373
管理部门	2 500	400	1 200	800	600	5 500
合计	5 100	2 400	17 200	2 000	1 173	26 873

(4) 产品计划成本资料。子母钟的计划单位成本 18 700 元，其中，直接材料计划单位成本 12 000 元，直接人工计划单位成本 900 元，制造费用计划单位成本 5 800 元。

(5) 有关费用的分配方法如下。

① 生产产品共同耗用材料按定额费用比例分配法分配。天文钟的材料费用定额为 64 元，大区域的材料费用定额为 310 元。

② 生产工人工资按生产工时比例法分配。

③ 制造费用按生产工时比例法分配。

2. 要求

根据企业经营特点，选择合适的成本计算方法。根据所选择的成本计算方法，开设基本生产成本、制造费用明细账，计算结转各批完工产品的成本。如某批产品有跨月陆续完工情况，按计划成本转出，待整批产品全部完工后，再重新计算全部产品的总成本和单位成本。

项目四　分步法

学习目标

(1) 能够选择适当的方法分配要素费用。

(2) 能够采用计划分配法和代数分配法分配辅助生产车间发生的费用。

(3) 能够按照定额工时比例和年度计划分配率分配制造费用。

(4) 熟练掌握约当产量法和定额比例分配法。

(5) 理解并掌握逐步结转分步法的特点、程序，能够根据企业的实际情况，选择恰当的方法计算完工产品的成本。

(6) 理解并掌握平行结转分步法的特点、程序，并能熟练运用。

任务一　连续式生产产品成本的计算

连续式复杂生产企业，产品生产从开始投入原材料以后，依次经过若干个连续的生产步骤进行加工，上个步骤的半成品是下一个步骤的加工对象，按生产顺序连续滚动，直到最后制成产成品，如果管理上不要求按步骤计算半成品成本，可视同简单生产企业而采用品种法计算产品的成本；但有些企业步骤生产的半成品可以直接对外销售或有独立的经济意义，如纺织厂的面纱、卷烟厂的烟丝、氯碱厂的液氯等，这样就需要单独计算和考核半成品成本，此时应以产品的生产步骤作为成本计算对象，归集生产费用，计算产品成本。

一、任务描述

东岳公司属于连续式复杂生产企业，大量大批生产甲、乙两种产品，产品生产分两个步骤，分别由两个车间进行。第一车间生产的甲、乙半成品经检验合格后，直接进入第二车间继续生产，第二车间完工的甲、乙产品经检验合格后入产成品仓库。半成品不经过仓库收发，成本管理要求计算步骤半成品成本。生产甲产品的原材料在生产开始时一次投入，第一车间甲产品月末在产品数量变化较大，生产费用在完工产品和在产品之间的分配采用定额比例法；第二车间甲产品的直接人工和制造费用所占比重不大，全部由完工产品负担，在产品按所耗原材料费用计价。生产乙产品的原材料在各步骤生产开始时投入，各车间在产品的完工率均按定额工时比例计算，生产费用在完工产品和在产品之间分配，采用约当产量法。

另外，设置供电车间和供汽车间两个辅助生产车间，分别负责对全公司电力和蒸汽供应。企业存货采用实际成本计价，发出存货成本的确定采用一次加权平均法，原材料分为原料及主要材料、辅助材料、修理用备件、包装材料和其他材料。公司管理比较严格，各种消耗定额比较准确、稳定。

2010 年 12 月生产甲、乙产品的有关成本计算资料如下。

1. 产量资料

2010 年 12 月生产部门统计员提供的产量情况见表 4－1。

表 4－1　甲、乙产品生产情况表

项　目	第一车间		第二车间	
	甲产品	乙产品	甲产品	乙产品
月初结存	40	10	30	20
本月投入	510	250	490	240
本月完工	490	240	500	250
月末结存	60	20	20	10

2. 月初在产品成本

2010 年 11 月末在产品成本资料汇总见表 4－2。

表 4－2　月初在产品成本资料

项　目	第一车间		第二车间			合　计
	甲产品	乙产品	甲产品	乙产品		
				上步骤转入	本步骤发生	
直接材料	8 000	2 120		2 700	2 460	15 280
半成品			11 511			11 511
直接人工	1 380	450		230	83.87	2 143.87
制造费用	2 040	550		1 020	1 527.75	5 137.75
合　计	11 420	3 120	11 511	3 950	4 071.62	34 072.62

3. 本月发生的生产费用

1）本月材料费用

平时领用材料时，填制领料单(略)及限额领料单，见表 4－3，月末根据领料单汇总编制“发料凭证汇总表”，见表 4－4。

表 4-3 限额领料单

领料部门：第一车间　　　　　　　　　　　　　　　　　　　　No. 01051

用途：甲产品生产　　　　　　　　2010 年 12 月　　　　　　　　发料仓库：1 号库

材料类别	材料编号	材料名称及规格	计量单位	领料限额	实际领用			计划产量	单位耗用定额
					数量	单价	金额		
金属	0039	A 材料	千克	1 020	1 000	3	3 000	510	2

日期	请领		实发			退回			限额结余
	数量	领料单位负责人签章	数量	发料签章	领料签章	数量	发料签章	领料签章	
1	270	王文涵	270	孙超	徐迪				750
10	280	王文涵	280	孙超	徐迪				470
18	230	王文涵	230	孙超	徐迪				240
25	220	王文涵	220	孙超	徐迪				20
合计	1 000		1 000						20

仓库负责人：张霞　　　　　发料：孙超　　　　　领料：徐迪

表 4-4 发料凭证汇总表

2010 年 12 月　　　　　　　　　　　　单位：元

用途		原料及主要材料	辅助材料	修理用备件	包装材料	其他	合计
第一车间	甲产品	56 000	20 500				76 500
	乙产品	16 500	10 000				26 500
	产品共同耗用		25 500		20 000		45 500
	一般耗用					4 712	4 712
第二车间	乙产品	25 000	7 120				32 120
	一般耗用				2 527.50	1 200	3 727.50
辅助车间	供电车间			7 450		1 012.50	8 462.50
	供汽车间			580		2 932.50	3 512.50
行政管理部门				800		2 800	3 600
销售部门				300		900	1 200
合计		97 500	63 120	9 130	22 527.50	13 557	205 834.50

2）本月人工费用

职工工资见表 4-5，社会保险、住房公积金和福利费汇总见表 4-6，工会经费和职工教育经费按工资总额的 2%和 2.5%计提。其中：福利费是为职工报销的托儿费，原始单据格式见表 4-7，其他单据略。

表 4-5 工资结算汇总表

2010 年 12 月 10 日　　单位：元

生产部门		基本工资	奖金	加班费	扣工资	应付工资	代扣款项	实发工资
第一车间	生产工人	14 690	7 010	1 400	100	23 000	3 910	19 090
	管理人员	1 800	820	230	50	2 800	492	2 308
第二车间	生产工人	7 620	2 980	700	100	11 200	1 904	9 296
	管理人员	1 560	720	120		2 400	408	1 992
供电车间		5 300	2 260	540	300	7 800	1 326	6 474
供汽车间		2 700	1 200	300		4 200	714	3 486
管理部门		5 700	2 740	560		9 000	1 606	7 394
销售部门		1 600	850	150		2 600	450	2 150
合计		40 970	18 580	4 000	550	63 000	10 810	52 190

表 4-6 社会保险、住房公积金及福利费汇总表

2010 年 12 月 31 日　　单位：元

应借科目		社会保险	住房公积金	福利费	合计
基本生产成本	第一车间甲产品	4 291.80	828.00	1 159.20	6 279
	第一车间乙产品	2 861.20	552	772.80	4 186
	合计	7 153.00	1 380	1 932	10 465
基本生产成本	第二车间甲产品	1 306.20	252	4 502.80	6 061
	第二车间乙产品	2 177	420		2 597
	合计	3 483.20	672	4 502.80	8 658
制造费用	第一车间	870.80	168	210	1 248.80
	第二车间	746.40	144	310	1 200.40
辅助生产成本—供电车间		2 425.80	468	613.20	3 507
辅助生产成本—供汽车间		1 306.20	252	263	1 821.20
管理费用		2 799	540	421	3 760
销售费用		808.60	156	137	1 101.60
合计		19 593	3 780	8 389	31 762

表 4－7　山东省烟台市幼儿园、托儿所专用发票

发票联

发票代码：237077601302

发票号码：000983

开票日期：2010年12月3日

儿童姓名	孙思瑶							儿童父母姓名		儿童年龄	
收费项目	金　额							其中：父母双方单位报销数			
	万	千	百	十	元	角	分				
管理费			2	5	8	0	0			备注：“其中：父母双方单位报销数”，由报销单位按规定自填报销数。	
代办费			3	6	0	0	0				
保育费				7	8	0	0	10～12月			
伙食费											
杂　费				3	9	0	0				
合计			7	3	5	0	0				
金额（大写）	零万零仟柒佰叁拾伍元整										

烟台市机关幼儿园 财务专用章　现金付讫

第四联　发票联（儿童母亲单位报销）

收款单位(盖章)　　　　开票人

3）本月折旧费用

本月计提固定资产折旧费用见表 4－8。

表 4－8　固定资产折旧费用分配表

2010 年 12 月　　　　单位：元

应借账户	车间或部门	大　类	原　值	折旧年限	残值率	月折旧额
制造费用	第一车间	房屋、建筑物	2 075 000	20	4%	8 300
		生产设备	656 250	5	4%	10 500
	第二车间	房屋、建筑物	1 000 000	20	4%	4 000
		生产设备	375 000	5	4%	6 000
辅助生产成本	供电车间	房屋、建筑物	350 000	20	4%	1 500
		机器设备	156 250	5	4%	2 500
	供汽车间	房屋、建筑物	400 000	20	4%	1 600
		机器设备	150 000	5	4%	2 400
管理费用	管理部门	房屋、建筑物	650 000	20	4%	2 600
		机器设备	268 750	5	4%	4 300
销售费用	销售部门	房屋、建筑物	400 000	20	4%	1 600
		机器设备	75 000	5	4%	1 200
合　计			6 556 250			46 500

4）本月发生的其他费用

本月以银行存款支付的其他费用汇总情况见表 4－9。

表 4-9 其他费用汇总表

2010 年 12 月　　单位：元

车间、部门	费用项目					
	办公费	运输费	水费	电费	其他	合计
第一车间	1 625.20	1 720	1 221		7 095	11 661.2
第二车间	1 377.60	2 070	949.83		5 370	9 767.43
供电车间	830.70	1 000	185	1 800	143.80	3 959.50
供汽车间	714.80	900	92.50		495	2 202.30
管理部门	2 100.30	500	185		689.70	3 475
销售部门	797		44.40		270.60	1 112
合计	7 445.60	6 190	2 677.73	1 800	14 064.10	32 177.43

4. 定额资料

甲、乙产品生产工时定额、材料费用定额资料见表 4-10、表 4-11。

表 4-10 材料费用定额统计表

2010 年 12 月　　单位：元

项目	第一生产车间	
	甲产品	乙产品
共耗材料费用定额	40	64
步骤半成品材料费用定额	160	

表 4-11 产品工时定额统计表

2010 年 12 月　　单位：小时

项目		完工产品工时定额	月末在产品工时定额
第一车间	甲产品	3.60	2.60
	乙产品	5.12	2.56
第二车间	甲产品	1.176	0.36
	乙产品	3.92	1.20

5. 实际生产工时统计资料

各种产品实际生产工时分别为：第一车间甲产品 1 843.20 小时，乙产品 1 228.80 小时；第二车间甲产品 565.44 小时，乙产品 942.40 小时。

6. 辅助生产车间劳务供应量资料

各部门和产品耗用劳务数量见表 4-12。

表 4-12 各部门和产品耗用劳务数量

2010 年 12 月

受益单位或产品	供电/度	供汽/立方米
第一车间	14 800	3 600
第二车间	12 000	2 500
供电车间		120
供汽车间	600	
行政管理部门	1 400	280
合　计	28 800	6 500

该企业确定的计划单位成本分别为：供电车间每度电为 0.99 元，供汽车间每立方米蒸汽为 2.5 元。

7. 核算要求

（1）了解东岳公司的生产工艺及管理要求，选择恰当的成本计算基本方法，依据所选择的方法开设成本、费用明细账，计算完工产品成本。

（2）各种费用的分配方法如下：

① 第一车间甲、乙产品共同耗用的材料费用按照定额费用比例分配。

② 生产工人工资按实际生产工时比例分配。

③ 辅助生产车间发生的生产费用采用计划成本分配法进行分配。

④ 基本车间制造费用按照实际生产工时比例分配。

（3）步骤半成品成本结转方式：甲产品采用综合结转方式；乙产品采用分项结转方式。

二、任务实施

东岳公司属于连续式复杂生产企业，大量大批生产甲、乙两种产品，产品顺序经过两个加工步骤，成本管理要求计算步骤半成品成本，因此应以产品的生产步骤以及步骤产品品种作为成本计算对象，按步骤产品归集生产费用，计算产品成本。

1. 设置产品成本、费用明细账

东岳公司按照生产步骤和产品品种开设“基本生产成本”明细账(见表 4-23 等)，并登记期初在产品成本；开设“辅助生产成本”明细账(表 4-15)、“制造费用”明细账(表 4-18)、“管理费用”明细账(表 4-28)、“销售费用”明细账(略)等。

2. 归集分配要素费用

1）归集分配材料费用

东岳公司第一车间生产甲、乙产品共同耗用的原材料为 45 500 元。甲、乙产品材料定额费用资料比较准确，共同耗用的材料费用要求按照定额费用比例，在甲、乙两种产品之间进行分配。

东岳公司定额资料见表4－10，采用定额费用比例分配法分配材料费用，计算过程如下：

第一车间甲产品材料定额费用＝510×40＝20 400(元)

第一车间乙产品材料定额费用＝250×64＝16 000(元)

$$材料费用分配率=\frac{45\ 500}{20\ 400+16\ 000}=1.25$$

第一车间甲产品应负担的材料费用＝20 400×1.25＝25 500(元)

第一车间乙产品应负担的材料费用＝16 000×1.25＝20 000(元)

根据上述材料费用的分配，编制材料费用汇总分配表，见表4－13。

表4－13　材料费用汇总分配表

2010年12月　　单位：元

应借科目		直接领用的原材料	共同耗用原材料的分配					耗用原材料总额
总账科目	明细科目		产量/件	单位产材料费用定额	材料定额费用总量	分配率	应分配材料费	
基本生产成本	第一车间甲产品	76 500	510	40	20 400		25 500	102 000
	第一车间乙产品	26 500	250	64	16 000		20 000	46 500
	小计	103 000			36 400	1.25	45 500	148 500
	第二车间乙产品	32 120						32 120
辅助生产成本	供电车间	8 462.50						8 462.50
	供汽车间	3 512.50						3 512.50
	小计	11 975						11 975
制造费用	第一车间	4 712						4 712
	第二车间	3 727.50						3 727.50
管理费用		3 600						3 600
销售费用		1 200						1 200
合　计		160 334.50					45 500	205 834.50

根据“材料费用汇总分配表”编制会计分录。

借：基本生产成本——第一车间甲产品(直接材料)　102 000
　　　　　　　　——第一车间乙产品(直接材料)　46 500
　　　　　　　　——第二车间乙产品(直接材料)　32 120
　　辅助生产成本——供电车间(机物料消耗)　8 462.50
　　　　　　　　——供汽车间(机物料消耗)　3 512.50
　　制造费用——第一车间(机物料消耗)　4 712
　　　　　　——第二车间(机物料消耗)　3 727.50
　　管理费用——机物料消耗　3 600
　　销售费用——机物料消耗　1 200
　　贷：原材料　205 834.50

根据会计分录登记"基本生产成本"明细账、"辅助生产成本"明细账、"制造费用"明细账及"管理费用"明细账等。

2）归集分配人工费用

东岳公司第一车间甲、乙产品实际生产工时分别为1 843.20小时和1 228.80小时；第二车间甲、乙产品实际生产工时分别为565.44小时和942.40小时。

$$第一车间工资费用分配率=\frac{23\ 000}{1\ 843.20+1\ 228.80}=7.487\ 0$$

$$第二车间工资费用分配率=\frac{11\ 200}{565.44+942.40}=7.427\ 8$$

东岳公司按照产品实际生产工时比例分配职工工资，依据职工工资总额和规定的比例计提工会经费和职工教育经费，见表4-14。

表4-14 工资及其附加费分配表

2010年12月31日

应借科目		职工工资			工会经费(2%)	职工教育经费(2.5%)	合计
		生产工时	分配率	分配金额			
基本生产成本	第一车间甲产品	1 843.20	7.487 0	13 800	276	345	14 421
	第一车间乙产品	1 228.80		9 200	184	230	9 614
	合计	3 072.00		23 000	460	575	24 035
基本生产成本	第二车间甲产品	565.44	7.427 8	4 200	84	105	4 389
	第二车间乙产品	942.40		7 000	140	175	7 315
	合计	1 507.84		11 200	224	280	11 704
制造费用—第一车间				2 800	56	70	2 926
制造费用—第二车间				2 400	48	60	2 508
辅助生产成本—供电车间				7 800	156	195	8 151
辅助生产成本—供汽车间				4 200	84	105	4 389
管理费用				9 000	180	225	9 405
销售费用				2 600	52	65	2 717
合 计				63 000	1 260	1 575	65 835

制表： 复核：

根据表4-7和表4-14"工资及其附加费分配表"，编制会计分录。

借：基本生产成本——第一车间甲产品(直接人工)	20 700
——第一车间乙产品(直接人工)	13 800
——第二车间甲产品(直接人工)	10 450
——第二车间乙产品(直接人工)	9 912
辅助生产成本——供电车间(职工薪酬)	11 658
——供汽车间(职工薪酬)	6 210.20
制造费用——第一车间(职工薪酬)	4 174.80
——第二车间(职工薪酬)	3 708.40

管理费用——职工薪酬　　13 165
销售费用——职工薪酬　　3 818.60
贷：应付职工薪酬——职工工资　　63 000
——工会经费　　1 260
——职工教育经费　　1 575
——社会保险　　19 593
——住房公积金　　3 780
——福利费　　8 389

根据会计分录登记“基本生产成本”明细账、“辅助生产成本”明细账和“制造费用”明细账等。

3）归集分配本月发生的折旧费和其他费用

（1）月末，东岳公司编制折旧费用分配表，见表4-8，并做会计分录。

借：制造费用——第一车间（折旧费）　　18 800
——第二车间（折旧费）　　10 000
辅助生产成本——供电车间（折旧费）　　4 000
——供汽车间（折旧费）　　4 000
管理费用——折旧费　　.6 900
销售费用——折旧费　　2 800
贷：累计折旧　　46 500

（2）本月发生的其他费用见表4-9，根据其他费用分配表编制会计分录。

借：制造费用——第一车间（水电费）　　1 221
——第一车间（办公费）　　1 625.2
——第一车间（运输费）　　1 720
——第一车间（其他）　　7 095
——第二车间（水电费）　　949.83
——第二车间（办公费）　　1 377.60
——第二车间（运输费）　　2 070
——第二车间（其他）　　5 370
辅助生产成本——供电车间（水电费）　　1 985
——供电车间（办公费）　　830.70
——供电车间（运输费）　　1 000
——供电车间（其他）　　143.80
——供汽车间（水电费）　　92.50
——供汽车间（办公费）　　714.80
——供汽车间（运输费）　　900
——供汽车间（其他）　　495
管理费用——水电费　　185
——办公费　　2 100.30
——运输费　　500

——其他 689.70

销售费用——水电费 44.40

——办公费 797

——其他 270.60

贷：银行存款 27 699.70

应付账款 4 477.73

根据会计分录登记基本生产成本明细账、辅助生产成本明细账(见表 4－15、表 4－16)、制造费用明细账等。

表 4－15 辅助生产成本明细账

车间：供电车间

2010 年		凭证号数	摘 要	明细项目							
月	日			机物料消耗	职工薪酬	折旧费	水电费	办公费	运输费	其 他	合 计
12	31	略	分配材料费用	8 462.50							8 462.5
			分配职工薪酬		11 658						11 658
			分配折旧费用			4 000					4 000
			分配其他费用				1 985	830.70	1 000	143.8	3 959.5
			本月费用合计	8 462.50	11 658	4 000	1 985	830.70	1 000	143.8	28 080
			计划分配转入							300	300
			本月转出	8 462.50	11 658	4 000	1 985	830.70	1 000	575.8	28 512
			分配结转差异							132	132

表 4－16 辅助生产成本明细账

车间：供汽车间

2010 年		凭证号数	摘 要	明细项目							
月	日			机物料消耗	职工薪酬	折旧费	水电费	办公费	运输费	其 他	合 计
12	31	略	分配材料费用	3 512.50							3 512.50
			分配职工薪酬		6 210.20						6 210.20
			分配折旧费用			4 000					4 000
			分配其他费用				92.50	714.8	900	495	2 202.30
			本月发生额合计	3 512.50	6 210.20	4 000	92.50	714.8	900	495	15 925
			计划分配转入							594	594
			本月转出	3 512.50	6 210.2	4 000	92.50	714.8	900	820	16 250
			分配结转差异							269	269

3. 分配辅助生产费用

东岳公司辅助生产车间发生的费用采用计划成本分配法进行分配。计划成本分配法是根据辅助生产提供劳务的计划单位成本和各受益单位的受益量分配辅助生产费用的一种方法。其内容是按辅助生产单位产品或劳务的计划单位成本和实际供应量，在各受益对象(包括各辅助生产单位在内)之间分配生产费用，辅助生产的成本差异一般全部调整计入管理费用，不再分配给其他各受益对象。采用计划成本分配法分配辅助生产费用一般分以下两步。

(1) 第一步是按计划分配，即在所有受益对象中按计划单位成本和实际受益量，计算分配辅助生产费用，其计算公式如下：

$$\frac{\text{某受益对象应负担的劳务}}{\text{费用(含辅助生产部门)}}=\frac{\text{该受益对象}}{\text{的受益数量}}\times\frac{\text{计划单}}{\text{位成本}} \tag{4-1}$$

(2) 第二步是差额分配，即将按计划成本计算的分配额和各辅助生产车间实际成本之间的差额，进行追加分配。辅助生产的成本差异一般全部调整计入管理费用，不再分配给其他各受益对象。

其中，辅助生产车间的实际成本是辅助生产明细账所归集的待分配费用，加上第一步计划分配从其他辅助车间转入的费用。

根据辅助生产成本明细账可知：该公司本月供电车间消耗的费用为 28 080 元，供汽车间消耗的费用为 15 925 元；各车间提供劳务数量见表 4－12；该公司确定的计划单位成本分别为：每度电 0.99 元，每立方米蒸汽 2.5 元。采用计划分配法，编制辅助生产费用分配表，见表 4－17。

表 4－17 辅助生产费用分配表(计划成本分配法)

2010 年 12 月

项目	供电车间		供汽车间		合计
	数量	金额/元	数量	金额/元	
待分配费用		28 080		15 925	44 005
劳务供应总量	28 800		6 500		
计划单位成本		0.99		2.50	
供电车间			120	300	300
供汽车间	600	594			594
第一车间	14 800	14 652	3 600	9 000	23 652
第二车间	12 000	11 880	2 500	6 250	18 130
管理部门	1 400	1 386	280	700	2 086
按计划成本分配合计		28 512		16 250	44 762
辅助生产实际成本		28 380		16 519	44 899
成本差异		－132		269	137

其中，辅助生产单位产品和劳务成本差异的计算过程如下：

供电车间实际总成本：28 080＋300＝28 380(元)

按计划单位成本分配转出的费用：28 800×0.99＝28 512(元)

成本差异(节约)：28 380－28 512＝－132(元)

供汽车间实际总成本：15 925＋594＝16 519(元)

按计划单位成本分配转出的费用：6 500×2.5＝16 250(元)

成本差异(超支)：16 519－16 250＝269(元)

根据辅助生产费用分配表，编制分配结转辅助生产费用的会计分录。

(1) 按计划单位成本分配。

借：辅助生产成本——供电车间(其他)	300	
——供汽车间(水电费)	594	
制造费用——第一车间(其他)	14 625	
——第一车间(水电费)	9 000	
——第二车间(其他)	11 880	
——第二车间(其他)	6 250	
管理费用——其他	2 086	
贷：辅助生产成本——供电车间		28 512
——供汽车间		16 250

(2) 分配结转成本差异。

借：管理费用——其他	269	
贷：辅助生产成本——供汽车间		269
借：管理费用——其他	132（方框）	
贷：辅助生产成本——供电车间		132（方框）

根据会计分录登记基本生产成本明细账、辅助生产成本明细账、制造费用明细账等。

采用计划成本分配法，由于预先制定了产品和劳务的计划单位成本，各种辅助生产费用只需分配一次，简化和加速了计划分配工作。同时，通过计算和分配辅助生产单位的成本差异，还能反映和考核辅助生产成本计划的执行情况。此外，由于辅助生产成本的差异在实际中可以全部计入管理费用，各受益单位所负担的劳务费用都不包括辅助生产成本差异因素，因而还便于分析和考核各受益单位的成本，有利于分清企业内部各单位的经济责任。但采用这种分配方法的前提是，制订的计划单位成本必须比较准确；否则，影响分配结果的合理性。

4. 分配制造费用

东岳公司第一、二车间本月发生的制造费用分别为 63 000 元和 45 333.33 元，应在甲、乙两种产品之间进行分配，计入产品成本。

1) 第一车间制造费用的分配

第一车间甲、乙产品的实际生产工时分别为 1 843.20 小时和 1 228.80 小时，因此可以采用实际生产工时比例分配制造费用。

$$制造费用分配率=\frac{63\ 000}{1\ 834.20+1\ 228.80}=20.507\ 8$$

第一车间甲产品应负担的制造费用=1 843.20×20.507 8=37 800(元)

第一车间乙产品应负担的制造费用=1 228.80×20.507 8=25 200(元)

按照实际生产工时比例分配制造费用，编制制造费用分配表，见表 4-18。

表 4-18 制造费用分配表

车间：第一车间　　　　2010 年 12 月

应借账户		实际生产工时/小时	分配率	分配额/元
基本生产成本	第一车间甲产品	1 843.20		37 800.00
	第一车间乙产品	1 228.80		25 200.00
合计		3 072.00	20.507 8	63 000.00

根据制造费用分配表，编制会计分录。

借：基本生产成本——第一车间甲产品(制造费用)　　37 800.00

　　　　　　　——第一车间乙产品(制造费用)　　25 200.00

　贷：制造费用——第一车间　　63 000.00

根据会计分录，登记"基本生产成本"明细账和"制造费用"明细账，见表 4-19。

2）第二车间制造费用的分配

第二车间甲、乙产品的实际生产工时分别为 565.44 小时和 942.40 小时，可以采用实际生产工时比例分配制造费用，编制制造费用分配表，见表 4-19。

表 4-19 制造费用分配表

车间：第二车间　　　　2010 年 12 月

应借账户		实际生产工时/小时	分配率	分配额/元
基本生产成本	第二车间甲产品	565.44		17 000.00
	第二车间乙产品	942.40		28 333.33
合计		1 507.84	30.065 1	45 333.33

根据"制造费用分配表"编制会计分录。

借：基本生产成本——第二车间甲产品(制造费用)　　17 000.00

　　　　　　　——第二车间乙产品(制造费用)　　28 333.33

　贷：制造费用——第二车间　　45 333.33

根据会计分录，登记基本生产成本明细账和制造费用明细账，见表 4-20。

表 4－20 制造费用明细账

车间：第一车间

2010年		凭证	摘要	明细项目									
月	日	号数		机物料消耗	职工薪酬	折旧费	水电费	办公费	运输费	其他	合计	转出	余额
12	31	略	分配材料	4 712							4 712		
			分配职工薪酬		4 174.80						4 174.80		
			分配折旧费用			18 800					18 800		
			分配其他费用				1 221	1 625.20	1 720	7 095	11 661.20		
			分配辅助费用				14 652			9 000	23 652		
			待分配费用小计	4 712	4 174.80	18 800	15 873	1 625.20	1 720	16 095	63 000		63 000
			分配制造费用									63 000	
			本月合计	4 712	4 174.80	18 800	15 873	1 625.20	1 720	16 095	63 000	63 000	0

表 4－21 制造费用明细账

车间：第二车间

2010年		凭证	摘要	明细项目									
月	日	号数		机物料消耗	职工薪酬	折旧费	水电费	办公费	运输费	其他	合计	转出	余额
12	31	略	分配材料	3 727.50							4 712		
			分配职工薪酬		3 708.40						4 174.80		
			分配折旧费用			10 000					18 800		
			分配其他费用				949.83	1 377.60	2 070	5 370	9 767.43		
			分配辅助费用				11 880			6 250	18 130		
			待分配费用小计	3 727.50	3 708.40	10 000	12 829.83	1 377.60	2 070	11 620	45 333.33		45 333.33
			分配制造费用									45 333.33	
			本月合计	3 727.50	3 708.40	10 000	12 829.83	1 377.60	2 070	11 620	45 333.33	45 333.33	0

5. 计算完工产品和月末在产品成本

生产费用在完工产品和月末在产品之间分配常采用的方法有：在产品不计算成本法、在产品按固定成本计价法和约当产量法等。东岳公司第一车间甲产品采用定额比例法，第二车间甲产品采用在产品按所耗原材料费用计价法。

1）定额比例法

定额比例法是将产品的生产成本按照完工产品和月末在产品的定额消耗量或定额成本的比例，分配计算完工产品成本和月末在产品成本的方法。通常材料费用按材料定额消耗量或定额成本比例分配，而直接人工费用和制造费用等加工费用按定额工时比例分配，也可按定额成本比例分配。

定额比例法适用于定额管理基础较好，各项消耗定额或成本定额比较准确、稳定，各月末在产品数量变化比较大的产品。

定额比例法计算程序可归纳如下：

(1) 计算本月完工产品和月末在产品的总定额。采用定额比例法，必须根据发料凭证所列的原材料消耗定额或定额成本，以及产量凭证上所列产品工时定额计算求得完工产品和月末在产品的定额消耗量和定额工时资料。完工产品的定额消耗量和定额工时用完工产品数量乘以单位产品原材料消耗定额、工时定额求得；月末在产品定额消耗量和定额工时用在产品的月末账面结存量或实际盘存量以及相应的材料消耗定额和工时定额求得。

完工产品的总定额耗用量或定额成本计算公式如下：

$$\begin{matrix}\text{本月完工产品总定额}\\\text{消耗量(或定额成本)}\end{matrix}=\begin{matrix}\text{本月完工}\\\text{产品数量}\end{matrix}\times\begin{matrix}\text{单位完工产品定额消}\\\text{耗量(或定额成本)}\end{matrix}\qquad(4-2)$$

月末在产品的总定额耗用量或定额成本计算公式如下：

$$\begin{matrix}\text{月末在产品的总定额}\\\text{消耗量(或定额成本)}\end{matrix}=\begin{matrix}\text{月末在产}\\\text{品数量}\end{matrix}\times\begin{matrix}\text{单位在产品定额消}\\\text{耗量(或定额成本)}\end{matrix}\qquad(4-3)$$

或

$$\begin{matrix}\text{月末在产品的总定额}\\\text{消耗量(或定额成本)}\end{matrix}=\sum\left(\begin{matrix}\text{某工序月末}\\\text{在产品数量}\end{matrix}\times\begin{matrix}\text{该工序单位在产品定额}\\\text{消耗量或(定额成本)}\end{matrix}\right)\qquad(4-4)$$

(2) 计算费用分配率。各成本项目费用分配率的基本计算公式如下：

$$\text{某成本项目费用分配率}=\frac{\text{该成本项目生产费用合计数}}{\text{本月完工产品总定额}+\text{月末在产品总定额}}\qquad(4-5)$$

(3) 计算月末在产品成本和本月完工产品成本。

$$\text{月末在产品成本}=\text{月末在产品总定额}\times\text{费用分配率}\qquad(4-6)$$

$$\begin{matrix}\text{月末在产品应}\\\text{负担材料费用}\end{matrix}=\begin{matrix}\text{月末在产品定额原材}\\\text{料消耗量(或成本)}\end{matrix}\times\begin{matrix}\text{直接材料}\\\text{费用分配率}\end{matrix}\qquad(4-7)$$

$$\begin{matrix}\text{月末在产品应负担的}\\\text{直接人工、制造费用等}\end{matrix}=\begin{matrix}\text{月末在产品定额}\\\text{工时(或成本)}\end{matrix}\times\begin{matrix}\text{直接人工、制造}\\\text{费用等分配率}\end{matrix}\qquad(4-8)$$

$$\text{本月完工产品成本}=\text{本月完工产品总定额}\times\text{费用分配率}\qquad(4-9)$$

$$\begin{matrix}\text{完工产品应负担}\\\text{的直接材料费用}\end{matrix}=\begin{matrix}\text{完工产品定额原材}\\\text{料消耗量(或成本)}\end{matrix}\times\begin{matrix}\text{直接材料}\\\text{费用分配率}\end{matrix}\qquad(4-10)$$

$$\begin{matrix}\text{完工产品应负担的直}\\\text{接人工、制造费用等}\end{matrix}=\begin{matrix}\text{完工产品定额}\\\text{工时(或成本)}\end{matrix}\times\begin{matrix}\text{直接人工、制造}\\\text{费用等分配率}\end{matrix}\qquad(4-11)$$

按照上列公式计算分配费用，必须取得完工产品和月末在产品的定额消耗量或定额费用资料。如果月末在产品的种类和生产工序繁多时，核算工作量繁重。因此，月末在产品定额消耗量及其分配率可采用简化的方法计算(倒挤的方法)。其计算公式如下：

$$\text{月末在产品的总定额消耗量}=\text{月初在产品定额消耗量}+\text{本月投入的定额消耗量}-\text{本月完工产品定额消耗量} \quad (4-12)$$

上列公式中月初在产品定额消耗量根据上月成本计算资料取得，本月投入的定额消耗量，其中原材料定额消耗量根据领料凭证所列原材料定额消耗量等数据计算求得；本月投入的定额工时根据有关工时定额的原始记录求得。按照上列方法计算月末在产品的定额数据，虽然可以简化计算工作，但发生在产品盘盈、盘亏的情况下，计算求得的成本资料不能如实反映产品成本的水平。为了提高成本计算的正确性，必须每隔一定时期对在产品进行一次实地盘点，根据实存数计算定额消耗量。

2）在产品按所耗原材料费用计价法

在产品按所耗原材料费用计价法也称为在产品只计算材料成本法。这种方法是在产品成本按所耗用的原材料费用计算，其他费用全部由完工产品负担。该方法适合于原材料费用在产品成本中所占比重较大，而且原材料是在生产开始时一次就全部投入的情况下使用。例如，造纸、纺织等行业的产品，原材料费用占产品成本比重较大。采用这种方法，月末在产品只计算耗用的原材料费用，所占比重不大的直接人工和制造费用全部由完工产品成本负担，对完工产品成本计算的正确性影响不大，且可以简化产品成本计算工作。具体计算公式如下：

$$\text{原材料费用分配率}=\frac{\text{原材料费用总额}}{\text{完工产品数量}+\text{月末在产品数量}} \quad (4-13)$$

$$\text{月末在产品成本}=\text{月末在产品数量}\times\text{单位产品原材料费用} \quad (4-14)$$

$$\text{本月完工产品成本}=\text{月初在产品成本}+\text{本月生产费用}-\text{月末在产品成本} \quad (4-15)$$

(1) 计算完工甲产品和月末在产品成本。

① 第一车间完工甲产品、月末在产品成本的计算。东岳公司第一车间甲产品月末在产品数量变化较大，生产费用在完工产品和在产品之间的分配采用定额比例法。

a. 计算本月完工甲产品和月末在产品的总定额。甲产品为生产开始时一次投料，因此月末在产品和完工甲半成品所耗用原材料费用相同，根据表 4－11，东岳公司第一车间完工产品和在产品的总定额可以计算如下：

本月完工甲半成品原材料定额成本＝490×160＝78 400(元)

月末在产品原材料定额成本＝60×160＝9 600(元)

根据表 4－10，东岳公司工时消耗总定额分别如下。

本月完工甲半成品消耗定额工时＝490×3.6＝1 764(小时)

月末在产品总定额消耗定额工时＝60×2.6＝156(小时)

b. 费用分配率的计算。

原材料费用按照原材料定额成本比例分配，由表 4－22 可知以下结果：

$$\text{材料费用分配率}=\frac{8\ 000+102\ 000}{78\ 400+9\ 600}=1.25$$

人工费用和制造费用均按定额工时比例分配，由表 4－22 可知以下结果：

$$人工费用分配率=\frac{1\ 380+20\ 700}{1\ 764+156}=11.5$$

$$制造费用分配率=\frac{2\ 040+37\ 800}{1\ 764+156}=20.75$$

c. 完工甲半成品、月末在产品成本的计算。

完工甲半成品材料费用＝78 400×1.25＝98 000(元)

月末在产品原材料费用＝9 600×1.25＝12 000(元)

完工甲半成品人工费用＝1 764×11.5＝20 286(元)

月末在产品人工费用＝156×11.5＝1 794(元)

完工甲半成品制造费用＝1 764×20.75＝36 603(元)

月末在产品制造费用＝156×20.75＝3 237(元)

d. 第一车间甲产品的基本生产成本明细账的登记情况见表 4－22。

表 4－22 基本生产成本明细账

车间名称：第一车间　　　　完工产品数量：490 件

产品名称：甲产品　　　　期末在产品数量：60 件

2010 年		凭证号数	摘　要	直接材料	直接人工	制造费用	合　计
月	日						
12	31	略	期初在产品成本	8 000	1 380	2 040	11 420
			分配耗用材料	102 000			102 000
			分配职工薪酬		20 700		20 700
			分配制造费用			37 800	37 800
			生产费用合计	110 000	22 080	39 840	171 920
			完工产量	490	490	490	
			单位产品定额	160	3.6	3.6	
			完工产品定额成本或工时	78 400	1 764	1 764	
			月末在产品数量	60	60	60	
			单位在产品定额	160	2.6	2.6	
			月末在产品定额成本或工时	9 600	156	156	
			定额成本或工时合计	88 000	1 920	1 920	
			分配率	1.25	11.50	20.75	
			结转本期完工产品成本	98 000	20 286	36 603	154 889
			期末在产品成本	12 000	1 794	3 237	17 031

本月完工甲半成品实际生产成本为：98 000＋20 286＋36 603＝154 889(元)，编制会计分录。

借：基本生产成本——第二车间甲产品(半成品)　　154 889

　　贷：基本生产成本——第一车间甲产品　　154 889

东岳公司成本管理要求计算步骤半成品成本，步骤半成品成本的结转采用逐步综合结转方式。逐步综合结转是将步骤半成品成本综合结转入下步骤“直接材料”或单独开设的“半成品”成本项目的一种半成品成本结转方式。东岳公司第一车间甲产品成本转入第二车间甲产品的“半成品”成本项目，见表 4－23。

② 第二车间完工甲产品、月末在产品成本的计算。东岳公司生产甲产品的原材料在生产开始时一次投入，原材料费用在产品成本中所占比重较大，在产品按所耗原材料费用计价。

采用在产品按所耗原材料费用计价法，东岳公司第二车间甲产品成本计算如下：

原材料费用分配率$=\frac{166\ 400}{500+20}=320$

月末在产品成本＝20×320＝6 400(元)

本月完工产品成本＝193 850－6 400＝187 450(元)

在产品成本按所耗用的原材料费用计算，其他费用全部由完工产品负担，计算结果见表 4－23。完工甲产品的生产成本为：160 000＋10 450＋17 000＝187 450(元)。

表 4－23 基本生产成本明细账

车间名称：第二车间 完工产品数量：500 件

产品名称：甲产品 期末在产品数量：20 件

2010 年		凭证号数	摘 要	直接材料	直接人工	制造费用	合 计
月	日						
12	31	略	期初在产品成本	11 511			11 511
			分配职工薪酬		10 450		10 450
			分配制造费用			17 000	17 000
			转入半成品成本	154 889			154 889
			生产费用合计	166 400	10 450	17 000	193 850
			费用分配率	320			
			本月完工产品转出	160 000	10 450	17 000	187 450
			完工产品单位成本	320	20.90	34	374.90
			期末在产品成本	6 400			6 400

③ 成本还原。采用逐步综合结转分步法结转半成品成本，会使完工甲产成品成本中的“直接材料”或“半成品”成本项目包含了以前步骤半成品综合成本，而“直接人工”、“制造费用”等成本项目只反映了最后步骤的费用，不能真实地、客观地反映产品成本的构成。为了进行成本分析，必须将产成品成本按原始的成本项目来反映，所以要进行成本还原。

常用的成本还原方法是还原率法。还原率法是按产成品成本中所含半成品综合成本占上步骤半成品成本的比例即还原率进行还原的一种还原方法。

$$\text{成本还原率}=\frac{\text{产成品成本中所含半成品综合成本}}{\text{上步骤本月完工半成品总成本}} \tag{4-16}$$

下面将东岳公司甲产品成本按还原率法进行还原。

首先计算成本还原率$=\frac{160\ 000}{154\ 889}=1.033\ 0$

将产成品中“半成品”160 000元进行还原。

直接材料＝98 000×1.033 0＝101 234(元)

直接人工＝20 286×1.033 0＝20 955.44(元)

制造费用＝160 000－101 234－20 955.40＝37 810.56(元)

计算还原后的产成品成本的各个成本项目的数额。

直接材料＝101 234(元)

直接人工＝10 450＋20 955.44＝31 405.44(元)

制造费用＝37 810.56＋17 000＝54 810.56(元)

根据以上计算结果，编制“甲产品成本还原计算表”，见表4-24。

表4-24　甲产品成本还原计算表

第二车间：甲产品　　　　2010年12月

项　目		还原率	半成品	直接材料	直接人工	制造费用	合　计
还原前产成品成本			160 000		10 450	17 000	187 450
按第一车间半成品成本还原	本月完工半成品成本			98 000	20 286	36 603	154 889
	还原成本	1.033 0		101 234	20 955.44	37 810.56	160 000
还原后产成品成本	总成本			101 234	31 405.44	54 810.56	187 450
	单位成本			202.47	62.81	109.62	374.90

其中：尾差计入“制造费用”成本项目。

(2) 计算完工乙产品和月末在产品成本。乙产品两个生产步骤明细账资料见表4-25和表4-26，根据乙产品明细账的生产费用合计数和有关的生产数量记录，采用约当产量法在完工产品和月末在产品之间分配生产费用。

乙产品为各步骤生产开始时集中投料，各步骤在产品直接材料项目的约当产量等于在产品的数量，各步骤月末在产品和完工产品同等分配材料费用；但人工费用和制造费用一般是随着产品的进一步加工逐步递增的，完工率按照完工产品和月末在产品的定额工时计算。根据表4-11定额工时分别计算第一、第二车间月末在产品的完工率。

$$第一车间月末在产品完工率=\frac{2.56}{5.12}\times100\%=50\%$$

$$第二车间月末在产品完工率=\frac{1.2}{3.92}\times100\%=30.61\%$$

① 第一车间完工乙产品、月末在产品成本的计算。采用约当产量法，在完工乙产品和月末在产品之间分配生产费用，基本生产成本明细账见表4-25。

本月完工乙半成品的实际生产成本为：44 880＋13 680＋24 720＝83 280(元)。编制会计分录。

借：基本生产成本——第二车间乙产品　　83 280

　　贷：基本生产成本——第一车间乙产品　　83 280

② 第二车间完工乙产品、月末在产品成本的计算。东岳公司乙产品步骤半成品成本的结转采用分项结转方式。逐步分项结转是指将步骤半成品成本按成本项目分项结转于下一步骤对应产品成本项目的一种方法。

表 4-25 基本生产成本明细账

完工产品数量：240 件
车间名称：第一车间　　　　期末在产品数量：20 件
产品名称：乙产品　　　　在产品完工率：50%

2010 年 月	日	凭证号数	摘要	直接材料	直接人工	制造费用	合计
12	31	略	期初在产品成本	2 120	450	550	3 120
			分配材料	46 500			46 500
			分配职工薪酬		13 800		13 800
			分配制造费用			25 200	25 200
			生产费用合计	48 620	14 250	25 750	88 620
			完工产品数量	240	240	240	—
			月末在产品约当量	20	10	10	—
			约当总产量	260	250	250	—
			费用分配率	187	57	103	347
			结转完工产品总成本	44 880	13 680	24 720	83 280
			期末在产品成本	3 740	570	1 030	5 340

东岳公司乙半产品成本按成本项目分项结转于第二车间乙产品成本项目，见表 4-26。

表 4-26 基本生产成本明细账

完工产品数量：250 件
车间名称：第二车间　　　　期末在产品数量：10 件
产品名称：乙产品　　　　在产品完工率：30.61%

2010 年 月	日	凭证号数	摘要	直接材料 上步转入	直接材料 本步发生	直接人工 上步转入	直接人工 本步发生	制造费用 上步转入	制造费用 本步发生	合计
12	31	略	期初在产品成本	2 700	2 460	230	83.87	1 020	1 527.75	8 021.62
			分配材料费用		32 120					32 120
			分配职工薪酬				9 912			9 912
			分配制造费用						28 333.33	28 333.33
			上步骤转入	44 880		13 680		24 720		83 280
			生产费用合计	47 580	34 580	13 910	9 995.87	25 740	29 861.08	161 666.95
			完工产量	250	250	250	250	250	250	—

续表

2010年 月	日	凭证号数	摘要	直接材料 上步转入	直接材料 本步发生	直接人工 上步转入	直接人工 本步发生	制造费用 上步转入	制造费用 本步发生	合计
			月末在产品约当产量	10	10	10	3.06	10	3.06	—
			约当总产量	260	260	260	253.06	260	253.06	—
			费用分配率	183	133	53.5	39.5	99	118	626
			转出产成品成本	45 750	33 250	13 375	9 875	24 750	29 500	156 500
			期末在产品成本	1 830	1 330	535	120.87	990	361.08	5 166.95

根据乙产品成本明细账资料，采用约当产量法在完工产品和月末在产品之间分配生产费用，第二车间完工乙产品总成本 153 500 元，其中：直接材料 79 000 元、直接人工 23 250 元、制造费用 54 250 元。

6. 编制完工产品成本汇总表，结转完工产品成本

根据成本计算结果，编制完工产品成本汇总表，见表 4－27，据以结转完工入库产品成本。

表 4－27　完工产品成本汇总表

成本项目＼产品名称	甲产品(500件) 总成本	甲产品(500件) 单位成本	乙产品(250件) 总成本	乙产品(250件) 单位成本	合计
直接材料	160 000	320	79 000	316	239 000
直接人工	10 450	20.90	23 250	93	33 700
制造费用	17 000	34	54 250	217	71 250
合计	187 450	374.90	156 500	626	343 950

根据表 4－27 编制会计分录。

借：库存商品——甲产品　　187 450

　　　　　　——乙产品　　156 500

　贷：基本生产成本——第二车间甲产品　　187 450

　　　　　　　　——第二车间乙产品　　156 500

7. 登记管理费用明细账

根据表 4－13 至表 4－17 及相关会计分录，登记管理费用明细账，见表 4－28。

月末将本期发生的管理费用全部转入本年利润账户，编制会计分录。

借：本年利润　　54 000

　贷：管理费用　　54 000

表 4－28　管理费用明细账

2010 年		凭证号数	摘　　要	机物料消耗	职工薪酬	折旧费	水电费	办公费	运输费	交际应酬费	研究开发费	……	其　他	合　计	转　出	余　额
月	日															
2	31	略	分配材料	3 600										3 600		
			分配人工费用		13 165									13 165		
			分配折旧费用			6 900								6 900		
			分配其他费用				185	2 100.30	500				689.70			
			分配辅助生产费用										2 086			
			转差异										137			
			转账凭证转出												54 000	
			本月合计	3 600	13 165	6 900	185	2 100.30	500				2 912.70	54 000	54 000	0

三、知识归纳

大批大量复杂生产企业，产品生产可以分为若干个生产步骤进行。例如纺织企业生产可以分为纺纱、织布等步骤；冶金企业生产可分为炼铁、炼钢、轧钢等步骤；机械制造企业可以分为铸造、加工、装配等步骤。如果管理上要求分步骤计算产品成本时，应按照产品的生产步骤归集生产费用，计算产品成本，这种计算产品成本的方法称为分步法。

1. 分步法的含义及适用范围

计算产品成本的分步法是指按产品的品种及所经生产步骤作为成本计算对象，归集生产费用，计算产品成本的方法。

这种方法适用于大量大批的多步骤生产企业，而且管理上要求按步骤计算成本的企业或车间，如冶金、纺织、造纸、化工以及大量大批生产的机械制造等行业。

2. 逐步结转分步法的含义及适用范围

在大批大量连续式生产中，从原料投入到产成品制成，中间要顺序经过几个生产步骤的逐步加工，前面各步骤生产的都是半成品，只有最后步骤生产的才是产成品。各生产步骤所产半成品，既可以转交给下一生产步骤继续加工，耗用在不同产品上，又可以作为商品直接对外出售，在这种情况下，为了加强对各生产步骤成本的管理，不仅要求计算各种产品的成本，而且还要计算各步骤半成品的成本。这种为了计算半成品成本而采用的分步法称为逐步结转分步法。

逐步结转分步法也称计列半成品成本分步法，是指以产品的生产步骤和步骤的产品品种作为成本计算对象，按产品的生产顺序，逐步计算并结转步骤半成品成本直到最后步骤，计算完工产成品成本和步骤半成品成本的一种分步法。

逐步结转分步法主要适用于管理上需要计算考核半成品成本的大批大量连续式复杂生产企业，如纺织厂、卷烟厂、氯碱厂等。

3. 逐步结转分步法的特点

（1）以产品生产步骤及步骤产品品种作为成本计算对象。

（2）以会计报告期作为成本计算期，按月计算产品成本。

（3）需要在各步骤完工产品和在产品之间分配费用，计算各个步骤完工产品和月末在产品成本。各个步骤完工产品是指本步骤已加工完成转入其他步骤或仓库的产品；而在产品是指狭义在产品，即各个步骤当中正在加工中的在制品。

（4）各步骤半成品成本转移与实物转移一致。步骤半成品不通过仓库收发的，可将上个步骤完工半成品成本直接转入下个步骤成本明细账或成本计算单。

提示

在实际工作中，产品成本计算的分步与产品生产步骤的划分不一定完全一致。例如在按生产步骤设立车间的企业中，一般讲，分步计算成本也就是分车间计算成本。如果企业生产规模很大，车间内又分成几个生产步骤，而管理上又要求分步计算成本时，也可以在车间内再分步计算成本；相反，如果企业生产规模很小，管理上也不要求分车间计算成本，也可以将几个车间合并为一个步骤计算成本。总之，应根据管理的要求，本着简化计算工作的原则，确定成本计算对象。

4. 逐步结转分步法成本计算的一般程序

(1) 根据企业的生产类型和管理要求，选择成本计算的基本方法——分步法。按照产品的生产步骤以及步骤的产品品种开设基本生产成本明细账，除此之外，企业还应根据需要设置辅助生产成本明细账、制造费用明细账和管理费用明细账等。

(2) 按产品生产步骤归集和分配本月发生的各项要素费用。在分步法下，应按产品的生产步骤(分品种)归集和分配各项生产费用。对各步骤产品发生的直接费用，要在有关的原始凭证上填明生产步骤和产品名称，以便将费用直接记入各步骤产品的基本生产成本明细账内；发生的间接费用按照一定的标准在各步骤产品之间进行分配后，再计入各步骤产品的基本生产明细账内。

① 原材料费用的分配。根据领料单、限额领料单等有关凭证，按照领料部门及用途分配材料费用，编制材料费用分配表时，各步骤产品分别领用的材料应按步骤产品直接计入各步骤产品的成本，对于产品共同耗用的原材料采用一定的标准，在步骤产品之间进行分配。

② 人工费用的分配。月末生产部门根据工资结算单、职工薪酬分配表和有关生产工时记录等，编制“职工薪酬分配表”分配人工费用。人工费用的分配通常按产品实际生产工时比例分配，根据企业情况，可以选择生产工时比例分配法或其他合理的方法。

③ 折旧费和其他费用的分配。月末计算固定资产本月应计提的折旧额，并编制固定资产折旧分配表；根据银行付款凭证和现金付款凭证，将发生的其他各要素费用按照费用发生的地点和用途编制其他费用分配表。根据以上各项要素费用分配表，编制记账凭证，并登记基本生产成本、制造费用和辅助生产成本等明细账。

(3) 分配辅助生产费用。设有辅助生产单位的企业，月末应将归集的辅助生产费用按照一定的方法分配给各受益对象，并编制辅助生产费用分配表，据以登记基本生产成本、制造费用等明细账。企业在对归集的辅助生产费用进行分配时，应充分考虑企业自身的特点，东岳公司由于辅助生产车间内部相互提供的劳务较多，且公司定额管理基础较好，定额资料比较准确、稳定，所以选择计划成本分配法分配辅助生产费用。

(4) 分配制造费用。基本生产单位的制造费用应由各生产步骤产品负担，月末应将归集的制造费用按照一定的分配方法在各步骤产品之间进行分配，再计入各步骤产品的基本生产成本明细账内。根据企业情况，可以选择生产工时比例分配法或其他合理的方法。

(5) 计算完工产品成本和月末在产品成本。每期期末，按照生产步骤将基本生产成本明细账归集的生产费用，采用一定的方法在各步骤完工产品和月末在产品之间进行分配。根据企业实际情况，可以选择定额比例法、在产品只计算材料成本法等方法计算产品成本。

(6) 编制完工产品成本汇总表，结转完工产品成本。

上述核算程序表明，每一个步骤都是一个品种法，逐步结转分步法实际上是品种法的多次连续应用。

可以看出，逐步结转分步法的成本计算是从第一生产步骤开始的，将第一步骤归集的费用采用一定的方法在本步骤完工半成品和在产品之间进行分配，计算确定完工半成品成本，并随半成品实物转入下步骤(或半成品仓库)；第二步骤归集的费用加上转入的半成品成本，同样也要采用一定的方法在第二步骤完工半成品和本步骤在产品之间进行分配，计算并结转完工半成品成本转入下一个生产步骤(或半成品仓库)，以此类推，逐步计算并结转步骤半成品成本，直到最后一个生产步骤，将最后一个生产步骤归集的费用加上上一步骤转入的半成品成本，在完工产成品和最后步骤在产品之间进行分配，计算确定完工产成品成本。

逐步结转分步法成本计算程序如图 4.1 所示。

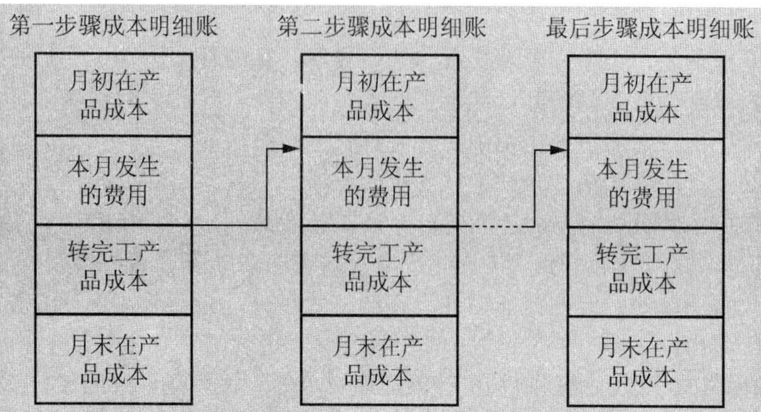

图 4.1　逐步结转分步法的成本计算程序图

5. 步骤半成品成本结转方式

逐步结转分步法按照半成品成本在下一步骤产品成本明细账中的反映方法，可分为综合结转和分项结转。

采用逐步综合结转分步法，成本计算与结转比较简单，从各个生产步骤的产品成本明细账中可以看出各步骤产品所耗上一步骤半成品费用的水平和本步骤加工费用的水平，有利于各生产步骤的管理。但完工产品的成本项目不能真实地、客观地反映产品成本的构成，为了进行成本分析，使产成品成本按照原始的成本项目来反映，就必须进行成本还原。因此这种结转方法只宜在管理上要求计算各步骤完工产品所耗半成品费用，而不要求进行成本还原的情况下采用。

采用逐步分项结转分步法，可以直接、正确地提供按原始成本项目反映的产成品成本资料，不需要成本还原。但这种方法的成本结转工作比较复杂，而且在各步骤完工产品成本中看不出所耗上一步骤半成品费用的水平和本步骤加工费用的水平，不便于进行完工产品成本分析。因此，这种结转方法一般适用于管理上不要求分别提供各步骤完工产品所耗半成品费用和本步骤加工费用资料，但要求按原始成本项目反映产品成本的企业。

6. 逐步结转分步法的优缺点

逐步结转分步法与其他成本计算方法尤其是与平行结转分步法(参见任务二)比较，其优点在于：采用逐步结转分步法能够计算步骤半成品成本；半成品成本转移与实物转移一致，便于各步骤在产品实物管理与成本管理。但是，逐步结转分步法也有它不足的地方：成本核算的及时性差；除第一步骤外，各步骤归集的费用既包括本步骤发生的费用，又包括上步骤转入的半成品成本，不便于分析考核各步骤成本耗费情况；逐步综合结转需要进行成本还原，逐步分项结转比较麻烦，尤其是半成品经过仓库收发的，自制半成品明细账也要按成本项目分别收入、发出以及结存逐项列示，非常烦琐。

四、能力拓展

1. 辅助生产费用的分配

东岳公司辅助生产费用的分配采用计划成本分配法，实际工作中，根据企业的具体情况，辅助生产费用的分配还可以采用代数分配法。

代数分配法是先根据数学上解联立方程的原理，计算出辅助生产单位产品和劳务的实际单位成本，再按照产品或劳务的实际供应量和实际单位成本。在各个受益对象之间分配辅助生产费用的一种方法。其基本计算步骤如下：

(1) 设未知数，并根据辅助生产车间之间的交互服务关系建立方程组。

(2) 解方程组，算出各种产品或劳务的单位成本。

(3) 用各单位成本乘以各受益部门的耗用量，求出各受益部门应分配计入的辅助生产费用。

以东岳公司为例，采用代数分配法，有关计算过程如下：

设每度电成本为 x 元，每立方米蒸汽成本为 y 元，根据资料设立的二元一次方程组如下。

$$\begin{cases} 28\ 080+120y=28\ 800x \\ 15\ 925+600x=6\ 500y \end{cases}$$

解方程组得 $\begin{cases} x=0.98 \\ y=2.54 \end{cases}$

计算结果表明，12 月该企业供电车间每度电的实际成本为 0.98 元，供汽车间每立方米蒸汽的实际成本为 2.45 元。根据供电和供汽车间的实际单位成本以及实际劳务供应量，编制辅助生产费用分配表，见表 4－29。

表 4－29 辅助生产费用分配表(代数分配法)

2010 年 12 月　　单位：元

项　　目	分配电费		分配蒸汽费		对外分配合计
	数　量	金　额	数　量	金　额	
待分配费用		28 080		15 925	
劳务供应总量	28 800		6 500		
费用分配率(单位成本)		0.985 6		2.539 0	
受益对象					
供电车间			120	304.68	304.68
供汽车间	600	591.35			591.35
第一车间	14 800	14 586.57	3 600	9 140.48	23 727.05
第二车间	12 000	11 826.95	2 500	6 347.56	18 174.51
管理部门	1 400	1 379.81	280	723.63	2 103.44
合　计	28 800	28 384.68	6 500	16 516.35	44 901.03

注：计算误差计入管理费用。

根据表 4-29 的分配结果，编制分配结转辅助生产费用的会计分录。

借：辅助生产成本——供电车间(其他)　　304.68
　　　　　　　——供汽车间(其他)　　591.35
　　制造费用——第一车间(其他)　　23 727.05
　　　　　　——第二车间(其他)　　18 174.51
　　管理费用——其他　　2 103.44
　　贷：辅助生产成本——供电车间　　28 384.68
　　　　　　　　　——供汽车间　　16 516.35

采用代数分配法是通过解联立方程组求得产品和劳务的实际单位成本的，因此分配结果最为准确，但当企业辅助生产部门较多时，未知数较多，计算工作会比较复杂。因而，实现会计电算化的企业采用这种方法比较适宜。

2. 制造费用的分配

制造费用一般按生产车间为单位归集费用，分配方法通常采用生产工人工时比例法(或生产工时比例法)、生产工人工资比例法(生产工资比例法)、机器工时比例法和按年度计算计划分配率分配法等。

计划分配率分配法是按照年度开始前确定的年度制造费用预算数和预计产量的定额标准数预先计算计划费用分配率，然后按此分配率分配制造费用的一种方法。这种分配方法的基本步骤如下。

1）计算年度计划分配率

年度预计产量的定额标准数可以是预计产量的生产工人工时，也可以是直接生产工人的工资，还可以是机器工时数等。

按照年度计划分配率分配制造费用，其计算公式如下：

$$\text{制造费用计划分配率}=\frac{\text{年度制造费用计划总额}}{\text{年度预计产量的定额标准数}} \tag{4-17}$$

2）按计划分配率分配制造费用

产品应负担的制造费用计算公式如下：

$$\text{某种产品应负担的制造费用}=\text{该种产品的实际产量定额标准}\times\text{计划分配率} \tag{4-18}$$

从上述公式可以看到，计划分配率是按计划产量计算的，实际分配的费用是按实际产量计算的；同时，年度实际发生的制造费用与制造费用预算也会有差异。因此，采用年度计划费用分配率分配法，“制造费用”账户 1～11 月各月末分配结转后可能有余额，月末余额可能在借方，也可能在贷方。“制造费用”账户月末借方余额表示实际发生的费用大于按计划分配率分配的费用；月末贷方余额表示按照计划分配率分配的费用大于实际发生的费用。“制造费用”账户年末如果有余额就是全年制造费用的实际发生额与按计划费用分配率分配金额的差额，这一差额应在年末按已分配的比例进行一次再分配，调整计入 12 月份的产品成本。如果年末余额在借方，应追加分配计入各生产单位所生产的各产品成本；年末余额在贷方，应冲减相关产品成本。

【例 4-1】某企业基本生产车间全年制造费用计划发生额为 400 000 元；全年各种产品的计划产量为：甲产品 2 500 件，乙产品 1 000 件。单件产品工时定额为：甲产品 6 小时，乙产品 5 小时。11 月实际产量为：甲产品 200 件，乙产品 80 件；11 月实际发生制造费用为

33 000元，“制造费用”账户本月期初余额为借方1 000元。

甲产品年度计划产量的定额工时＝2 500×6＝15 000(小时)

乙产品年度计划产量的定额工时＝1 000×5＝5 000(小时)

年度计划分配率＝400 000÷(15 000＋5 000)＝20

本月甲产品实际产量的定额工时＝200×6＝1 200(小时)

本月乙产品实际产量的定额工时＝80×5＝400(小时)

本月甲产品应负担的制造费用＝1 200×20＝24 000(元)

本月乙产品应负担的制造费用＝400×20＝8 000(元)

本月按计划费用分配率分配制造费用合计32 000元，“制造费用”本月期末余额为借方2 000元，见表4-30。

表4-30 制造费用明细账

车间：基本生产车间

年		凭证字号	摘　　要		借　方	贷　方	借或贷	余　　额
月	日							
11	1		上月结转				借	1 000
	30		本月发生费用		33 000		借	34 000
	30		本月分配费用			32 000	借	2 000

上例出现差异额2 000元，即该企业出现制造费用借方余额2 000元，这2 000元的借方余额平时不分配。到年底时，如果制造费用账户仍然有余额，就是全年制造费用的实际发生额与计划分配额的差异，那么，就要进行一次再分配，予以调整使之余额为0。

【例4-2】承【例4-1】，假定本年度实际发生制造费用408 360元，至年末累计已分配制造费用415 000(其中甲产品已分配311 250元，乙产品已分配103 750元)，试将“制造费用”账户的差额进行调整。

年末，“制造费用”账户有贷方余额6 640元，应按已分配比例调整冲回。

甲产品应调减制造费用＝6 640×311 250÷415 000＝4 980(元)

乙产品应调减制造费用＝6 640×103 750÷415 000＝1 660(元)

调整分录如下。

借：基本生产成本——甲产品　　4 980

　　　　　　　　——乙产品　　1 660

　贷：制造费用　　6 640

【例4-2】是全年制造费用实际发生额小于计划分配额的情况，如果是实际发生额大于计划分配额，则用蓝字记录，调增产品成本。

采用年度计划分配率法分配制造费用，因年度内各个月份并不进行差异的再分配，因此，相对来说可简化分配手续，并能及时计算产品成本，有利于成本费用的日常控制。但是计划分配率的确定必须接近实际，如果年度制造费用预算总额与实际差距较大，或者计划产量与实际产量差距较大，都会影响成本计算的正确性。在季节性生产企业，一般应采用计划费用分配率分配制造费用。因为在这种企业中，每月发生的制造费用相差不多，但生产淡月和旺月的产量却相差悬殊，如果按照实际费用分配，各月单位产品成本中的制造费用将随之或高或低，因而不便于成本分析工作的进行，采用年度计划分配率法来分配则可较好地避免这个问题。

3. 半成品通过半成品库的核算

半成品通过仓库收发时，其验收入库和生产领用应通过“自制半成品”账户核算，东岳公司第一车间完工甲产品成本 154 889 元转入“自制半成品”账户，编制会计分录。

借：自制半成品——甲半成品　　154 889

　　贷：基本生产成本　　第一车间甲产品　　154 889

根据会计分录，登记“自制半成品”明细账见表 4-31。

表 4-31　自制半成品明细账

产品名称：甲半成品　　单位：元

摘　　要	收　　入			发　　出			结　　存		
	数量	单价	金额	数量	单价	金额	数量	单价	金额
期初余额							1 510	321	484 710
一车间交库	490	316.1	154 889				2 000		
二车间领用				490			1 510		
合　计	490	316.1	154 889	490	319.799 5	156 701.75	1 510	319.799 5	482 897.25

第二车间从半成品仓库领用甲半成品时，需计算确定领用的甲半成品单位成本和总成本。在综合结转分步法下，半成品成本可以按实际成本结转，如先进先出法、加权平均法等方法计算；也可以按照计划成本结转。

提示

半成品按计划成本综合结转，即半成品日常收发按计划成本进行核算，待计算出半成品实际成本后，再计算半成品的成本差异，将所耗半成品的计划成本调整为实际成本。

【例 4-3】假定东岳公司甲半成品期初库存资料见表 4-31，本月第二车间领用甲半成品 490 件，采用加权平均法计算发出存货的成本，则领用半成品的单位成本为 319.799 5 元，总成本为 156 701.75 元，编制会计分录。

借：基本生产成本——第二车间甲产品(半成品)　　156 701.75

　　贷：自制半成品——甲半成品　　156 701.75

根据会计分录，登记“自制半成品”和第二车间甲产品“基本生产成本”明细账，见表 4-32。

从上述计算可知，该公司第二车间本月领用甲半成品 156 701.75 元，本月完工甲产品总成本是 189 190 元，显然，与不经过半成品库计算的成本不同。编制会计分录。

借：库存商品——甲产品　　189 190

　　贷：基本生产成本——第二车间甲产品　　189 190

根据会计分录，登记甲产品基本生产成本明细账，见表 4-32。

表 4-32 基本生产成本明细账

第二车间：甲产品　　　　　　　　　　　　　　　　　　　　　　　　期末在产品数量：20 件

2010 年		凭证号数	摘　　要	产量/件	半 成 品	直接人工	制造费用	成本合计
月	日							
12	31	略	期初在产品成本		11 511			11 511
			分配职工薪酬			10 450		10 450
			分配制造费用				17 000	17 000
			转入半成品成本		156 701.75			156 701
			合　计		168 212	10 450	17 000	195 662
			产成品总成本	500	161 740	10 450	17 000	189 190
			产成品单位成本		323.48	20.90	34.00	378.38
			期末在产品成本		6 472			6 472

通过以上计算，可以看出企业生产的半成品如果经过半成品仓库收发的，需单独设置“自制半成品”账户，上个步骤完工的半成品实物转入半成品仓库，其成本转入“自制半成品”账户，下个步骤领用半成品时，将计算确定的半成品成本转入下个步骤的成本明细账或成本计算单，此时各步骤产品成本的结转程序如图 4.2 所示。

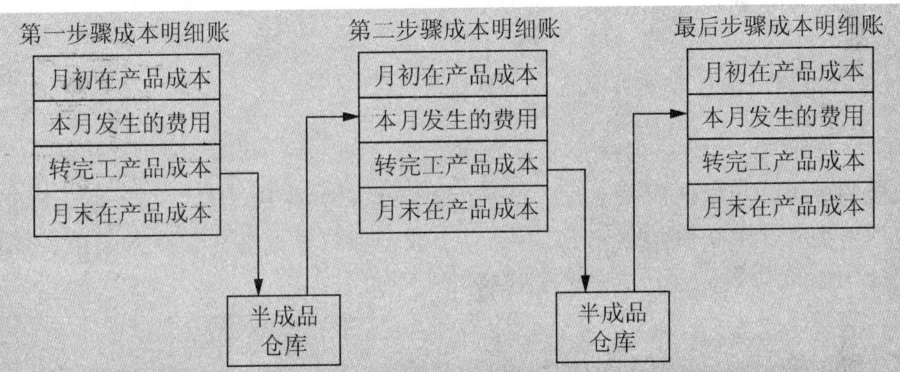

图 4.2 逐步结转分步法的成本计算程序图

4. 成本还原

【例 4-3】中东岳公司采用成本还原率法进行还原，常用的还原方法还有成本项目比重法。成本项目比重法是按照上步骤半成品各成本项目占总成本的比重进行还原的一种方法。

以东岳公司甲产品为例，先计算第一车间甲半成品各成本项目占总成本的比重。

直接材料所占比重：$\frac{98\ 000}{154\ 899}\times 100\%=63.271\ 1\%$

直接人工所占比重：$\frac{20\ 286}{154\ 899}\times 100\%=13.097\ 1\%$

制造费用所占比重：$\frac{36\ 603}{154\ 899}\times 100\%=23.631\ 8\%$

或：1－63.271 1%－13.097 1%＝23.631 8%

将产成品成本中“半成品”160 000元进行分解还原。

直接材料＝160 000×63.271 1%＝101 233.76(元)

直接人工＝160 000×13.097 1%＝20 955.36(元)

制造费用＝160 000－101 233.76－20 955.36＝37 810.88(元)

计算还原后的产成品成本各个成本项目的金额。

直接材料＝101 233.76(元)

直接人工＝10 450＋209 55.36＝31 405.36(元)

制造费用＝17 000＋378 10.88＝54 810.88(元)

通过以上计算可知：完工产成品成本中半成品的成本还原是从最后一个步骤开始的，按照产品生产的逆顺序将产成品成本中所含半成品综合成本，按上步骤半成品成本构成进行逐步分解还原，使产成品成本按原始的成本项目来反映。

东岳公司按第一车间本月生产的半成品成本构成进行还原，还原率法与比重法还原的结果基本相同(仅存在尾差)，用还原率法还原计算简单，在实际工作中运用广泛；而成本项目比重法就显得麻烦一些。但是，如果成本项目所占比重相对稳定，每个月都按相同的比重进行分解还原，比重法与还原率法就没有什么区别了。实际工作中采用成本项目比重法的企业多数是按定额成本或计划成本各成本项目占总成本的固定比重进行还原的。

五、单项技能训练

1. 材料费用按定额成本比例分配的技能训练

1）资料

天一服装有限公司生产西服上衣、裤子两种产品，共耗用毛料 3 234 米，单价 150 元。本月生产西服上衣 1 100 件，裤子 1 200 条，上衣的材料单位消耗定额为 1.8 米，裤子的材料单位消耗定额为 1.1 米。

2）要求

计算西服上衣、裤子两种产品的直接材料费用。

2. 直接人工费用分配的技能训练

1）资料

格林木业有限公司 2010 年 10 月份，第一基本生产车间生产 A、B、C 共 3 种不同规格型号的地板，生产工人职工薪酬合计为 170 000 元，各种产品的实际生产工时分别为：A 产品7 000小时，B 产品 8 000 小时，C 产品 5 000 小时。第二基本生产车间生产 D、E 两种不同型号的地板，生产工人职工薪酬合计为 189 200 元，本月共生产 D 产品 2 000 平方米，E 产品1 800平方米，两种产品的单位工时定额分别为：D 产品 5 小时，E 产品 4 小时。

2）要求

分别计算各种产品应分配的职工薪酬。

3. 制造费用分配的技能训练

1）资料

2010年佳美有限公司计划资料为：全年计划制造费用总额为704 000元，计划生产办公桌1 300张，单位工时定额10小时；办公椅1 500把，单位工时定额6小时。10月份实际生产办公桌100张，办公椅130把，制造费用实际发生额为56 400元，其中：折旧费12 000元、职工薪酬24 000元，保险费800元，其他支出19 600元。

2）要求

计算分配本月发生的制造费用，并做出有关的会计分录。

4. 辅助生产费用分配的技能训练

1）资料

佳美有限公司有供水和供电两个辅助生产车间，本月各车间的直接费用为：供水车间37 300元，供电车间35 600元，每吨水的计划成本为3.7元，每度电的计划成本为0.8元，如有差异额全部由管理费用负担，辅助生产车间本月为各车间和部门提供劳务数量见表4-33。

表4-33 各部门耗用辅助生产车间的劳务数量

2010年10月

受益单位或产品	耗水/吨	耗电/度
甲产品	2 700	11 000
乙产品	1 300	9 000
第一基本生产车间	2 500	10 000
第二基本生产车间	2 000	4 000
供电车间	1 000	—
供水车间	—	3 000
行政管理部门	500	8 000
合　计	10 000	45 000

2）要求

分配辅助生产费用并做出相应的会计分录。

5. 按定额比例法计算完工产品及月末在产品成本的技能训练

1）资料

开元有限公司设有一个基本生产车间，主要生产木地板。锯材(规格料)顺序经过干燥、成型、喷漆等加工工序制成地板，有比较健全的定额资料和定额管理制度，各月在产品数量变化较大。2010年8月初在产品成本为：直接材料17 700元，直接人工2 420元，制造费用3 360元。本月发生费用为：直接材料675 300元，直接人工98 380元，制造费用173 040元。本月完工木地板8 000平方米，单位定额：原材料费用75元，工时1.5小时。月末在产品600平方米，单位定额：原材料费用50元，工时1小时。

2）要求

采用定额比例法计算本月完工木地板和月末在产品的成本。

6. 综合结转分步法的技能训练

1）资料

某企业的甲产品生产分为3个步骤：步骤一完工的A半成品直接转入步骤二，步骤二完工的B半成品直接转入步骤三，最后完工成甲产品。生产费用在完工产品和在产品之间的分配采用约当产量法，月当产量的计算采用加权平均法。该公司2011年6月生产情况及各车间成本资料分别见表4-34、表4-35和表4-36。

（1）产量资料见表4-34。

表4-34 各步骤产品产量及完工程度统计表

项目	步骤一	步骤二	步骤三
月初在产品数(件)	140	70	35
本月投产和上一步骤转入数(件)	560	420	385
本月完工产品数(件)	420	385	350
月末在产品(件)	280	105	70
月末在产品完工程度50%	50%	50%	50%

甲产品所耗直接材料在步骤一生产开始时一次全部投入。

（2）各步骤月初在产品成本资料见表4-35。

表4-35 月初在产品成本

步骤	直接材料	自制半成品	直接人工	制造费用	合计
步骤一	5 600		3 500	42 000	13 300
步骤二		80 500	2 100	2 800	12 950
步骤三		8 085	1 750	1 400	11 235

（3）本月实际生产耗费资料见表4-36。

表4-36 本月实际生产耗费统计

步骤	直接材料	直接人工	制造费用	合计
步骤一	22 400	16 100	18 200	56 700
步骤二		22 400	23 450	45 850
步骤三		38 290	26 320	64 610

2）要求

（1）根据上述资料，按照逐步综合结转分步法的要求开设产品成本明细账，计算甲产品成本。

（2）进行成本还原，编制成本还原计算表。

任务二 装配式生产产品成本的计算

在大量大批装配式生产中，各生产步骤所产半成品种类很多，对外销售却很少，管理上一般不要求计算半成品成本资料，为简化分步法成本的计算，可以不计算各步骤所产半成品成本，只计算本步骤所发生的各项生产费用以及这些费用中应计入产成品成本的份额，最后汇总计算出完工产成品的成本。

一、任务描述

华兴公司属于大批大量装配式复杂生产企业，大量生产一种丙产品。丙产品是由许多零部件组装而成，其中 1 号、2 号和 3 号零部件是由本厂生产的，其余部件为外购。因此，企业设置 3 个基本生产车间：第一车间生产 1 号零件；第二车间生产 2 号和 3 号零件；第三车间用 1 号、2 号、3 号零件以及外购件组装丙产品。各车间生产的零部件完工后直接移送第三车间用来组装丙产品，企业管理上不要求计算半成品成本，只要求按步骤归集费用计算产成品成本。原材料在各车间生产开始时集中投入，完工产品和月末在产品之间费用的分配采用约当产量法，各车间月末在产品平均加工程度分别为：1 号 50%、2 号 60%、3 号 70%、丙产品 50%。2010 年 11 月生产丙产品有关成本的计算资料如下：

（1）该月份生产情况资料见表 4 - 37。

表 4 - 37 生产情况表

2010 年 11 月

车间及部件		本月完工	月末结存	丙产品耗用零件数
第一车间 1 号零件		1 400	200	1
第二车间	2 号零件	1 400	1 000	1
	3 号零件	2 800	1 000	2
第三车间丙产品		1 000	400	—

（2）月初费用和本月生产费用累计资料见表 4 - 38。

表 4 - 38 累计生产费用表

2010 年 11 月

车间及部件		直接材料	直接人工	制造费用	合计
第一车间 1 号零件		56 000	4 500	15 000	75 500
第二车间	2 号零件	68 400	4 400	12 600	85 400
	3 号零件	20 900	3 500	6 300	30 700
第三车间丙产品		30 100	5 400	7 200	42 700

要求采用平行结转分步法，计算本月完工丙产品的总成本。

二、任务实施

华兴公司属于大批大量的装配式复杂生产企业，大量生产丙产品，第一、二车间生产的零部件完工后直接移送第三车间用来组装丙产品，企业管理上不要求计算步骤半成品成本，要求按步骤归集费用计算产成品成本，因此，应以产品的生产步骤以及步骤的产品品种作为成本计算对象，平行汇总各步骤转完工产成品成本的“份额”，计算产成品成本，这种计算产品成本的方法称平行结转分步法。

1. 开设成本、费用明细账

华兴公司按照生产步骤和步骤产品品种开设“基本生产成本”明细账，丙产品3个生产车间明细账资料见表4-39、表4-40、表4-41和表4-42。

2. 计算完工丙产品和月末在产品成本

丙产品为生产开始时一次投料，根据丙产品成本明细账的生产费用合计数和有关的生产数量记录，采用约当产量法在各步骤完工产品和月末在产品之间分配生产费用。

1）各步骤完工产品、在产品

各步骤完工产品是指完工产成品(最后步骤)或完工产成品耗用的步骤半成品(除最后步骤以外的生产步骤)。

这里的在产品包括：尚在本步骤加工中的在产品；本步骤已完工转入半成品库的半成品；已从半成品库转到以后各步骤进一步加工但尚未制成产成品的半成品。这是就整个企业而言的广义在产品。

2）各步骤转完工产成品成本“份额”的计算公式

采用约当产量法在完工产品和在产品之间分配费用时，各步骤转完工产成品成本的“份额”可用以下公式计算。

$$\text{某步骤转完工产成品成本“份额”}=\text{该步骤完工产品产量}\times\text{该步骤产品单位费用} \tag{4-19}$$

式中：某步骤完工产品产量＝完工产成品产量

或 ＝完工产成品产量×单位产成品耗用该步骤半成品数量

$$\text{某步骤产品单位费用}=\frac{\text{该步骤产品某项费用合计}}{\text{该步骤完工产品产量}+\text{该步骤月末在产品约当产量}} \tag{4-20}$$

某步骤月末在产品约当产量＝该步骤月末狭义在产品约当产量＋已转入其他步骤或半成品仓库尚未制成产成品的该步骤半成品数量 (4-21)

或 ＝(该步骤月初结存半成品数量＋该步骤本月完工半成品数量＋该步骤月末狭义在产品约当产量)－完工产成品耗用该步骤半成品数量

3）第一车间完工产成品成本“份额”的计算

(1) 第一车间完工产量。每件丙产品耗用一个1号零件，因此第一车间1号零件本月完工产量为1 000件。

(2) 第一车间月末在产品的约当产量。因为材料是在生产开始时集中投入的，在产品的数量就是约当产量，所以按完工产品和在产品的数量分配材料费用。

月末在产品约当产量(分配材料费用)＝200＋400＝600(件)

月末在产品约当产量(分配其他费用)＝200×50％＋400＝500(件)

(3) 计算分配率和计入完工产成品成本的“份额”。计算出某步骤月末在产品约当产量，再将其与本月完工产品数量相加，得到折合的约当总产量，即约当产量法下费用的分配标准，据此计算费用分配率，进而计算各步骤转完工产成品成本的“份额”和月末在产品成本。

① 直接材料费的分配。

1 号零件费用分配率(直接材料)$=\dfrac{56\ 000}{1\ 000+600}=35$

1 号零件转完工产成品成本的“份额”(直接材料)＝1 000×35＝35 000(元)

② 直接人工费用的分配。

1 号零件费用分配率(直接人工)$=\dfrac{4\ 500}{1\ 000+500}=3$

1 号零件转完工产成品成本的“份额”(直接人工)＝1 000×3＝3 000(元)

③ 制造费用的分配。

1 号零件费用分配率(制造费用)$=\dfrac{15\ 000}{1\ 000+500}=10$

1 号零件转完工产成品成本的“份额”(制造费用)＝1 000×10＝10 000(元)

(4) 登记 1 号零件生产成本明细账。完工 1 号零件成本计算结果见表 4－39“基本生产成本”明细账，本月完工 1 号零件的实际生产成本为：35 000＋3 000＋10 000＝48 000(元)。

表 4－39 基本生产成本明细账

产品名称：1 号零件　　车间名称：第一车间

摘　　要	直接材料	直接人工	制造费用	合　　计
生产费用累计	56 000	4 500	15 000	75 500
完工产量	1 000	1 000	1 000	—
月末在产品约当产量	600	500	500	—
约当总产量	1 600	1 500	1 500	—
分配率	35	3	10	—
转完工产品“份额”	35 000	3 000	10 000	48 000
月末在产品成本	21 000	1 500	5 000	27 500

4) 第二车间转完工产成品成本“份额”的计算

(1) 由表 4－37 可知：每件丙产品耗用一个 2 号零件，参照 1 号零件，可以计算本月完工 2 号零件的成本，并登记“基本生产成本明细账”，见表 4－40。

表 4－40 基本生产成本明细账

产品名称：2 号零件　　车间名称：第二车间

摘　　要	直接材料	直接人工	制造费用	合　　计
生产费用累计	68 400	4 400	12 600	85 400
完工产量	1 000	1 000	1 000	—
月末在产品约当产量	1 400	1 000	1 000	—

续表

摘　　要	直接材料	直接人工	制造费用	合　　计
约当总产量	2 400	2 000	2 000	—
分配率	28.50	2.20	6.30	—
转完工产品“份额”	28 500	2 200	6 300	37 000
月末在产品成本	39 900	2 200	6 300	48 400

(2) 由表4-37可知：每件丙产品耗用2个3号零件，因此可计算出以下内容：

本月第二车间3号零件完工产量＝1 000×2＝2 000(件)

月末在产品约当产量(分配材料费用)＝1 000＋400×2＝1 800(件)

月末在产品约当产量(分配其他费用)＝1 000×70%＋400×2＝1 500(件)

参照1号零件，完工3号零件成本的计算见表4-41“基本生产成本”明细账。

表4-41　基本生产成本明细账

产品名称：3号零件　　　　车间名称：第二车间

摘　　要	直接材料	直接人工	制造费用	合　　计
生产费用累计	20 900	3 500	6 300	30 700
完工产量	2 000	2 000	2 000	—
月末在产品约当产量	1 800	1 500	1 500	—
约当总产量	3 800	3 500	3 500	—
分配率	5.50	1.00	1.80	—
转完工产品“份额”	11 000	2 000	3 600	16 600
月末在产品成本	9 900	1 500	2 700	14 100

5) 第三车间完工丙产品和在产品成本的计算

月末在产品约当产量(分配材料费用)＝400(件)

月末在产品约当产量(分配其他费用)＝400×50%＝200(件)

第三车间完工丙产品成本计算见表4-42“基本生产成本”明细账。

表4-42　基本生产成本明细账

产品名称：丙产品　　　　车间名称：第三车间

摘　　要	直接材料	直接人工	制造费用	合　　计
生产费用累计	30 100	5 400	7 200	42 700
完工产量	1 000	1 000	1 000	—
月末在产品约当产量	400	200	200	—
约当总产量	1 400	1 200	1 200	—
分配率	21.50	4.50	6.00	—
转完工产品“份额”	21 500	4 500	6 000	32 000
月末在产品成本	8 600	900	1 200	10 700

6）完工丙产品成本的计算

丙产品经过3个车间的生产最终完工，丙产品的成本应由各步骤完工产品的成本组成，即采用平行汇总各步骤转完工产成品成本“份额”计算丙产品的成本，见表4-43。

表4-43 完工丙产成品成本汇总计算表

摘 要	直接材料	直接人工	制造费用	合 计
第一车间1号零件“份额”	35 000	3 000	10 000	48 000
第二车间2号零件“份额”	28 500	2 200	6 300	37 000
第二车间3号零件“份额”	11 000	2 000	3 600	16 600
第三车间丙产品“份额”	21 500	4 500	6 000	32 000
总成本	96 000	11 700	25 900	133 600
单位成本	96	11.70	25.90	133.60

结转完工产成品成本的会计分录。

借：库存商品——丙产品　　133 600

　　贷：基本生产成本——第一车间1号零件　　48 000

　　　　　　　　　　——第二车间2号零件　　37 000

　　　　　　　　　　——第二车间3号零件　　16 600

　　　　　　　　　　——第三车间丙产品　　32 000

根据会计分录，登记“基本生产成本”明细账、“库存商品”明细账。

三、知识归纳

在装配式生产中，从原材料投入到产成品制成，是先由各生产步骤对各种原材料平行地进行加工，使之成为各种零件和部件(半成品)，然后由总装车间(最后生产步骤)装配成各种产成品。例如，机械制造企业的车间一般按照生产工艺设置，设有铸工、锻工、加工和装配等车间。铸工车间利用生铁、钢、铜等各种原料熔铸各种铸件；锻工车间利用各种外购钢材锻造各种锻件；铸件和锻件都是进一步加工的毛坯。加工车间对各种铸件、锻件、外购半成品和外购材料进行加工，制造各种产品的零件和部件；然后转入装配车间进行装配，生产各种机械产品。因此，完工产成品成本是通过平行汇总各加工车间零部件成本和装配车间组装费用进行计算的。

1. 平行结转分步法的含义及适用范围

平行结转分步法又称不计列半成品成本分步法，是以产品生产步骤和步骤产品品种作为成本计算对象，归集各步骤发生的费用，平行汇总各步骤转完工产成品成本“份额”计算产成品成本的一种分步法。

平行结转分步法主要适用于大量、大批的多步骤装配式生产企业；在某些连续式多步骤生产企业，如果管理上不要求计算步骤半成品成本，只要求按步骤归集生产费用，成本计算也可以采用平行结转分步法。

2. 平行结转分步法的特点

（1）平行结转分步法的成本核算对象是产成品及其所经过的生产步骤，各个生产步骤只归集本步骤发生的费用，不计算步骤半成品成本。

（2）在平行结转分步法下，各步骤之间不结转半成品成本。半成品实物无论是否通过仓库收发，均不通过“自制半成品”账户核算。也就是说，半成品成本不随半成品实物转移而结转。

（3）采用平行结转分步法，由于成本计算期与生产周期不一致，通常各生产步骤发生的费用需要采用适当的方法在完工产品和在产品之间分配费用。其中：完工产品是指完工产成品(最后步骤)或完工产成品耗用的步骤半成品(除最后步骤以外的生产步骤)；在产品是就整个企业而言的广义的在产品，包括尚在本步骤加工中的在产品；本步骤已完工转入半成品库的半成品；已从半成品库转到以后各步骤进一步加工但尚未制成产成品的半成品。

（4）完工产成品成本是通过平行汇总各步骤转完工产成品成本“份额”计算的，这是采用平行结转分步法成本计算的关键。

3. 平行结转分步法成本计算的一般程序

1）开设成本费用明细账

按照产品的生产步骤以及步骤产品品种开设基本生产成本明细账，除此之外，企业还应根据需要设置辅助生产成本明细账、制造费用明细账和管理费用明细账等。

2）按产品生产步骤归集和分配本月发生的各项要素费用

在平行结转分步法下，应按产品的生产步骤来归集和分配各项生产费用。

3）计算各步骤应计入最终产品成本的份额

采用平行结转分步法，各生产步骤仅归集本步骤发生的生产费用。月末，应将各步骤生产费用合计数(月初在产品成本加上本月本步骤发生的生产费用)在本月完工产成品和月末在产品之间进行分配，计算和结转最终产成品在本步骤的成本份额。

4）平行汇总计算产成品的成本

产品完工入产成品库时，将各步骤生产成本中应由完工产品负担的份额，从各步骤成本计算单(或成本明细账)中转出，平行汇总计算产成品的成本。装配式复杂生产类型企业通常采用平行结转分步法，成本计算程序如图 4.3 所示。

4. 平行结转分步法的优缺点

平行结转分步法与逐步结转分步法比较有以下优点：各步骤可以同时计算产品成本，提高成本核算的及时性；各步骤只归集本步骤发生的费用，便于分析和考核各车间成本耗费情况；可以直接取得按原始的成本项目反映的成本资料，不需要进行成本还原。但也有它的不足之处：不能提供步骤半成品的成本及各步骤所耗上一步骤半成品的成本，因而不能全面反映各步骤生产耗费的水平，不利于各步骤的成本管理；步骤半成品成本转移与实物转移不一致，不能为各车间在产品实物管理和资金管理提供资料。

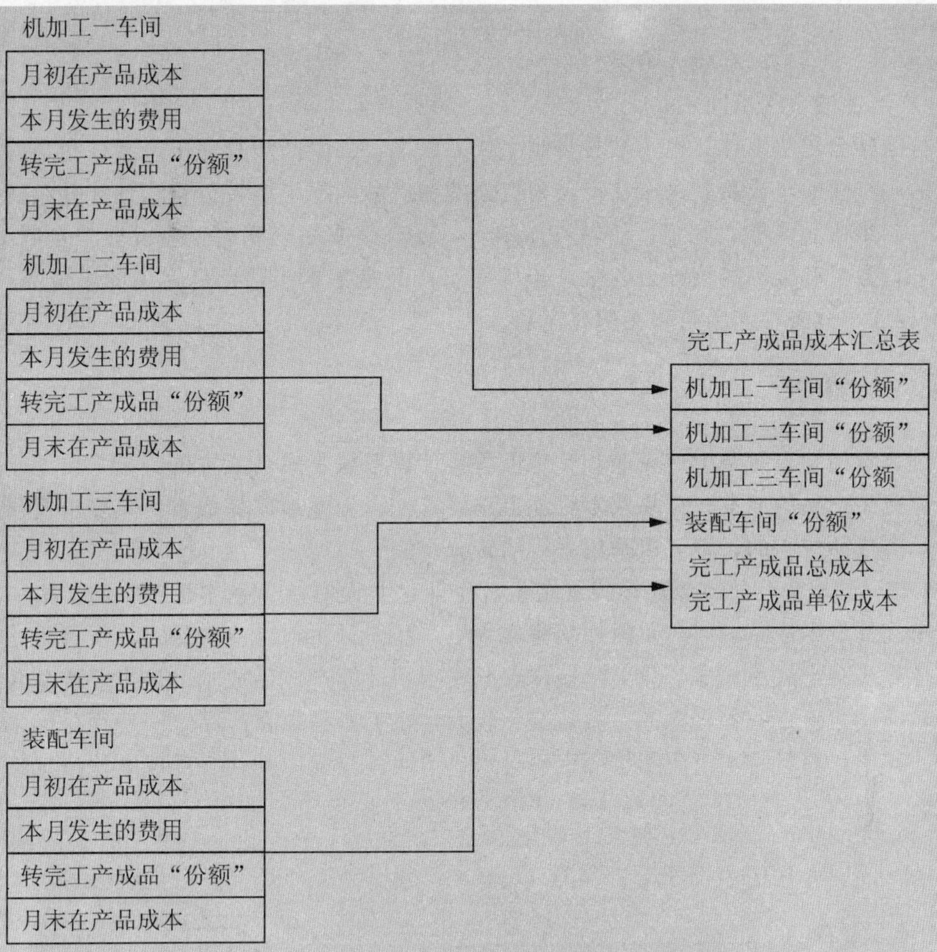

图 4.3 装配式复杂生产类型企业成本计算程序图

5. 平行结转分步法与逐步结转分步法的区别

1） 成本管理的要求不同

逐步结转分步法是计算在产品成本的分步法，平行结转分步法是不计算在产品成本的分步法。要不要计算自制半成品成本，取决于成本管理的要求。因此，这两种方法体现了不同的成本管理要求。

当企业自制半成品的种类比较多且不对外销售时，在成本管理上可以不要求计算半成品成本。这样，采用平行结转分步法，各步骤可以同时计算产品成本，不需要计算半成品成本，可以简化和加速成本核算工作。

当企业自制半成品可以对外销售，或者需要进行半成品成本控制，在成本管理上必然要求计算半成品成本。这样，采用逐步结转分步法，可以正确计算半成品的销售成本及为分析和考核各生产步骤半成品成本计划的执行情况提供资料。

2） 产成品成本计算方式不同

平行结转分步法是将各生产步骤应计入产成品成本的份额汇总来求得产成品成本，各生产步骤的成本核算不需要等待上一步骤的成本核算结果。逐步结转分步法按照产品成本核算所划分的生产步骤，逐步计算和结转自制半成品成本，直到最后步骤；各生产步骤的成本核算要等待上一步骤的成本核算结果。

3）在产品的含义不同

平行结转分步法不计算也不结转自制半成品成本，各生产步骤完工产品仅指最终产成品所耗用的本步骤的半成品；月末在产品为广义的在产品。逐步结转分步法计算并结转半成品成本，自制半成品成本随着实物的转移而结转，设有半成品仓库时，应设置“自制半成品”账户，进行数量和金额的核算。各生产步骤完工产品是指本步骤已经完工的半成品(最后步骤为产成品)，月末在产品为狭义的在产品。

四、能力拓展

大批大量连续式复杂生产企业，管理上需要计算考核半成品成本的，应采用逐步结转分步法计算完工产品的成本；如果成本管理上不要求计算步骤半成品成本，只要求按步骤归集费用计算产成品成本的，则可以采用平行结转分步法。

【例 4-4】瑞华公司属于连续式复杂生产企业，共设有两个基本生产车间，第一车间为第二个车间提供半成品，第二车间加工完成为甲产品。材料在生产开始时一次投入，管理上不要求计算步骤半成品成本，只要求按步骤归集费用计算产成品成本。该企业产品各项消耗定额比较准确、稳定，各月在产品数量变化较大，完工产品和在产品之间费用分配采用定额比例法。其中：原材料定额成本按照定额材料成本比例分配，其他各项成本均按定额工时比例分配。

1. 公司 2010 年 10 月成本核算资料

1）定额资料

公司第一和第二车间定额成本和定额工时统计见表 4-44。

表 4-44　产品定额统计表

生产步骤	月初在产品		本月投入		产成品		
	定额材料成本/元	定额工时/小时	定额材料成本/元	定额工时/小时	单件定额		产量/件
					材料成本/元	工时/小时	
第一车间份额	10 750	1 260	6 600	950	60	10	200
第二车间份额		700		2 000		12.5	200
合　计	10 750		6 600		60	22.5	200

2）产量资料

产成品产量月报中反映本月完工甲产品 200 件，月末没有盘点在产品。

3）月初及本月生产费用资料

月初资料为成本计算单中上月末在产品资料；本月生产费用根据各种成本费用分配表登记，第一、第二车间成本计算单见表 4-45、表 4-46。

表 4-45 甲产品成本计算单

第一车间 2010 年 10 月

项　目	产成品产量/件	直接材料成本		定额工时	直接人工	制造费用	成本合计
		定　额	实　际				
月初在产品		6 750	9 400	960	4 108	4 801	18 309
本月生产费用		10 600	11 420	1 250	5 837	6 470	23 727

表 4-46 甲产品成本计算单

第二车间 2010 年 10 月

项　目	产成品产量/件	直接材料成本		定额工时	直接人工	制造费用	成本合计
		定　额	实　际				
月初在产品				700	4 332	4 100	8 432
本月生产费用				2 000	9 708	12 100	21 808

2. 成本计算过程

瑞华公司完工产品和月末在产品成本费用的分配采用定额比例法，月末没有盘点在产品，其定额资料应根据月初在产品定额资料、本月投入定额资料和产成品定额资料，采用倒挤的方法计算求得。

1）计算定额原材料成本和定额工时

第一车间定额原材料成本和定额工时计算如下：

本月产成品定额材料成本＝单位原材料定额×产量＝60×200＝12 000(元)

月末在产品定额材料成本＝10 750＋6 600－12 000＝5 350(元)

本月产成品定额工时＝单位工时定额×产量＝10×200＝2 000(元)

月末在产品定额工时＝1 260＋750－2 000＝210(小时)

同理，可以计算第二车间完工产成品和月末在产品的定额工时分别为 2 500 小时和 200 小时。

2）计算费用分配率

瑞华公式原材料定额成本按照定额材料成本比例分配，其他各项成本均按定额工时比例分配。以第一车间为例。

(1) 原材料费用分配率＝20 820÷17 350＝1.2

转完工产成品成本的“份额”(直接材料)＝12 000×1.2＝14 400(元)

月末在产品原材料成本＝5 350×1.2＝6 420(元)

(2) 直接人工费用分配率＝9 945÷2 210＝4.5

转完工产成品成本的“份额”(直接人工)＝2 000×4.5＝9 000(元)

月末在产品原材料成本＝210×4.5＝945(元)

(3) 制造费用分配率＝11 271÷2 210＝5.1

转完工产成品成本的“份额”(制造费用)=2 000×5.1=10 200(元)

月末在产品原材料成本=210×5.1=1 071(元)

第二车间各成本项目费用的分配可类推，从略。

3）登记产品成本计算单

由于原材料在生产开始时一次投入，采用平行结转分步法在各生产步骤间不结转半成品成本，所以只有第一车间有原材料费用(定额和实际)，第二车间则没有本月耗用的半成品费用。

在甲产品成本计算单中计算费用分配率及转入产成品成本的“份额”，计算结果见表4-47和表4-48。

表4-47 甲产品成本计算单

第一车间　　2010年10月

项　目	产成品产量/件	直接材料成本		定额工时	直接人工	制造费用	成本合计
		定　额	实　际				
月初在产品		6750	9 400	960	4 108	4 801	18 309
本月生产费用		10 600	11 420	1 250	5 837	6 470	23 727
合　计		17 350	20 820	2 210	9 945	11 271	42 036
分配率			1.2		4.5	5.1	
转入产成品份额	200	12 000	14 400	2 000	9 000	10 200	33 600
月末在产品		5 350	6 420	210	945	1 071	8 436

表4-48 甲产品成本计算单

第二车间　　2010年10月

项　目	产成品产量/件	直接材料成本		定额工时	直接人工	制造费用	成本合计
		定　额	实　际				
月初在产品				700	4 332	4 100	8 432
本月生产费用				2 000	9 708	12 100	21 808
合　计				2 700	14 040	16 200	30 240
分配率					5.2	6	
转入产成品份额	200			2 500	13 000	15 000	28 000
月末在产品				200	1 040	1 200	2 240

4）编制产品成本汇总表

根据第一、第二车间成本计算单，平行汇总产成品成本，见表4-49。

甲产品验收入库时会计分录。

借：库存商品——甲产品　　61 600

　　贷：基本生产成本——第一车间　　33 600

　　　　　　　　　　——第二车间　　28 000

表 4-49 甲产品成本汇总表

2010 年 10 月

车 间	产成品产量/件	直接材料成本	直 接 人 工	制 造 费 用	合 计
一车间		14 400	9 000	10 200	33 600
二车间			13 000	15 000	28 000
合 计	200	14 400	22 000	25 200	61 600
单位成本		72	110	126	308

五、单项技能训练

1. 平行结转分步法产品成本计算的技能训练

1）资料

2011 年 2 月中信公司新投产一种甲产品。甲产品经过两个连续的加工车间进行加工，第一车间生产 A 产品，直接移送第二车间用来生产甲产品。材料在第一车间生产开始时集中投入，各车间月末在产品加工程度按 50%计算，各车间完工产品和在产品之间的费用分配采用约当产量法，其他资料见表 4-50。

表 4-50 生产情况及费用资料表

	项 目	第一车间(A)	第二车间(甲)
生 产 情 况	本月投入或上车间转入/件	468	396
	本月完工/件	396	360
	月末结存/件	72	36
费 用 资 料	直接材料	394 524	
	直接人工	97 686	117 180
	制造费用	157 950	121 527
	合 计	650 160	238 707

2）要求

（1）设置基本生产成本明细账，登记月初及本月发生的生产费用。

（2）在基本生产成本明细账上计算并结转完工产成品成本“份额”。

（3）编制“完工产成品成本汇总计算表”，计算完工甲产成品总成本和单位成本。

2. 平行结转分步法产品成本计算的技能训练

1）资料

星源公司大量生产 B 产品，顺序经过第一、二、三共 3 道工序加工，原材料在各个工序生产开始时一次投入。为简化核算，该企业将 3 道工序划分为两个生产步骤(车间)：第一道工序为一个步骤，第二、第三道工序作为一个生产步骤。第一车间生产的 A 产品，完工后直接移送第二车间生产 B 产品，且管理上不要求计算步骤半成品成本，只要求按步骤归集生产费用计算产品成本。该企业各项消耗定额比较准确、稳定，费用的发生较均衡，各工序在产品的完工率均按 50%计算，生产费用在完工产品和在产品之间的分配采用约当产量法。2010 年 11 月生产 B 产品的有关成本计算资料如下：

（1）该企业 11 月份生产情况资料。产量月报中反映的 B 产品产量情况见表 4－51。

表 4－51 生产情况表

2010 年 11 月 单位：件

项目		第一道工序	第二道工序	第三道工序
生产情况	月初结存	20	15	5
	本月投入	200	190	185
	本月完工	190	185	180
	月末结存	30	20	10

（2）月初费用和本月生产费用合计资料。本月各要素费用的归集与分配同品种法，为简化核算，给出生产费用合计资料，见表 4－52。

表 4－52 生产费用表

2010 年 11 月

项目		第一车间 A 产品		第二车间 B 产品	
		月初余额	本月发生	月初余额	本月发生
费用资料	直接材料	1 800	16 200	3 120	21 180
	直接人工	1 260	17 640	1 780	30 230
	制造费用	866	4 534	1 130	7 600

（3）产品定额资料。第一、第二车间材料定额和工时定额见表 4－53。

表 4－53 产品定额统计表

2010 年 11 月

车间、工序		单位产品投料定额/元	工时定额/小时
第一车间	第一道工序	80	5
第二车间	第二道工序	75	9
	第三道工序	45	6
合计		200	20

2）要求

（1）计算第二车间 B 产品各工序月末在产品的投料率和约当产量。

（2）计算第二车间 B 产品各工序月末在产品的完工率和约当产量。

（3）采用平行结转分步法计算本月完工 B 产品的总成本和单位成本。

3. 企业调研

以小组为单位，到当地服装生产、机械制造等生产企业进行社会调研，了解企业生产工艺和企业生产的组织特点，搜集相关成本资料。

项 目 小 结

大量大批复杂生产企业的成本计算主要有两种情况：一是在不要求分步骤计算产品成本时，可视同简单生产企业而采用品种法计算产品成本；二是在要求分步骤计算产品成本时，则要利用分步法计算产品成本。

产品成本计算的分步法是按照产品的生产步骤(分品种)归集生产费用，计算产品成本的一种方法。分步法计算成本的主要特点有：成本核算对象是各种产品的生产步骤；成本计算期是固定的，与产品的生产周期不一致；月末为计算完工产品成本，还需要将归集在生产成本明细账中的生产成本在完工产品和在产品之间进行分配；除了按品种计算和结转产品成本外，还需要计算和结转产品的各步骤成本。分步法按步骤产品成本计算结转的方式不同，可以分为逐步结转分步法和平行结转分步法。

逐步结转分步法是指以产品的生产步骤和步骤的产品品种作为成本计算对象，按产品的生产顺序，逐步计算并结转步骤半成品成本直到最后步骤，计算完工产成品成本和步骤半成品成本的一种分步法。它主要适用于管理上需要计算考核半成品成本的大批大量连续式复杂生产企业。逐步结转分步法步骤半成品的结转方式可分为综合结转和分项结转。

平行结转分步法是以产品生产步骤和步骤产品品种作为成本计算对象，归集各步骤发生的费用，平行汇总各步骤转完工产成品成本“份额”计算产成品成本的一种分步法。它主要适用于大量大批装配式复杂生产企业和管理上要求按步骤归集生产费用、不要求计算步骤半成品成本的大量大批连续式复杂生产企业。

思考与讨论

1. 思考题

(1) 大量大批复杂生产企业，如何选择产品成本计算方法?
(2) 辅助生产费用分配方法有哪几种，如何进行分配?
(3) 如何进行制造费用的归集? 制造费用的分配方法有哪几种?
(4) 生产费用在完工产品和月末在产品之间进行分配的方法有哪几种? 如何选择?

2. 个案分析

某小型洗衣机厂，常年生产一种型号的洗衣机。大部分零部件由本厂生产，企业设有4个生产车间，第一车间是冲压车间，生产机体和机后盖板，完工后送第二车间；第二车间是喷涂车间，将第一车间的产品进行喷涂，完工后入半成品仓库；第三车间是塑料车间，生产16种洗衣机所需要的零部件，完工后入半成品仓库；第四车间是组装车间，用第二车间和第三车间生产的零部件以及外购件组装洗衣机。

该厂财务科成本会计小王采用逐步结转分步法计算产品成本，即先计算第一车间完工机体和机后盖板的成本，然后转入第二车间，加上第二车间的费用，计算第二车间完工零部件的成本；将第二车间和第三车间完工零部件成本转入“自制半成品”账户，第四车间领用本厂生产的零部件及外购件组装洗衣机计算完工洗衣机成本时，将领用零部件的成本直接转入该车间成本明细账“半成品”项目，加上领用的外购件成本以及本车间的组装费用计算洗衣机的成本。

思考：

(1) 该厂财务科小王采用的成本计算方法符合企业的实际情况吗？

(2) 财务科小李认为应采用平行结转分步法计算产品成本，你认为如何？

综合技能测试

综合技能测试一

1. 企业基本情况

瑞福食品有限公司主要生产鸡丁和鸡肉条等速冻食品，设有原料、加工和包装 3 个基本生产车间，没有设置辅助生产车间。产品生产过程为：原料车间除去原材料中的杂物并清洗、喂料、打眼等，完工后直接送加工车间，加工车间将原料车间的半成品进行挂糊、油炸等加工处理后进行冷冻，最后送包装车间包装，包装好的鸡丁、鸡肉条经检验合格后入产成品仓库。

原材料在每个车间生产开始时一次投入，原料车间与加工车间生产费用在完工产品和在产品之间的分配采用约当产量法，在产品平均完工程度为 50%；包装车间产品的直接人工和制造费用所占比重不大，全部由完工产品负担，在产品按所耗原材料费用计价。

公司定额管理基础较好，各项定额比较准确、稳定，生产工人工资按照产品定额生产工时比例分配；制造费用按照定额机器工时比例分配；成本管理要求计算考核半成品成本，但不需要提供按原始成本项目反映的产品成本。

2. 2010 年 9 月生产速冻鸡丁、鸡肉条的有关成本计算资料

1) 产量资料

2010 年 9 月份产品产量统计见表 4－54。

表 4－54　产品产量统计表

2010 年 9 月

单位：千克

项　目	原料车间		加工车间		包装车间	
	鸡　丁	鸡肉条	鸡　丁	鸡肉条	鸡　丁	鸡肉条
月初结存	500	300	300	400	100	200
本月投入	16 400	2 700	16 500	2 800	16 400	2 900
本月完工	16 500	2 800	16 400	2 900	16 300	3 000
月末结存	400	200	400	300	200	100

2）月初在产品成本资料

2010 年 9 月，基本生产成本明细账中月初在产品成本资料见表 4－55。

表 4－55 月初在产品成本汇总

2010 年 9 月　　　　单位：元

项 目	原料车间		加工车间		包装车间	
	鸡 丁	鸡肉条	鸡 丁	鸡肉条	鸡 丁	鸡肉条
直接材料	8 650	4 134	456	354	362	132
半成品			6 195	6 736	2 504	4 768
直接人工	668	321.20	332.60	822.80		
制造费用	527.40	238.80	277	634.80		
合计	9 845.40	4 694	7 260.60	8 547.60	2 866	4 900

3）本月发生费用

(1) 本月材料费用。平时领用材料填制领料单，见表 4－56，其他领料表略。月末根据领料单，汇总编制“发料凭证汇总表”，见表 4－57。

表 4－56 领料单

No. 00119

领料部门：原料车间　　2010 年 9 月 1 日　　仓库：1 号库

材料		单 位	数 量		单位成本	金 额	过 账
编 号	名 称		请 领	实 发			
11—120	鸡肉	千克	5 000	5 000			
用途		用于鸡丁生产					

第二联 记账联

仓库负责人：孙霞　　发料：张宁　　领料：刘超

表 4－57 发料凭证汇总表

2010 年 9 月　　单位：元

应借科目		耗用原材料				合 计
总账科目	明细科目	原料及主要材料	辅助材料	包装材料	周转材料	
基本生产成本——原料车间	鸡 丁	239 440	44 280			283 720
	鸡肉条	33 237	3 969			37 206
	小 计	272 677	48 249			320 926
基本生产成本——加工车间	鸡 丁		15 840			15 840
	鸡肉条		1 566			1 566
	小 计		17 406			17 406

续表

应借科目		耗用原材料				合 计
总账科目	明细科目	原料及主要材料	辅助材料	包装材料	周转材料	
基本生产成本——包装车间	鸡 丁			5 248		5 248
	鸡肉条			7 308		7 308
	小 计			12 556		12 556
制造费用	原料车间				2 530	2 530
	加工车间				4 100	4 100
	包装车间				870	870
管理费用	机物料消耗				680	680
合 计		272 677	65 655	12 556	8 180	359 068

(2) 本月人工费用。本月人工费用：职工工资见表 4-58、社会保险和住房公积金以及福利费见表 4-59，工会经费和职工教育经费分别按照工资总额的 2%和 1.5%计提。其中：福利费为双节期间，将本月生产产品发放给职工，市价 5 040 元(不含增值税)，成本价 3 150 元。

表 4-58 工资费用汇总表

2010 年 9 月 30 日

单位：元

生产部门		标准工资	考核工资	岗位工资	补 贴	扣缺勤工资	应付工资	代扣款项	实发工资
原料车间	生产工人	20 260	2 110	2 000	730	100	25 000	4 250	20 750.00
	管理人员	1 880	200	240	130	50	2 400	428	1 972.00
加工车间	生产工人	34 220	4 080	3 800	1 200	100	43 200	7 344	35 856.00
	管理人员	3 140	210	250	200		3 800	676	3 124.00
包装车间	生产工人	10 800	1 400	1 000	300		13 500	2 295	11 205.00
	管理人员	1 800	180	120	100		2 200	374	1 826.00
管理部		6 000	840	900	260		8 000	1 430	6 570.00
销售部		3 980	380	320	120		4 800	816	3 984
合 计		82 080	9 400	8 630	3 040	250	102 900	17 613	85 287

表 4-59 社会保险、住房公积金及福利费汇总表

2010 年 9 月 30 日

单位：元

生产部门		社会保险	住房公积金	产品成本	产品市价
原料车间	生产工人	7 775	1 500	750	1 200
	管理人员	746.40	144	50	80
加工车间	生产工人	13 435.20	2 592	1 400	2 240
	管理人员	1 181.80	228	100	160

续表

生产部门		社会保险	住房公积金	产品成本	产品市价
包装车间	生产工人	4 198.50	810	450	720
	管理人员	684.20	132	50	80
管理部门		2 488	480	200	320
销售部门		1 492.80	288	150	240
合 计		32 001.90	6 174	3 150	5 040

(3) 本月折旧费用。本月应计提固定资产折旧额见表 4-60。

表 4-60 固定资产折旧费用汇总表

2010 年 9 月　　单位：万元

车间、部门	固定资产类别	月初应计提折旧固定资产原值	月折旧率	月折旧额
原料车间	房屋建筑物	500 000	0.38%	1 900
	机器设备	136 000	0.75%	1 020
加工车间	房屋建筑物	1 000 000	0.38%	3 800
	机器设备	280 000	0.75%	2 100
包装车间	房屋建筑物	360 000	0.38%	1 368
	机器设备	133 600	0.75%	1 002
管理部门	房屋建筑物	600 000	0.38%	2 280
	机器设备	242 000	0.75%	1 815
	办公及电子设备	72 500	1.8%	1 305
销售部门	房屋建筑物	200 000	0.38%	684
	机器设备	68 000	0.75%	510
	运输工具	11 166	1.8%	216
合 计		3 603 266		18 000

(4) 本月发生的其他费用。本月以银行存款支付的其他费用汇总见表 4-61。

表 4-61 其他费用汇总表

车间、部门	费用项目					
	差旅费	水电费	运输费	检验费	劳保费	合 计
原料车间	2 400	8 640	430	1 200	480	13 150
加工车间	1 704	18 100	650	1 940	256	22 650
包装车间	210	5 900	200	826	164	7 300
管理部门	850	1 000	480		290	2 620
销售部门	380	310	220		90	1 000
合 计	5 544	33 950	1 980	3 966	1 280	46 720

4）定额工时资料

生产部提供的鸡丁、鸡肉条定额工时见表4-62。

表4-62 定额工时统计表

项目	原料车间		加工车间		包装车间	
	鸡丁	鸡肉条	鸡丁	鸡肉条	鸡丁	鸡肉条
定额生产工时	4 250	750	7 560	1 440	1 640	360
定额机器工时	850	150	630	120	205	45

3．核算要求

根据企业生产工艺特点，选择合理的产品成本计算方法和费用分配方法，计算完工产品成本。

综合技能测试二

1．企业基本情况

跃华汽车有限公司是一个大量大批多步骤生产企业，设有冲压、焊接、涂装和总装4个基本生产车间，还有机修车间和供电车间两个辅助生产车间，机修车间负责对全公司机器设备的维修；供电车间将外购的电力进行合理分配，保证全公司电力供应。

公司主要生产程乐、福达家用轿车，其生产工艺流程如下：冲压车间生产汽车车体，完工后直接送焊接车间，进行车体焊接，完工后送涂装车间，对焊接完工的车体进行清洗、喷漆等处理，最后移交给总装车间，该车间将处理好的车体以及外购件进行组装，经检验合格后入产成品仓库。

2．企业采用的主要会计政策及有关规定

1）资产部分

（1）公司存货按实际成本法计价，原材料、产成品的发出按加权平均法核算；低值易耗品在领用时采用一次摊销法摊销。

（2）固定资产按取得时的实际成本或评估价值计价，固定资产折旧采用直线法平均计算，按固定资产类别确定其使用年限，预计残值率为3%。

2）产品成本核算部分

（1）公司实行厂部一级核算，产品成本项目分为直接材料、直接人工和制造费用等。

（2）基本车间以程乐、福达家用轿车为成本计算对象，成本管理要求按照生产步骤归集生产费用计算产成品成本，不要求计算步骤半成品成本。

（3）公司机械化程度较高，按照生产计划组织生产，半成品不经过半成品库收发，外购件由供应商根据生产计划直接交付总装车间。每个车间所用原材料在生产开始时一次投入，产品生产比较均衡，各车间月末在产品完工率均为50%，生产费用在完工产品和在产品之间的分配采用约当产量法。

（4）各种费用的分配方法：产品共同耗用的材料费用按照定额费用比例分配；生产工人工资按定额生产工时比例分配；辅助生产车间发生的费用采用计划成本分配法分配；制造费

用按照定额机器工时比例分配。

(5) 公司定额管理基础较好，各种消耗定额比较准确、稳定。

(6) 各项费用分配率均精确到0.000 1，尾差由最后的费用项目负担。

3) 其他部分

(1) 开户银行：建行解放路支行，账号为370012600655××××；纳税识别号为32045270073××××。

(2) 所提供的原始凭证中有关人员签字省略，视同手续齐全，取得的增值税专用发票已通过税务机关认证，抵扣联略。

3. 2010年12月生产程乐、福达轿车的有关成本计算资料

1) 月初在产品成本资料

“基本生产成本”明细账中反映的月初在产品成本资料见表4－63。

表4－63 月初在产品成本

2010年12月

生产部门 \ 成本项目		直接材料	直接人工	制造费用	合计
冲压车间	程乐	1 559 408	8 253.75	2 340 000	3 907 661.75
	福达	1 358 000	17 054.1	260 000	1 635 054.10
焊接车间	程乐		105 300	904 000	1 009 300
	福达		16 200	510 000	526 200
涂装车间	程乐	351 600	3 265.18	272 000	626 865.18
	福达	359 700	7 389.79	372 000	739 089.79
总装车间	程乐	3 240 000	15 143.36	2 400 000	5 655 143.36
	福达	6 840 000	7 554.69	650 000	7 497 554.69
合计		13 708 708	180 160.87	7 708 000	21 596 868.87

2) 产量资料

2010年12月统计部门提供的产品产量见表4－64。

表4－64 程乐福达产量统计表

2010年12月

项目	冲压车间		焊接车间		涂装车间		总装车间	
	程乐	福达	程乐	福达	程乐	福达	程乐	福达
月初结存	400	300	500	400	200	200	200	300
本月投入	8 100	5 900	8 200	6 000	8 300	6 100	8 200	5 900
本月完工	8 200	6 000	8 300	6 100	8 200	5 900	8 000	6 000
月末结存	300	200	400	300	300	400	400	200

3）本月发生的生产费用

（1）本月材料费用。平时领用材料时填制领料单、领料登记表等单据，月末据以编制“发料凭证汇总表”，见表 4－65。

表 4－65　发料凭证汇总表

2010 年 12 月　　　　单位：元

领用部门		原料及主要材料	辅助材料	修理用备件	外购半成品	其　他	合　计
冲压车间	产品生产	65 582 592					65 582 592
	一般耗用		1 400 000	4 260 000			5 660 000
	合　计	65 582 592	1 400 000	4 260 000			71 242 592
焊接车间一般耗用				3 580 000			5 380 000
涂装车间	产品生产	41 520 020					41 520 020
	一般耗用		1 240 000	1 620 000			2 860 000
	合　计	41 520 020	1 240 000	1 620 000			44 380 020
总装车间	程乐		1 600 000		155 600 000		157 200 000
	福达		2 100 000		144 200 000		146 300 000
	一般耗用			3 620 000			3 620 000
	合　计		3 700 000	3 620 000	299 800 000		307 120 000
机修车间				8 030 000		460 000	8 490 000
供电车间				860 000		340 000	1 200 000
管理部门				660 000		120 000	780 000
销售部门				180 000		60 000	240 000
合　计		107 102 612	6 520 000	22 810 000	299 800 000	980 000	437 212 612

（2）本月人工费用。月末根据管理部提供的工资结算单，汇总编制“工资结算汇总表”，见表 4－66；社会保险、住房公积金和福利费汇总见表 4－67；工会经费和职工教育经费分别按工资总额的 2％和 2.5％计提。

表 4－66 工资结算汇总表

2010 年 12 月

单位：元

生产部门		基础工资	奖金	加班工资	补贴		应扣工资		应付工资	代扣款项				实发工资
					物价	夜班	事假	病假		房租	保险	公积金	小计	
冲压车间	生产工人	173 730	21 800	50 000	3 000	10 200	400	3 800	254 530	769	27 998.3	15 271.80	44 039.1	210 490.90
	管理人员	3 400	1 600	200	300	900			6 400	200	704	384	1 288	5 112
焊接车间	生产工人	864 000	10 400	240 000	41 800	20 000	800	9 000	1 260 000	990	138 600	75 600	215 190	1 044 810
	管理人员	6 200	1 900	200	400	1 300			10 000	325	1 100	600	2 025	7 975
涂装车间	生产工人	294 000	42 000	73 170	6 000	7 000	400	6 300	415 470	1 238	45 701.7	24 928.2	71 867.9	343 602.10
	管理人员	4 100	1 750	150	280	720			7 000	325	770	420	1 515	5 485
总装车间	生产工人	738 600	92 060	212 168	49 500	38 000	500	6 500	1 123 268	3 290	123 559.48	67 396.08	194 245.6	929 022.44
	管理人员	5 800	2 200	300	300	800			9 400	240	1 034	564	1 838	7 562
机修车间		98 300	10 000	24 500	2 450	6 750	700	1 300	140 000	650	15 400	8 400	24 450	115 550
供电车间		19 900	3 600	1 500	350	650			26 000	180	2 860	1 560	4 600	21 400
管理部		27 400	5 900	2 000	500	400		500	36 000	200	3 960	2 160	6 320	29 680
销售部		19 000	3 000	1 100	350	550			24 000	80	2 640	1 440	4 160	19 840
合计		2 254 430	289 750	605 288	105 230	87 570	2 800	27 400	3 312 068	8 487	364 327.48	198 724.56	571 538.56	2 740 529.44

表 4-67 社会保险、住房公积金及福利费汇总表

2010 年 12 月 31 日 单位：元

生产部门		社会保险	住房公积金	非货币性福利	合计
冲压车间	生产工人	79 158.83	15 271.80	21 380.52	115 811.15
	管理人员	1 990.40	384	537.60	2 912
焊接车间	生产工人	391 860	75 600	105 840	573 300
	管理人员	3 110	600	840	4 550
涂装车间	生产工人	129 211.20	24 928.20	34 899.48	189 038.88
	管理人员	2177	420	588	3 185
总装车间	生产工人	349 336.30	67 396.08	94 354.51	511 086.89
	管理人员	2 923.40	564	789.6	4 277
机修车间		43 540	8 400	11 760	63 700
供电车间		8 086	1 560	2 184	11 830
管理部门		11 196	2 160	3 024	16 380
销售部门		7 464	1 440	2 016	10 920
合计		1 030 053	198 724.08	278 213.71	1 506 990.82

说明：非货币性福利为购入货物发放给职工，所列金额为含税价，款项以银行存款支付。

(3) 本月折旧费用。本月固定资产折旧费用计算见表 4-68。

表 4-68 固定资产折旧费用计算表

2010 年 12 月 单位：万元

车间、部门	房屋建筑物	机器、设备	模具	其他	合计
冲压车间	140	3 500	2 270	490	6 400
焊接车间	80	1 100		300	1 480
涂装车间	120	558		270	948
总装车间	210	2 600		530	3 340
机修车间	54	120		103	277
供电车间	36	38		24	98
管理部门	80	70		43	193
销售部门	10	14		10	34
合计	730	8 000	2 270	1 770	12 770

(4) 本月发生的其他费用。本月发生的其他费用包括自来水费、电费、蒸汽费、保险费、办公费及其他费用，各项费用相关原始单据见表 4-69～表 4-78，各种款项本月均以银行存款支付。

① 水费单据见表 4-69、表 4-70 和表 4-71。

表 4-69 山东增值税专用发票

发票联

开票日期：2010年12月30日

<table>
<tr><td>购货单位</td><td colspan="4">名　　称：跃华汽车有限公司
纳税人识别号：320452700730898
地 址、电 话：烟台市解放路2018号 6530523
开户行及账号：建行解放路支行370012600655××××</td><td>密码区</td><td colspan="3">6*20-<6>6-415306-7>3+8
加密版本：0181-2964+96364/6+/-<6+
81-64>310+/-28><6<52370012520
<7028/-4142579/6>>0614178545</td></tr>
<tr><td colspan="2">货物或应税劳务名称</td><td>规格型号</td><td>单位</td><td>数 量</td><td>单价</td><td>金 额</td><td>税率</td><td>税 额</td></tr>
<tr><td colspan="2">水 费</td><td></td><td>吨</td><td>399 000</td><td>3.70</td><td>1 476 300.00</td><td>6%</td><td>88 578.00</td></tr>
<tr><td colspan="2">合 计</td><td></td><td></td><td></td><td></td><td>￥1 476 300.0</td><td></td><td>￥88 578.00</td></tr>
<tr><td colspan="9">价税合计(大写)⊗佰壹伍拾陆万肆仟捌佰柒拾捌元整　　(小写)￥1 564 878.00</td></tr>
<tr><td>销货单位</td><td colspan="4">名　　称：烟台自来水公司
纳税人识别号：370602561091752
地 址、电 话：烟台市长江路35号6763421
开户行及账号：工商银行西山办3700222526500××××</td><td>备注</td><td colspan="3">烟台自来水公司
税号 237880123732
发票专用章</td></tr>
</table>

第三联 发票联 购货方记账凭证

收款人：　　复核：　　开票人：魏松　　销货单位：（章）

表 4-70 中国建设银行转账支票存根(一)

中国建设银行(鲁) 转账支票存根 No. 36435566 附加信息________ ________ ________ 出票日期 2010 年 12 月 30 日
收款人：烟台自来水公司
金额：￥1 564 878.00
用途：水费
单位主管　　会计

表 4-71 外购水费分配表

2010 年 12 月

应借科目	项 目	单位水费/(元/吨)	耗用量/吨	分配金额
制造费用	冲压车间	3.7	48 000	
	焊接车间		60 000	
	涂装车间		170 000	
	总装车间		70 000	
	小 计		348 000	

续表

应借科目＼项目		单位水费/(元/吨)	耗用量/吨	分配金额
辅助生产成本	机修车间		20 000	
	供电车间		150 00	
管理费用			10 000	
销售费用			6 000	
合计			399 000	

表 4－72　中国建设银行转账支票存根(二)

中国建设银行(鲁) 转账支票存根 No. 36435567 附加信息______ ______ ______ 出票日期 2010 年 12 月 30 日
收款人：烟台开发区热力公司
金额：￥10 441 200.00
用途：蒸汽费
单位主管　　　会计

② 蒸汽费单据见表 4－72、表 4－73 和表 4－74。

表 4－73　山东增值税专用发票

发票联

开票日期：2010年12月30日

名　　称：跃华汽车有限公司 纳税人识别号：320452700730898 地址、电话：烟台市解放路2018号 6530523 开户行及账号：建行解放路分理处3700126006655××××				密码区	6*20-<6>6-4656-7>3+ 加密版本：0181-2964+96364/6+/-<6+ 81-664>310+/-28><6<52 370012520<7028/-43479/6>>061			第三联 发票联 购货方记账凭证
货物或应税劳务名称	规格型号	单位	数量	单价	金额	税率	税额	
蒸汽费		吨	132 000	70.00	9 240 000.00	13%	1 201 200.00	
合计					￥9 240 000.00		￥1 201 200.00	
价税合计（大写）⊗壹仟零肆拾肆万壹仟贰佰元整　（小写）￥10 441 200.00								
销货单位	名　　称：烟台开发区热力公司 纳税人识别号：237809101729 地址、电话：烟台开发区香港路90号6721634 开户行及账号：建设银行香港路办370011252600511××××				备注	烟台开发区热力公司 税号 237809101729 发票专用章		

收款人：　　　　复核：　　　　开票人：魏松　　　　销货单位：（章）

表 4-74 外购蒸汽费分配表

2010 年 12 月

应借科目 \ 项目		单位水费/(元/吨)	耗用量/吨	分配金额
制造费用	冲压车间	70	27 000	
	焊接车间		24 000	
	涂装车间		20 000	
	总装车间		48 000	
	小 计		119 000	
辅助生产成本	机修车间		9 000	
	供电车间		4 000	
管理费用			5 000	
销售费用			1 000	
合 计			132 000	

③ 保险费单据见表 4-75、表 4-76。

表 4-75 山东保险业(财险)专用发票

发票联

发票代码：237060731209

发票号码：00563779　　开票日期：2010年12月24日

付款人：跃华汽车有限公司

承险险种：财产综合险

保险单号：BP007063107202392　　批单号：

保险费金额：(大写)人民币伍拾玖万元整　　小写：￥590000.00

附注：

中华联合财险公司 财务专用章

第二联 发票联

经手人：王晓亮　　复核：　　保险公司签章：

地　址：　　电话：　　(手开无效)

表 4-76 财产保险费分配表

2010 年 12 月 24 日

应 借 科 目		分配金额/元
制造费用	冲压车间	900 000
	焊接车间	640 000
	涂装车间	1 360 000
	总装车间	2 320 000
	小 计	5 220 000
生产成本	机修车间	320 000
	供电车间	260 000
管理费用		80 000
销售费用		20 000
合 计		5 900 000

④ 电费单据见表 4－77。

表 4－77　山东增值税专用发票

发票联

开票日期：2010年12月30日

名　称：跃华汽车有限公司 纳税人识别号：320452700730898 地址、电话：烟台市解放路2018号 6530523 开户行及账号：建行解放路分理处3700126006655××××				密码区	6*02-<6>6-6536-7>3+ 加密版本：0181-2964+9664/6+/-<63+ 81-664>310+/-28><6<52 <7028/-4345579/6>>06107418545		
货物或应税劳务名称	规格型号	单位	数量	单价	金额	税率	税额
电费		度	16 000 000	0.65	10 400 000.00	17%	1 768 000.00
合计					¥10 400 000.00		¥1 768 000.00
价税合计（大写）⊗壹仟贰佰壹拾陆万捌仟元整　（小写）¥1 2168 000.00							
销货单位	名　称：烟台开发区电力公司 纳税人识别号：37060277327101 地址、电话：烟台开发区滨海路20号6723416 开户行及账号：建设银行滨海路办37005211260990５××××				备注		

第三联　发票联　购货方记账凭证

收款人：　　复核：　　开票人：林敏　　销货单位：（章）

烟台开发区电力公司　税号 237809101729　发票专用章

⑤ 办公费及其他费用汇总见表 4－78。

表 4－78　其他费用汇总表

车间、部门	费用项目		
	办公费	差旅费等	合计
冲压车间	6 400	8 400	14 800
焊接车间	8 050	13 450	21 500
涂装车间	5 700	7 800	13 500
总装车间	6 300	9 600	15 900
机修车间	5 400	8 600	14 000
供电车间	4 670	6 330	11 000
管理部门	3 780	5 420	9 200
销售部门	3 020	5 080	8 100
合计	43 320	64 680	108 000

4）定额资料

计划部门提供的定额工时、材料费用定额见表 4－79。

表 4－79　定额资料统计表

项目	冲压车间		焊接车间		涂装车间		总装车间	
	程乐	福达	程乐	福达	程乐	福达	程乐	福达
定额生产工时	21 000	23 000	87 000	63 000	28 000	22 000	75 000	60 000
定额机器工时	2 860	2 130	984	740	860	650	1 860	1 740
材料费用定额	4 792	5 000			2 660	2 860		

5）辅助生产车间劳务供应量资料

辅助生产车间劳务供应量资料见表 4－80。

表 4－80 各部门耗用劳务数量

受益单位	修理工时/小时	供电/度
冲压车间	2 260	5 000 000
焊接车间	2 455	1 800 000
涂装车间	1 790	3 600 000
总装车间	3 020	4 100 000
机修车间		800 000
供电车间	295	
管理部门	250	440 000
销售部门	80	260 000
合 计	10 150	16 000 000

企业确定的计划单位成本：机修车间每修理工时 1 300 元，供电车间每度电 0.85 元。

4．核算要求

（1）正确选择产品成本计算的基本方法，并开设基本生产成本、辅助生产成本、制造费用、管理费用等明细账，登记月初生产费用。

（2）分配要素费用，编制各种费用分配表，据以编制记账凭证，登记相关明细账。

（3）分配辅助生产费用、制造费用，编制记账凭证，登记相关明细账。

（4）在基本生产成本明细账上计算并结转完工产成品成本“份额”。

（5）编制“完工产成品成本汇总计算表”，计算完工产成品总成本和单位成本。

提示

本项目中各种产品成本计算方法和生产费用分配方法可根据实际情况，选择其他合理的方法。

成本计算过程中所涉及的表格，属于自制原始凭证，可根据实际需要自行设定。

项目五　分类法

学习目标

(1) 了解分类法的基本含义。

(2) 掌握分类法的适用范围、特点及成本计算程序。

(3) 掌握联产品及副产品的成本计算。

(4) 能够根据企业的生产特点和管理要求，正确选择并运用分类法计算产品成本。

任务一　多类别产品成本的计算

一些制造企业生产的产品品种、规格繁多，如果按照产品的品种、规格作为成本计算对象归集生产费用，计算产品成本，则成本计算工作非常繁重。例如，无线电元件企业生产的各种品种和规格的无线电元件，针织企业生产的各种品种和规格的针织品等。在这种情况下，如果能将不同品种和规格的产品按照一定的标准进行分类，就可以按照产品类别归集生产费用和计算产品成本。这种方法就是产品成本计算的分类法。采用分类法计算产品成本可以大大简化企业的成本计算工作。

一、任务描述

东方公司是一家制造企业，生产的产品品种、规格繁多。该公司根据产品生产耗用原材料和工艺过程等的不同，将产品划分为甲和乙两类产品。甲类产品中包括生产耗用原材料和生产工艺过程基本相同的 A、B、C、D、E 共 5 种产品；其中 C 产品的产量大、规格适中。乙类产品中包括生产耗用原材料和生产工艺过程基本相同的 a、b、c、d、e 共 5 种产品，其中 c 产品的产量大、规格适中。

东方公司设有一个基本生产车间进行产品生产，并设有供电和供汽两个辅助生产车间，分别负责对全公司电和蒸汽的供应，辅助生产车间内部相互提供的劳务不多。

该公司产品生产所需原材料均系生产开始时一次投入。材料采用实际成本计价，发出材料采用全月一次加权平均法计算。公司动力费用比重较大，为了加强管理，产品成本中单设“燃料和动力”成本项目进行核算。该公司的各项消耗定额和费用定额比较准确稳定，定额管理基础比较好，并且各月末在产品数量也比较稳定。

2009 年 10 月份该公司生产甲乙两类产品的有关成本资料如下。

1. 费用资料

1）月初在产品成本资料

月初在产品成本资料见表 5－1。

表 5－1 月初在产品成本资料表

2009 年 10 月　　单位：元

产品类别	直接材料	燃料和动力	直接人工	制造费用	合 计
甲类产品	15 090	750	2 437.50	975	19 252.50
乙类产品	14 700	720	2 340.00	936	18 696.00

2）本月发生的生产费用

（1）本月各部门领用材料情况见表 5－2、表 5－3(其他领料表略)。平时领用材料填制领料单，月末根据领料单，汇总编制“材料费用汇总分配表”，见表 5－3。

表 5－2 领料单

No. 093052

领料部门：基本生产车间　　2009 年 10 月 1 日　　仓库：1 号库

材料		单位	数量		单位成本	金额	过账
编号	名称		请领	实发			
10—101	B 材料	件	2 500	2 500			
用途		用于甲类产品的加工					

仓库负责人：张霞　　发料：孙丽红　　领料：张小静

表 5－3 发料凭证汇总表

2009 年 10 月　　单位：元

用途＼材料类别	原材料	低值易耗品	包装物	合 计
甲类产品	101 509.20		12 000	113 509.20
乙类产品	169 376.40		14 500	183 876.40
产品共同耗用	91 754.40			91 754.40
车间一般耗用	6 500	800		7 300
供电车间	11 870			11 870
供汽车间	3 600			3 600
管理部门	3 200			3 200
合 计	387 810	800	26 500	415 110

（2）本月发生的职工薪酬费用。工资结算汇总见表 5－4，单位负担的社会保险、住房公

积金见表 5-5，福利费汇总见表 5-6，公司工会经费和职工教育经费按工资总额的 2%和 2.5%计提。

表 5-4　工资结算汇总表

2009 年 10 月 7 日　　单位：元

生产部门		基本工资	综合奖金	津贴和补贴	扣缺勤工资	应付工资	代扣款项			实发工资
							社会保险	住房公积金	个人所得税	
基本车间	生产工人	61 560	6 640	18 400	200	86 400	9 504	5 184	315	71 397
	管理人员	6 800	2 020	4 080		12 900	1 419	774	36	10 671
辅助车间	供电车间	2 110	600	990	100	3 600	396	216	10	2 978
	供汽车间	3 820	800	1 780		6 400	704	384	18	5 294
管理部门		8 100	1 000	2 200		11 300	1 243	678	45	9 334
合计		82 390	11 060	27 450	300	120 600	13 266	7 236	424	99 674

表 5-5　单位负担社会保险和住房公积金汇总表

2009 年 10 月 15 日

生产部门		养老保险	医疗保险	失业保险	生育保险	工伤保险	住房公积金	合计
基本车间	生产工人	17 280	6 048	1 728	864	950.40	5 184	32 054.40
	管理人员	2 580	903	258	129	141.90	774	4 785.90
辅助车间	供电车间	720	252	72	36	39.60	216	1 335.60
	供汽车间	1 280	448	128	64	70.40	384	2 374.40
管理部门		2 260	791	226	113	124.30	678	4 192.30
合计		24 120	8 442	2 412	1 206	1 326.60	7 236	44 742.60

表 5-6　福利费汇总表

2009 年 10 月 30 日　　单位：元

部门	基本车间		供电车间	供汽车间	管理部门	合计
	生产工人	管理人员				
福利费	1 536	210	63	98	965	2 872

(3) 上月固定资产折旧计算表及固定资产的增加减少情况如下：

① 9 月固定资产折旧计算见表 5-7。

② 9 月固定资产的增加减少情况：基本生产车间增加机器设备原值 75 000 元；供汽车间减少机器设备原值 125 000 元；机器设备的月折旧率为 0.8%。

表 5-7 固定资产折旧计算表

2009 年 9 月　　　　单位：元

部门	类别	上月折旧额	上月增加固定资产		上月减少固定资产		本月折旧额
			原值	折旧额	原值	折旧额	
基本车间	房屋建筑物	3 600					3 600
	机器设备	15 400					15 400
	其他	1 040					1 040
	小计	20 040					20 040
供电车间	房屋建筑物	900					900
	机器设备	2 000					2 000
	其他	400					400
	小计	3 300					3 300
供汽车间	房屋建筑物	500					500
	机器设备	1 920					1 920
	小计	2 420					2 420
管理部门	房屋建筑物	1 000					1 000
	机器设备	1 200	37 500	300			1 500
	其他	120					120
	小计	2 320	37 500	300			2 620
合计		28 080	37 500	300			28 380

（4）本月发生的其他费用见表 5-8。

表 5-8 其他费用汇总表

2009 年 10 月　　　　单位：元

车间及部门	办公费	水费	其他	合计
基本生产车间	1 200	1 400	369.60	2 969.60
供电车间	360	300	239.40	899.40
供汽车间	200	5 017.90	201.70	5 419.60
管理部门	2 400	500	1 600	4 500
合计	4 160	7 217.90	2 410.70	13 788.60

说明：其他费用均以银行存款支付，支付凭证略(不考虑增值税)。

2. 产品工时资料

根据 10 月份生产月报统计，本月产品工时情况见表 5-9。

表 5-9　产品工时统计表

2009 年 10 月

产品类别	甲类产品	乙类产品	合　计
生产工时	7 200	12 000	19 200

3. 产品产量明细资料

产品产量明细资料见表 5-10，表 5-11。

表 5-10　甲类产品产量明细资料

产品名称	月初在产品产量	本月投入产量	本月完工产量	月末在产品产量
A	50	280	300	30
B	45	400	400	45
C	40	520	500	60
D	55	610	600	65
E	60	580	600	40
合　计	250	2 390	2 400	240

表 5-11　乙类产品产量明细资料

产品名称	月初在产品产量	本月投入产量	本月完工产量	月末在产品产量
a	20	420	400	40
b	35	500	500	35
c	30	620	600	50
d	40	700	700	40
e	55	680	700	35
合　计	180	2 920	2 900	200

4. 辅助生产车间提供劳务量资料

辅助生产车间提供劳务量资料见表 5-12。

表 5-12　各部门耗用产品、劳务数量

2009 年 10 月

受益单位或产品	耗电/度	耗汽/立方米
甲类产品	7 500	13 300
乙类产品	12 500	21 900
基本生产车间一般耗用	790	2 560
供电车间		300
供汽车间	240	
行政管理部门	440	1 440
合　计	21 470	39 500

5. 定额资料

(1) 完工产品定额资料见表 5-13。

表 5-13 产品材料费用定额及工时定额明细表

甲类产品名称	原材料费用定额	工时定额	乙类产品名称	原材料费用定额	工时定额
A	54	2.4	a	72	3.2
B	57	2.7	b	76	3.6
C	60	3.0	c	80	4.0
D	63	3.3	d	84	4.4
E	66	3.6	e	88	4.8

(2) 在产品定额资料：甲类在产品工时定额 1.5 小时；乙类在产品工时定额 2 小时。

(3) 单位工时费用定额资料：燃料和动力费用定额 2 元/小时，人工费用定额 6.5 元/小时，制造费用定额 2.6 元/小时。

6. 有关的费用分配方法

(1) 生产产品共同耗用材料按定额费用比例分配法分配。

(2) 生产工人工资按产品实用工时比例法分配。

(3) 辅助生产费用采用直接分配法分配。

(4) 制造费用按实用生产工时比例法分配。

(5) 原材料费用系数按原材料费用定额计算，其他加工费用系数按工时定额计算。

(6) 月末在产品按定额成本计价。

7. 核算要求

根据东方公司的生产特点和管理要求，正确选择产品成本计算的方法，并按以下要求进行核算：

(1) 开设基本生产成本、辅助生产成本、制造费用明细账。

(2) 编制各种费用分配表，据以填制记账凭证，并登记账簿。

(3) 计算各种完工产品的总成本和单位成本，并据以填制记账凭证，结转完工产品的成本。

二、任务实施

东方公司生产的甲乙两类产品中的每一类产品所使用的原材料及加工工艺过程基本相同，根据其生产特点，该公司可以采用分类法计算产品成本，即先按照产品的类别作为成本计算对象来归集生产费用，计算出各类完工产品的总成本，再按照一定的标准在同类别内各种产品之间进行成本分配，计算出同类别内各种产品成本。该公司采用分类法进行成本核算的步骤如下。

1. 设置账户

东方公司采用分类法进行成本计算时，按照产品的类别设置了“基本生产成本”明细账，按辅助生产车间设置了“辅助生产成本”明细账，按基本生产车间设置了“制造费用”等明细账，管理费用、财务费用及销售费用明细账的设置略。

2. 分配各项要素费用

1）分配材料费用

东方公司产品生产所需原材料均系生产开始时一次投入，本月甲乙两类产品直接领用的材料分别是 113 509.20 元、183 876.40 元，共同耗用的材料为 91 754.40 元。该公司生产产品共同耗用的材料采用定额费用比例分配法进行分配。根据已知资料，采用定额费用比例分配法在甲乙两类产品之间分配共耗材料费用，有关计算过程如下：

甲类产品材料定额费用 $=280\times54+400\times57+520\times60+610\times63+580\times66$

$=145\ 830$(元)

乙类产品材料定额费用 $=420\times72+500\times76+620\times80+700\times84+680\times88$

$=236\ 480$(元)

材料费用分配率 $=\dfrac{91\ 754}{145\ 830+236\ 480}=0.24$

甲类产品应负担的材料费用 $=145\ 830\times0.24=34\ 999.20$(元)

乙类产品应负担的材料费用 $=236\ 480\times0.24=56\ 755.20$(元)

根据上述材料费用的分配过程及结果，编制材料定额费用计算表、共耗材料费用分配表及材料费用汇总分配表，见表 5-14，表 5-15 和表 5-16。

表 5-14　材料定额费用计算表

2009 年 10 月　　单位：元

甲类产品名称	本月投入产量	材料费用定额	材料定额费用	乙类产品名称	本月投入产量	材料费用定额	材料定额费用
A	280	54	15 120	a	420	72	30 240
B	400	57	22 800	b	500	76	38 000
C	520	60	31 200	c	620	80	49 600
D	610	63	38 430	d	700	84	58 800
E	580	66	38 280	e	680	88	59 840
合　计	2 390	—	145 830	合　计	2 920	—	236 480

表 5-15　甲乙类产品共耗材料费用分配表

2009 年 10 月　　单位：元

产品类别	材料定额费用	分配率	分配金额
甲类产品	145 830		34 999.20
乙类产品	236 480		56 755.20
合　计	382 310	0.24	91 754.40

表 5-16 材料费用分配表

2009 年 10 月　　单位：元

会计科目	明细科目	原材料	低值易耗品	包装物	合计
基本车间	甲类产品	136 508.40		12 000	148 508.40
	乙类产品	226 131.60		14 500	240 631.60
	小　计	362 640		26 500	389 140
辅助车间	供电车间	11 870			11 870
	供汽车间	3 600			3 600
	小　计	15 470			15 470
制造费用		6 500	800		7 300
管理费用		3 200			3 200
合　计		387 810	800	26 500	415 110

根据表 5-14、表 5-15、表 5-16，编制会计分录。

借：基本生产成本——甲类产品(直接材料)　148 508.40

　　　　　　　——乙类产品(直接材料)　240 631.60

　　辅助生产成本——供电车间(机物料消耗)　11 870

　　　　　　　——供汽车间(机物料消耗)　3 600

　　制造费用——基本生产车间(机物料消耗)　7 300

　　管理费用——其他　3 200

　　贷：原材料　387 810

　　　　周转材料——包装物　26 500

　　　　　　　——低值易耗品　800

根据会计分录登记“基本生产成本”、“辅助生产成本”和“制造费用”等明细账。

2）分配职工薪酬费用

(1) 分配职工工资、工会经费及职工教育经费。东方公司的基本生产车间具备产品实用工时统计资料，可以采用生产实用工时作为分配标准分配生产人员工资。根据甲乙两类产品实用工时资料，采用产品实用工时比例分配法分配职工工资费用的有关计算过程如下：

$$职工工资费用分配率=\frac{86\ 400}{7\ 200+12\ 000}=4.50$$

甲类产品应负担的职工工资费用=7 200×4.50=32 400(元)

乙类产品应负担的职工工资费用=12 000×4.50=54 000(元)

东方公司根据工资结算汇总表、工会经费及职工教育经费计提比例等资料，结合上述费用分配的过程及结果，编制职工工资、工会经费及职工教育经费分配表，见表 5-17。

(2) 分配社会保险、住房公积金及福利费等职工薪酬费用。东方公司根据福利费汇总表和单位负担的社会保险、住房公积金等资料，编制社会保险、住房公积金及福利费分配表，见表 5-18。

表 5-17　职工工资、工会经费及职工教育经费分配表

2009 年 10 月 30 日

单位：元

应借科目		职工工资			工会经费计提(2%)	职工教育经费计提(2.5%)	合　计
		生产工时	分配率	分配金额			
基本生产成本	甲类产品	7 200		32 400	648	810	33 858
	乙类产品	12 000		54 000	1 080	1 350	56 430
	合　计	19 200	4.50	86 400	1 728	2 160	90 288
制造费用	基本生产车间			12 900	258	322.50	13 480.50
辅助生产成本—供电车间				3 600	72	90	3 762
辅助生产成本—供汽车间				6 400	128	160	6 688
管理部门				11 300	226	282.50	11 808.50
合　计				120 600	2 412	3 015	126 027

制表：　　　　　复核：

表 5-18　社会保险、住房公积金及福利费分配表

2009 年 10 月 30 日

单位：元

应借科目		社会保险	住房公积金	福利费	合　计	生产工时	分配率	分配金额
基本生产成本	甲类产品					7 200		12 596.40
	乙类产品					12 000		20 994
	合　计	26 870.40	5 184	1 536	33 590.40	19 200	1.749 5	33 590.40
制造费用	基本生产车间	4 011.90	774	210	4 995.90			4 995.90
辅助生产成本—供电车间		1 119.60	216	63	1 398.60			1 398.60
辅助生产成本—供汽车间		1 990.40	384	98	2 472.40			2 472.40
管理部门		3 514.30	678	965	5 157.30			5 157.30
合　计		37 506.60	7 236	2 872	47 614.60			47 614.60

根据表 5-17，表 5-18 编制会计分录。

借：基本生产成本——甲类产品(直接人工)　46 454.40

　　　　　　　——乙类产品(直接人工)　77 424

　　制造费用——基本生产车间(职工薪酬)　18 476.40

　　辅助生产成本——供电车间(职工薪酬)　5 160.60

　　　　　　　——供汽车间(职工薪酬)　9 160.40

　　管理费用——职工薪酬　16 965.80

　　贷：应付职工薪酬——工资　120 600

　　　　　　　　——工会经费　2 412

　　　　　　　　——职工教育经费　3 015

　　　　　　　　——社会保险　37 506.60

——住房公积金 7 236

——职工福利 2 872

根据会计分录登记“基本生产成本”、“辅助生产成本”和“制造费用”等明细账。

3）分配折旧费用

根据上月固定资产折旧计算表及上月固定资产增减情况，编制本月固定资产折旧计算表，见表5－19。

表5－19 固定资产折旧计算表

2009年10月 单位：元

部门	类别	上月折旧额	上月增加固定资产		上月减少固定资产		本月折旧额
			原值	折旧额	原值	折旧额	
基本车间	房屋建筑物	3 600					3 600
	生产设备	15 400	75 000	600			16 000
	其他	1 040					1 040
	小计	20 040	75 000	600			20 640
供电车间	房屋建筑物	900					900
	机器设备	2 000					2 000
	其他	400					400
	小计	3 300					3 300
供汽车间	房屋建筑物	500					500
	机器设备	1 920			125 000	1 000	920
	小计	2 420			125 000	1 000	1 420
管理部门	房屋建筑物	1 000					1 000
	机器设备	1 500					1 500
	其他	120					120
	小计	2 620					2 620
合计		28 380	75 000	600	125 000	1 000	27 980

根据表5－19，编制会计分录。

借：制造费用——基本生产车间（折旧费） 20 640

辅助生产成本——供电车间（折旧费） 3 300

——供汽车间（折旧费） 1 420

管理费用——折旧费 2 620

贷：累计折旧 27 980

根据会计分录登记“制造费用”、“辅助生产成本”等明细账。

4）分配其他要素费用

根据其他费用汇总表，按照费用发生的地点和用途，编制会计分录。

借：制造费用——基本生产车间（办公费） 1 200

——基本生产车间（水电费） 1 400

——基本生产车间(其他)　369.60
辅助生产成本——供电车间(办公费)　360
——供电车间(水电费)　300
——供电车间(其他)　239.40
——供汽车间(办公费)　200
——供汽车间(水电费)　5 017.90
——供汽车间(其他)　201.70
管理费用——办公费　2 400
——水电费　500
——其他　1 600
贷：银行存款　13 788.60

根据会计分录，登记“制造费用”、“辅助生产成本”等明细账，分别见表5-20、表5-21。

表5-20　辅助生产成本明细账

车间：供电车间

年		凭证号数	摘　要	明细项目							
月	日			机物料消耗	职工薪酬	折旧费	水电费	办公费		其　他	合　计
	略	略	分配材料费用	11 870							11 870
			分配职工薪酬		5 160.6						5 160.6
			分配折旧费用			3 300					3 300
			分配其他费用				300	360		239.4	899.4
			本月发生额合计	11 870	5 160.6	3 300	300	360		239.4	21 230
			分配辅助生产费用	11 870	5 160.6	3 300	300	360		239.4	21 230

说明：供汽车间的辅助生产成本明细账略，已知供汽车间辅助生产成本明细账归集的本月生产费用总额为196 00元。

表5-21　制造费用明细账

车间：基本生产车间

年		凭证号数	摘　要	明细项目							
月	日			机物料消耗	职工薪酬	折旧费	水电费	办公费	劳保费	其　他	合　计
	略	略	分配材料费用	7 300							7 300
			分配职工薪酬		18 476.4						18 476.4
			分配折旧费用			20 640					20 640
			分配其他费用				1 400	1 200		369.6	2 969.6
			分配辅助生产费用				790			1 280	2 070
			本月发生额合计	7 300	18 476.4	20 640	2 190	1 200		1 649.6	51 456
			分配制造费用	7 300	18 476.4	20 640	2 190	1 200		1 649.6	51 456

3. 分配辅助生产费用

由于各辅助生产部门之间相互提供劳务不多，东方公司将辅助生产成本明细账所归集的费用，采用直接分配法进行分配，编制辅助生产费用分配表，见表5-22。

表5-22 辅助生产费用分配表(直接分配法)

2009年10月 单位：元

项目		供电车间		供汽车间		合计
		度数	金额	立方	金额	
待分配辅助生产费用			21 230		19 600	40 830
劳务供应总量		21 470		39 500		
其中：辅助生产以外单位		21 230		39 200		
分配率(单位成本)		1		0.5		
受益对象	甲类产品	7 500	7 500	13 300	6 650	14 150
	乙类产品	12 500	12 500	21 900	10 950	23 450
	基本车间一般耗用	790	790	2 560	1 280	2 070
	管理部门	440	440	1 440	720	1 160
合计			21 230		19 600	40 830

根据表5-22，编制会计分录。

借：基本生产成本——甲类产品(燃料和动力) 14 150
　　　　　　　　——乙类产品(燃料和动力) 23 450
　　制造费用——基本生产车间(水电费) 790
　　　　　　——基本生产车间(其他) 1 280
　　管理费用——水电费 440
　　　　　　——其他 720
　　贷：辅助生产成本——供电车间 21 230
　　　　　　　　　　——供汽车间 19 600

根据会计分录，登记“基本生产成本”、“辅助生产成本”、“制造费用”等明细账。

4. 分配制造费用

基本生产车间具备产品实用工时统计资料，东方公司将制造费用明细账所归集的费用，采用生产工时比例法在甲乙两类产品之间进行分配，编制制造费用分配表，见表5-23。

表5-23 制造费用分配表

2009年10月 单位：元

产品类别	生产工时	分配率	金额
甲类产品	7 200		19 296
乙类产品	12 000		32 160
合计	19 200	2.68	51 456

根据表 5-23，编制会计分录。

借：基本生产成本——甲类产品(制造费用)　　19 296

　　　　　　　　——乙类产品(制造费用)　　32 160

　　贷：制造费用——基本生产车间　　51 456

根据会计分录，登记“基本生产成本”明细账和“制造费用”明细账。

5. 按产品类别计算完工产品和月末在产品成本

东方公司的各项消耗定额和费用定额比较准确稳定，定额管理基础比较好，并且各月末在产品数量也比较稳定。因此，该公司对生产费用在完工产品和在产品之间进行分配时采用了在产品按定额成本计价法。

在产品按定额成本计价法是指月末在产品按预先制定的定额成本计算，生产费用脱离定额的差异，全部由完工产品成本负担。

采用这种方法，关键在于计算确定月末在产品的定额成本，月末在产品定额成本应根据月末在产品实际盘存数量和预先制定的费用(成本)定额计算。有关计算公式如下：

$$\text{月末在产品直接材料定额成本}=\text{月末在产品数量}\times\text{单位在产品材料费用定额} \tag{5-1}$$

$$\text{月末在产品直接人工定额成本}=\text{月末在产品定额工时}\times\text{单位工时人工费用定额} \tag{5-2}$$

或 $$=\text{月末在产品数量}\times\text{月末在产品工时定额}\times\text{单位工时人工费用定额}$$

或 $$=\text{月末在产品数量}\times\text{单位在产品人工费用定额}$$

$$\text{月末在产品制造费用定额成本}=\text{月末在产品定额工时}\times\text{单位工时制造费用定额} \tag{5-3}$$

或 $$=\text{月末在产品数量}\times\text{月末在产品工时定额}\times\text{单位工时制造费用定额}$$

或 $$=\text{月末在产品数量}\times\text{单位在产品制造费用定额}$$

$$\begin{matrix}\text{本月完工}\\\text{产品总成本}\end{matrix}=\begin{matrix}\text{月初在产品}\\\text{定额成本}\end{matrix}+\begin{matrix}\text{本月发生}\\\text{生产费用}\end{matrix}-\begin{matrix}\text{月末在产品}\\\text{定额成本}\end{matrix} \tag{5-4}$$

$$\text{产成品单位成本}=\frac{\text{产成品总成本}}{\text{产成品产量}} \tag{5-5}$$

提示

企业采用在产品按定额成本计价法时，也可以事先经过调查研究、技术测定，对各个加工阶段上的在产品直接确定一个定额单位成本，月终根据在产品数量，分别乘以各项定额单位成本，即可计算出月末在产品的定额成本。将月初在产品成本加上本月发生的费用，减去月末在产品的定额成本，就可算出产成品的总成本了。产成品总成本除以产成品产量，即为产成品单位成本。这种方法的计算公式如下：

$$\text{月末在产品成本}=\text{月末在产品数量}\times\text{在产品定额单位成本} \tag{5-6}$$

$$\text{产成品总成本}=(\text{月初在产品成本}+\text{本月发生费用})-\text{月末在产品成本} \tag{5-7}$$

$$\text{产成品单位成本}=\frac{\text{产成品总成本}}{\text{产成品产量}} \tag{5-8}$$

在产品按定额成本计价的方法适用于各项消耗定额和费用定额比较准确、稳定，定额管理基础工作较好，并且各月末在产品数量也比较稳定的产品。如果各项消耗定额和费用定额不准确、不稳定，生产费用脱离定额的差异较大，差异全部计入了当月完工产品成本，将影响本月完工产品成本计算的准确性，不利于产品成本的分析和考核。

东方公司根据定额资料和在产品产量资料，计算月末在产品定额成本并编制相关计算表，见表 5－24、表 5－25 和表 5－26。

表 5－24 甲类在产品材料定额成本计算表

产品名称	月末在产品数量	材料成本定额	材料定额成本
A	30	54	1 620
B	45	57	2 565
C	60	60	3 600
D	65	63	4 095
E	40	66	2 640
合 计	240	—	14 520

表 5－25 乙类在产品材料定额成本计算表

产品名称	月末在产品数量	材料成本定额	材料定额成本
a	40	72	2 880
b	35	76	2 660
c	50	80	4 000
d	40	84	3 360
e	35	88	3 080
合 计	200	—	15 980

表 5－26 在产品定额成本计算表

2009 年 10 月　　　　单位：元

产品名称	在产品数量	在产品直接材料定额成本	在产品工时定额	在产品燃料和动力定额成本(2 元/小时)	在产品直接人工定额成本(6.5 元/小时)	在产品制造费用定额成本(2.6 元/小时)	在产品定额成本合计
甲类产品	240	14 520	1.5	720	2 340	936	18 516
乙类产品	200	15 980	2	800	2 600	1 040	20 420

甲乙两类产品的基本生产成本明细账见表 5－27、表 5－28。

表 5－27 基本生产成本明细账

产品类别：甲类产品

年		凭证字号	摘 要	直接材料	燃料和动力	直接人工	制造费用	合 计
月	日							
		（略）	月初在产品成本	15 090	750	2 437.50	975	19 252.50
			分配材料费用	148 508.40				148 508.40
			分配职工薪酬			46 454.40		46 454.40

续表

年		凭证字号	摘　要	直接材料	燃料和动力	直接人工	制造费用	合　计
月	日							
			分配辅助生产费用		14 150			14 150
			分配制造费用				19 296	19 296
			费用合计	163 598.40	14 900	48 891.90	20 271	247 661.30
			完工产品成本	149 078.40	14 180	46 551.90	19 335	229 145.30
			月末在产品成本	14 520	720	2 340	936	18 516

表5-28　基本生产成本明细账

产品类别：乙类产品

年		凭证字号	摘　要	直接材料	燃料和动力	直接人工	制造费用	合　计
月	日							
		（略）	月初在产品成本	14 700	720	2 340	936	18 696
			分配材料费用	240 631.60				240 631.60
			分配职工薪酬			77 424		77 424
			分配辅助生产费用		23 450			23 450
			分配制造费用				32 160	32 160
			费用合计	255 331.60	24 170	79 764	33 096	392 361.60
			完工产品成本	239 351.60	23 370	77 164	32 056	371 941.60
			月末在产品成本	15 980	800	2 600	1 040	20 420

根据上述甲乙两类产品月末在产品定额成本资料和基本生产成本明细账，分别计算甲乙两类完工产品成本如下：

甲类产品直接材料费用＝163 598.4－14 520＝149 078.4(元)

甲类产品燃料和动力费用＝14 900－720＝14 180(元)

甲类产品直接人工费用＝48 891.90－2 340＝46 551.90(元)

甲类产品制造费用＝20 271－936＝19 335(元)

乙类产品直接材料费用＝255 331.60－15 980＝239 351.60(元)

乙类产品燃料和动力费用＝24 170－800＝23 370(元)

乙类产品直接人工费用＝79 764－2 600＝77 164(元)

乙类产品制造费用＝33 096－1 040＝32 056(元)

6. 计算同类别内各种完工产品的成本

(1) 选定标准产品、计算同类别内各种产品的折算系数。东方公司将甲类产品中产量大、规格适中的C产品定为标准产品，系数定为“1”，将乙类产品中产量大、规格适中的c产品定为标准产品，系数定为“1”。

该公司原材料费用系数按原材料费用定额计算，其他加工费用系数按工时定额计算，根据甲乙两类产品的相关定额资料，将同类别内其他各产品的分配标准额与标准产品的分配标准额相比较，计算同类别内其他产品的折算系数，系数计算见表 5-29、表 5-30。

表 5-29　甲类产品系数计算表

产品名称	原材料费用定额	系　　数	工时定额	系　　数
A	54	0.90	2.40	0.80
B	57	0.95	2.70	0.90
C	60	1	3	1
D	63	1.05	3.30	1.10
E	66	1.10	3.60	1.20

表 5-30　乙类产品系数计算表

产品名称	原材料费用定额	系　　数	工时定额	系　　数
a	72	0.90	3.20	0.80
b	76	0.95	3.60	0.90
c	80	1	4	1
d	84	1.05	4.40	1.10
e	88	1.10	4.80	1.20

(2) 计算同类别内各种产品的标准产量。以同类别内各种产品的完工产量分别乘以其系数，计算出每种产品的标准产量。

$$某产品标准产量=该产品实际产量\times该产品系数 \tag{5-9}$$

甲乙两类产品的标准产品产量计算见表 5-31、表 5-32。

表 5-31　标准产品产量计算表——甲类产品

产品名称	完工产品实际产量	材　　料		加　工　费	
		系　数	完工产品标准产量	系　数	完工产品标准产量
A	300	0.90	270	0.80	240
B	400	0.95	380	0.90	360
C	500	1	500	1	500
D	600	1.05	630	1.10	660
E	600	1.10	660	1.20	720
合　计	2 400		2 440		2 480

表 5-32　标准产品产量计算表——乙类产品

产品名称	完工产品实际产量	材　　料		加　工　费	
		系　数	完工产品标准产量	系　数	完工产品标准产量
a	400	0.90	360	0.80	320
b	500	0.95	475	0.90	450

续表

产品名称	完工产品实际产量	材料		加工费	
		系数	完工产品标准产量	系数	完工产品标准产量
c	600	1	600	1	600
d	700	1.05	735	1.10	770
e	700	1.10	770	1.20	840
合计	2 900		2 940		2 980

（3）计算同类别内各种产品的成本，编制各类产品完工产品成本计算表。

$$某类产品某项费用分配率=\frac{该类产品该项费用总额}{该同类别内各种产品标准产量之和} \quad (5-10)$$

$$某种产品应负担的某项费用=该种产品标准产量\times该类产品该项费用分配率 \quad (5-11)$$

$$甲类产品直接材料费用分配率=\frac{149\ 078.4}{2\ 440}=61.0977$$

同理，计算出甲类产品的燃料和动力费用、直接人工费用和制造费用的分配率，分别为5.717 7、18.770 9和7.796 4。根据甲类产品各项费用分配率，分别计算出同类别内产品各自应负担的直接材料、直接人工及制造费用，并编制甲类产品完工产品成本计算表，见表5－33。

表5－33 完工产品成本计算表——甲类产品

项目		直接材料		燃料和动力		直接人工		制造费用		合计
		标准产量	金额	标准产量	金额	标准产量	金额	标准产量	金额	
分配率			61.097 7		5.717 7		18.770 9		7.796 4	
甲类产品	A	270	16 496.38	240	1 372.26	240	4 505.02	240	1 871.13	24 244.79
	B	380	23 217.13	360	2 058.39	360	6 757.53	360	2 806.69	34 839.74
	C	500	30 548.85	500	2 858.87	500	9 385.46	500	3 898.19	46 691.37
	D	630	38 491.55	660	3 773.71	660	12 388.81	660	5 145.60	59 799.67
	E	660	4 024.49	720	4 116.77	720	13 515.08	720	5 613.39	63 569.73
	合计	2 440	149 078.40	2 480	14 180	2 480	46 551.90	2 480	19 335	229 145.30

同理，计算乙类产品中各种产品的成本，编制乙类产品完工产品成本计算表，见表5－34。

表5－34 完工产品成本计算表——乙类产品

项目		直接材料		燃料和动力		直接人工		制造费用		合计
		标准产量	金额	标准产量	金额	标准产量	金额	标准产量	金额	
分配率			81.412 1		7.842 3		25.894 0		10.757 0	
乙类产品	a	360	29 308.36	320	2 509.53	320	8 286.07	320	3 442.26	43 546.22
	b	475	38 670.75	450	3 529.03	450	11 652.28	450	4 840.67	58 692.73
	c	600	48 847.27	600	4 705.37	600	15 536.38	600	6 454.23	75 543.25

续表

项 目		直接材料		燃料和动力		直接人工		制造费用		合 计
		标准产量	金 额	标准产量	金 额	标准产量	金 额	标准产量	金 额	
乙类产品	d	735	59 837.90	770	6 038.56	770	19 938.35	770	8 282.93	94 097.74
	e	770	62 687.32	840	6 587.51	840	21 750.92	840	9 035.91	100 061.66
	合计	2 940	239 351.60	2 980	23 370	2 980	77 164	2 980	32 056	371 941.60

根据表 5－33，表 5－34，编制会计分录。

借：库存商品——A 产品　24 244.79
——B 产品　34 839.74
——C 产品　46 691.37
——D 产品　59 799.67
——E 产品　63 569.73
——a 产品　43 546.22
——b 产品　58 692.73
——c 产品　75 543.25
——d 产品　94 097.74
——e 产品　100 061.66
贷：基本生产成本——甲类产品　229 145.30
——乙类产品　371 941.60

根据会计分录登记基本生产成本明细账。

三、知识归纳

1. 分类法的适用范围

分类法是先按照产品的类别作为成本计算对象来归集生产费用，计算各类完工产品的成本，再将每类完工产品成本按照一定标准在同类别内各种产品之间进行分配，从而计算出同类别内各种产品成本的一种成本计算方法。

分类法就是对产品品种、规格繁多，但可以按一定标准予以分类的企业，为了简化计算工作而采用的一种成本计算方法。因此，分类法一般适用于使用同样原材料、通过基本相同的加工工艺过程，所生产的产品品种、规格繁多，并且可以按照一定标准予以分类的生产企业。

分类法作为成本计算的辅助方法，与企业的生产类型没有直接的关系，因而可以在各种类型的生产企业中应用。但前提是，企业的产品要能够按照一定的标准分类。例如，钢铁企业生产的各种牌号和规格的生铁、钢锭和钢材，无线电元件企业生产的各种不同类别和规格的无线电元件，灯泡企业生产的各种不同类别和瓦数的灯泡，针织企业生产的各种不同种类和规格的针织品，以及食品企业生产的各种饼干和面包等。它们的生产类型虽然不同，但都可以采用分类法计算成本。如果不具备分类条件，即使产品品种、规格很多，也不宜分类计算产品成本。

2. 分类法的特点

(1) 以产品的类别作为成本计算对象，归集各类产品的生产费用，计算该类产品的成本。分类法的成本计算对象是产品的类别，最终要计算出各种产品的成本。以产品类别作为成本计算对象是为了简化成本计算工作。运用分类法计算成本必须恰当地划分产品类别，一般应根据各种产品所耗原材料、产品结构和工艺过程的不同，将产品划分为若干类，按照产品的类别设置生产成本明细账。分类的恰当与否，直接关系到成本计算的准确性，从而对企业资产的估价、损益的确定产生影响。因此，在进行产品分类时，类距不能定得过大，应以产品所耗原材料、加工工艺基本相近为依据；类距也不能定得过小，使成本计算工作复杂化。

(2) 同类别内不同产品成本需要按照一定的分配标准确定。按类计算出产品成本以后，要将各类产品成本按照一定的标准在同类别内各种产品之间进行分配。各个成本项目可以采用同一分配标准，也可以按照成本项目的性质，分别采用不同的分配标准，以使分配结果更加合理。

3. 分类法成本计算的程序

(1) 在企业生产的多种产品中，根据产品所用原材料和工艺技术过程等的不同，把产品划分为若干个类别，按产品类别开立产品成本明细账并归集生产费用，计算各类产品的成本。

企业应当根据生产经营特点和管理要求，选择品种法、分批法或分步法等成本计算的基本方法，计算出各类产品的总成本。

提示

计算各类完工产品成本时，对各类产品的完工产品和在产品成本的分配方法，可选择在产品按定额成本、按定额比例、按标准产量比例分配。

(2) 选择适当的分配标准，将每类产品的成本，在同类别内的各种产品之间进行分配，计算同类别内各种产品的成本。

同类产品内不同规格型号产品之间成本的分配标准一般有定额消耗量、定额费用、定额工时、售价，以及产品的体积、长度、重量等。分配标准的选择要力求合理、准确，主要应考虑与产品生产耗费高低的关系，即选择与产品各项耗费的高低有密切联系的分配标准。各个成本项目可以采用同一分配标准，也可以按照成本项目的性质，分别采用不同的分配标准。例如，直接材料可以按照材料定额消耗量或材料定额费用比例进行分配，直接人工和制造费用按定额工时比例分配。在实际工作中，常用的分配方法有系数分配法和定额比例法两种。定额比例法原理在前面已经讲到，这里就不再重述。系数分配法是将分配标准折算成相对固定的系数，按照固定的系数分配同类别内各种产品之间费用的方法，也叫做标准产量法。

采用系数法进行分配时，最主要的就是确定系数。其分配步骤如下：

① 确定标准产品。在同类别内产品中选择一种产量大、生产稳定或规格适中的产品作为标准产品，将这种产品的系数定为“1”。

② 计算同类别内其他产品的折算系数。将同类别内其他各产品的分配标准额分别与标准产品的分配标准额相比较，计算出其他产品与标准产品的比率，即系数。

③ 计算同类别内各种产品的标准产量。用同类别内各种产品的实际产量分别乘以该种产品的系数，计算出各种产品的标准产量。

$$\text{某产品标准产量(总系数)}=\text{该产品实际产量}\times\text{该产品系数} \tag{5-12}$$

④ 计算费用分配率。

$$\text{某类产品某项费用分配率}=\frac{\text{该类完工产品该项费用总额}}{\text{该同类别内各种产品标准产量之和}} \tag{5-13}$$

⑤ 计算同类别内各种产品的成本。

$$\text{某种产品应负担的某项费用}=\text{该种产品标准产量}\times\text{该类产品该项费用分配率} \tag{5-14}$$

4. 分类法的优缺点

采用分类法计算产品成本，只按类别开设产品成本明细账，只按类别归集分配费用，因此可以简化成本计算工作；不仅可以提供各种产品的成本水平信息，还提供了各类产品的成本水平信息，从而便于对各类产品成本进行考核和分析。但分类法按产品类别归集生产费用，同类别内各种产品按一定标准分配成本，分配结果具有一定的假定性。

四、单项技能训练

1. 在产品按定额成本计价法的技能训练

1）资料

某制造企业生产甲产品，6 月份月初在产品成本和本月生产费用见表 5－35。本月完工甲产品 1 000 件，月末在产品 200 件，甲产品所耗用的原材料是在生产开始时一次投入的。甲产品的直接材料成本定额为 150 元，单位在产品工时定额为 10 小时，该企业的每小时直接人工定额为 7.5 元，每小时制造费用定额为 6 元。

表 5－35　生产费用表

成本项目	月初在产品成本	本月生产费用	生产费用合计
直接材料	24 000	156 000	180 000
直接人工	12 000	93 000	105 000
制造费用	9 600	74 400	84 000
合　计	45 600	323 400	369 000

2）要求

采用在产品按定额成本计价法，计算本月完工甲产品和月末在产品成本。

2. 企业调研

（1）调研项目：调研当地服装鞋帽、食品加工及无线电元件等生产企业的产品生产工艺流程。

（2）要求：以小组为单位展开调研，并依据企业的调研资料，通过分析确定调研企业产品类别的划分，选择同类别内产品成本分配的标准。

任务二　联产品成本的计算

联产品是指使用同种原材料，经过同一生产过程，生产出两种或两种以上的主要产品。例如，奶制品厂可同时生产出牛奶和奶油；炼油厂以原油为原料可同时生产出汽油、柴油、煤油等多种燃料油。联产品虽然在性质和用途上不同，但在经济上都有重要的意义，都是企业生产的主要目的。联产品的生产情况直接影响到企业的经济效益，因此，联产品成本计算的正确与否，也会对生产企业的利润产生较大的影响。

一、任务描述

振兴公司是一家工业生产企业，使用同一种材料，经过同一生产工艺过程生产出甲、乙、丙 3 种联产品。甲、乙、丙产品分离后均可直接对外销售。

该公司设有一个基本生产车间进行产品生产，不设辅助生产车间。产品生产所需材料采用实际成本计价，发出材料采用全月一次加权平均法计算。该公司各月在产品数量比较稳定，变动不大，月初、月末在产品成本的差额对完工产品成本影响不大。

2009 年 10 月份生产甲乙两类产品的有关成本计算资料如下。

1. 年初在产品成本资料

年初在产品成本资料见表 5 - 36。

表 5 - 36　年初在产品成本资料表

2009 年 10 月　　单位：元

产　品	直接材料	直接人工	制造费用	合　计
联产品	45 200	3 500	2 300	51 000

2. 本月发生生产费用

1）本月各部门领用材料情况

平时领用材料填制领料单(领料单略)，月末根据领料单，汇总编制“发料凭证汇总表”，见表 5 - 37。

表 5-37 发料凭证汇总表

2009 年 10 月 单位：元

材料类别 / 用途	原料及主要材料	辅助材料	修理用备件	其他材料	合计
联产品	238 000	16 000			254 000
车间一般耗用			800	3 700	4 500
管理部门			300	2 800	3 100
销售部门				1 200	1 200
合计	238 000	16 000	1 100	7 700	262 800

2）本月发生的职工薪酬费用

职工工资见表 5-38，福利费、社会保险和住房公积金见表 5-39，社会保险和住房公积金缴款凭证略；工会经费和职工教育经费按工资总额的 2%和 1.5%计提。

表 5-38 工资结算汇总表

2009 年 10 月 单位：元

生产部门		基本工资	等级工资	加班工资	各种补贴	应发工资	代扣款项			实发工资
							社会保险	住房公积金	个人所得税	
基本车间	生产工人	17 800	15 920	3 650	630	38 000	4 180	2 280	150	31 390
	管理人员	2 100	1 905	510	85	4 600	506	276	20	3 798
管理部门		2 910	2 870	600	120	6 500	715	390	25	5 370
销售部门		1 150	1 135		215	2 500	275	150	10	2 065
合计		23 960	21 830	4 760	1 050	51 600	5 676	3 096	205	42 623

表 5-39 单位负担社会保险、住房公积金和福利费汇总表

2009 年 10 月 16 日

生产部门		养老保险	医疗保险	失业保险	生育保险	工伤保险	住房公积金	福利费	合计
基本车间	生产工人	7 600	2 660	760	380	418	2 280	1 472	14 098
	管理人员	920	322	92	46	50.60	276	132.40	1 706.60
管理部门		1 300	455	130	65	71.50	390	250	2 411.50
销售部门		500	175	50	25	27.50	150	80	927.50
合计		10 320	3 612	1 032	516	567.60	3 096	1 934.40	19 143.60

3）本月发生的折旧费用

基本车间、管理部门固定资产折旧计算见表 5-40。

表 5-40 固定资产折旧计算表

2009 年 10 月

车间、部门	基本生产车间	管理部门	合计
折旧费	7 600	2 100	9 700

4）本月发生的其他费用

本月发生的其他费用见表 5-41。

表 5-41 其他费用汇总表

2009 年 10 月

单位：元

车间及部门	办公费	水费	电费	差旅费	其他	合计
基本生产车间	300	15 500	800		800	17 400
管理部门	660	720	300	300	510	2 490
销售部门	150	120	60	720	300	1 350
合计	1 110	16 340	1 160	1 020	1 610	21 240

说明：其他费用均以银行存款支付，支付凭证略(不考虑增值税)。

3. 完工产品产量和单位售价明细资料

完工产品产量和单位售价明细资料见表 5-42。

表 5-42 联产品完工产品产量和单位售价明细表

2009 年 10 月

产品名称	产量/件	单位售价/元
甲产品	11 400	20
乙产品	10 000	18
丙产品	8 000	24

4. 联合成本的分配方法

采用系数分配法对联产品的联合成本进行分配，以产品售价作为分配标准确定系数，以甲产品为标准产品，其系数为 1。

5. 核算要求

根据振兴公司的生产特点和管理要求，正确选择产品成本计算的方法，计算甲乙丙 3 种联产品的完工产品总成本和单位成本，并完成相关费用分配表的编制、记账凭证的填制以及账簿的登记工作。

二、任务实施

企业生产出多种主要产品经过的同一生产过程称为联产过程，联产过程中发生的成本称为联合成本。例如，煤经过蒸馏，可以得到焦炭、煤气和煤焦油等产品，蒸馏过程的成本被称为联合成本。

由于联产品是使用同种原材料，经过同一生产过程，生产出的几种使用价值不同的主要产品，因此，联产品中某一产品的生产，必然伴随着其他产品的生产，根据其生产特点，振兴公司对所生产的联产品进行成本计算时，应把甲乙丙 3 种联产品视为同一类产品进行成本核算。

1. 设置账户

振兴公司在对所生产的联产品进行成本计算时，按照联产品设置了“基本生产成本”明细账(见表 5 - 45)，按基本生产车间设置了“制造费用”等明细账，管理费用、财务费用及销售费用明细账的设置略。

2. 分配各项要素费用

1) 分配材料费用

根据表 5 - 37，编制会计分录。

借：基本生产成本——联产品(直接材料) 254 000
　　制造费用——基本生产车间(机物料消耗) 4 500
　　管理费用——其他 3 100
　　销售费用——其他 1 200
　　贷：原材料——原料及主要材料 238 000
　　　　　　——辅助材料 16 000
　　　　　　——修理用备件 1 100
　　　　　　——其他材料 7 700

2) 分配职工薪酬费用

根据工资结算汇总表以及单位负担的社会保险、住房公积金等资料，编制职工薪酬费用分配表，见表 5 - 43。

表 5 - 43 职工薪酬分配表

2009 年 10 月　　单位：元

应借科目	职工工资	福利费	社会保险	住房公积金	工会经费	职工教育经费	合 计
基本生产成本	380 00	1 472	11 818	2 280	760	570	54 900
制造费用	4 600	132.40	1 430.60	276	92	69	6 600
管理费用	6 500	250	2 021.50	390	130	97.50	9 389
销售费用	2 500	80	777.50	150	50	37.50	3 595
合 计	51 600	1 934.40	16 047.60	3 096	1 032	774	74 484

根据表 5 - 43，编制会计分录。

借：基本生产成本——联产品(直接人工) 54 900
　　制造费用——基本生产车间(职工薪酬) 6 600
　　管理费用——职工薪酬 9 389
　　销售费用——职工薪酬 3 595

贷：应付职工薪酬——工资 51 600
——职工福利 1 934.40
——社会保险 16 047.60
——住房公积金 3 096
——工会经费 1 032
——职工教育经费 774

3）分配折旧费用

根据折旧费用分配表，进行账务处理。

借：制造费用——基本生产车间(折旧费) 7 600
管理费用——折旧费 2 100
贷：累计折旧 9 700

4）分配其他费用

根据其他费用汇总表，编制会计分录。

借：制造费用——基本生产车间(办公费) 300
——基本生产车间(水电费) 16 300
——基本生产车间(其他) 800
管理费用——办公费 660
——水电费 1 020
——差旅费 300
——其他 510
销售费用——办公费 150
——水电费 180
——差旅费 720
——其他 300
贷：银行存款 21 240

根据各要素费用分配表及相应的记账凭证，登记成本、费用等明细账，见表5-44。

表5-44 制造费用明细账

车间：基本生产车间

年		凭证号数	摘要	明细项目							
月	日			机物料消耗	职工薪酬	折旧费	水电费	办公费	劳保费	其他	合计
	略	略	分配材料费用	4 500							4 500
			分配职工薪酬		6 600						6 600
			分配折旧费用			7 600					7 600
			分配其他费用				16 300	300		800	17 400
			本月发生额合计	4 500	6 600	7 600	16 300	300		800	36 100
			分配制造费用	4 500	6 600	7 600	16 300	300		1 600	36 100

3. 分配制造费用

制造费用作为企业生产单位为组织和管理生产而发生的各项间接费用，在只生产一类产品的车间中，制造费用可直接转入该类产品成本。根据表 5-44，编制会计分录。

借：基本生产成本——联产品(制造费用) 36 100

　　贷：制造费用——基本生产车间 36 100

根据会计分录登记“基本生产成本”明细账，见表 5-45。

表 5-45 基本生产成本明细账

产品：联产品

年		凭证字号	摘　　要	直接材料	直接人工	制造费用	合　　计
月	日						
			月初在产品成本	45 200	3 500	2 300	51 000
			分配材料费用	254 000			254 000
			分配职工薪酬		54 900		54 900
			分配制造费用			36 100	36 100
		略	费用合计	299 200	58 400	38 400	396 000
			完工产品成本	254 000	54 900	36 100	345 000
			月末在产品成本	45 200	3 500	2 300	51 000

4. 计算联产品的联合成本

由于各月在产品数量比较稳定，变动不大，月初、月末在产品成本的差额对完工产品成本影响不大。东方公司采用在产品按年初固定成本计价法，将生产费用在完工产品和月末在产品之间进行分配。

根据年初在产品成本资料和联产品的基本生产成本明细账，计算完工联产品的联合成本如下：

联产品的直接材料费用＝254 000(元)

联产品的直接人工费用＝54 900(元)

联产品的制造费用＝36 100(元)

5. 计算各种联产品应分配的联合成本

根据联产品的联合成本以及各种联产品的产量、售价等相关资料，采用系数分配法计算各种联产品应分配的联合成本，见表 5-46。

根据表 5-46，编制会计分录。

借：库存商品——甲产品 131 100

　　　　　　——乙产品 103 500

　　　　　　——丙产品 110 400

　　贷：基本生产成本——联产品 345 000

表5-46 联产品成本计算表

单位：元

产品名称	实际产量/千克	系数	标准产量	分配比例	应分配的联合成本			合计	单位成本
					直接材料	直接人工	制造费用		
甲	11 400	1	11 400	38%	96 520	20 862	13 718	131 100	11.50
乙	10 000	0.90	9 000	30%	76 200	16 470	10 830	103 500	10.35
丙	8 000	1.20	9 600	32%	81 280	17 568	11 552	110 400	13.80
合计	29 400	—	30 000	100%	254 000	54 900	36 100	345 000	—

三、知识归纳

1. 联产品的成本计算

联产品生产指投入同种原材料，经过同一生产过程，直接生产出几种不同产品的过程。由于联产品中某一产品的生产，必然伴随着其他产品的生产。因此，不可能对每种产品分别归集生产费用并直接计算产品成本，而应把几种联产品视为同一类产品，综合归集生产费用，并根据联产品生产的特点，采用具体的成本计算方法，计算出联产品的联合成本；然后再采用适当的分配标准，将联合成本在联产品之间进行分配，计算出每种产品应负担的联合成本。振兴公司生产的各种联产品分离后直接对外出售，在此种生产方式下，每种产品应负担的联合成本就是该种产品的成本。

2. 联产品成本计算的一般程序

联产品成本计算一般可按以下步骤进行：

（1）将联产品作为一类产品，综合归集生产费用，计算联产品的联合成本。

（2）选择适当的分配标准，将联产品的联合成本在各种联产品之间进行分配，计算出每种联产品应负担的联合成本。

联产品之间联合成本的分配标准一般有产品的售价、产量、容积、重量等。分配标准的选择要力求合理、准确，主要应考虑与产品生产耗费高低的关系，即选择与产品各项耗费的高低有密切联系的分配标准。实际工作中，广泛采用系数分配法进行联合成本的分配。系数分配法是将各种联产品的实际产量按规定的系数折算为标准产量，然后将联合成本按各种联产品的标准产量比例进行分配。

振兴公司采用系数分配法进行联合成本的分配，以产品售价为标准确定系数，以甲产品为标准产品，其系数为1，将联产品中的其他两种产品的售价与标准产品甲产品的售价相比较，计算出其他产品的系数。并将各种联产品的实际产量，按已计算确定的各种联产品的系数折算成标准产量，然后按各种联产品的标准产量比例分配联产品的联合成本。

系数分配法的关键是系数的确定要合理，系数的确定标准同前面分类法下系数的确定标准相同。由于系数分配法的分配结果比较准确，因此在实际工作中广泛采用。

四、能力拓展

1. 其他生产方式下联产品成本的计算

振兴公司联产品的生产方式为投入同种原材料，经过同一生产过程，直接生产出几种不同的产品，产品分离后直接对外出售。在此种生产方式下，应把几种联产品视为同一类产品，分类别计算各种产品的成本。

除此之外，联产品的生产还存在第二种方式：投入同种原材料，在生产过程中的某一生产工序开始分离不同的产品，产品分离后仍需进一步加工，最后生产出几种不同的产品。联产品分离出来的生产工序称为“分离点”。在此种生产方式下，在分离点之前应按产品的类别计算各产品应负担的联合成本。分离后再依据各产品分离后的生产特点，选择适当的成本计算方法计算分离以后各种产品继续加工的成本。各产品分离后的加工成本加上其分离前应负担的联合成本，即为各种产品的成本。

以振兴公司为例，假定联产品中的甲产品分离后，继续加工成 A 产品后才对外出售，且分离后的加工成本为 61 120 元，其中：直接材料 45 600 元，直接人工 8 570 元，制造费用 6 950元。已知经过加工后 A 产品的实际产量为 12 000 千克。则 A 产品的成本由两部分组成，一部分是 A 产品分离前应负担的联合成本，另一部分是 A 产品继续加工的成本。因此 A 产品的成本汇总计算见表 5 - 47。

表 5 - 47 A 产品完工成本汇总计算表

项 目	分配的联合成本	分离后的加工成本	总 成 本	单 位 成 本
直接材料	96 520	45 600	142 120	11.84
直接人工	20 862	8 570	29 432	2.45
制造费用	13 718	6 950	20 668	1.72
合 计	131 100	61 120	192 220	16.01

2. 联产品联合成本的其他分配方法

振兴公司采用系数分配法进行联合成本的分配，联产品联合成本的分配方法除了系数分配法之外，还可以采用实物量分配法和销售价值分配法。

1）实物量分配法

联产品的联合成本按分离点上各种联产品的实物量(如重量、体积、容积等)比例进行分配，这种分配方法称为实物量分配法。其计算公式如下：

$$\text{联产品分配率}=\frac{\text{联合成本}}{\text{各种联产品的实物量之和}} \quad (5-15)$$

$$\text{某产品应分配的联合成本}=\text{该种联产品实物量}\times\text{联合成本分配率} \quad (5-16)$$

以振兴公司为例，采用实物量分配法计算各种产品应分配的联合成本，见表 5 - 48。

表 5-48 联产品成本计算表

产品名称	产量/千克	联合总成本	综合分配率	应分配的联合成本						
				直接材料		直接人工		制造费用		合计
				金额	分配率	金额	分配率	金额	分配率	
甲	11 400			98 489.80		21 287.76		13 997.96		133 775.52
乙	10 000			86 394.56		18 673.47		12 278.91		117 346.94
丙	8 000			69 115.64		14 938.77		9 823.13		93 877.54
合计	29 400	345 000	11.734 7	254 000	8.639 5	54 900	1.867 3	36 100	1.227 9	345 000

采用这种方法计算出的各产品单位成本是一致的，且都是平均成本，因此简便易行。但由于成本和实物量并不都是直接有关和成比例增减，而且这种分配方法还忽略了售价的因素，一样的单位成本会造成产品的虚盈虚亏。所以实物量分配法一般适用于联产品的成本与实物量关系密切，而且各联产品销售价格较为均衡的情况。

2）销售价值分配法

销售价值分配法是指按照各种联产品的售价比例分配联合成本的方法。仍以振兴公司为例，采用销售价值分配法计算各产品应分配的成本，见表 5-49。

表 5-49 联产品成本计算表

产品名称	产量/千克	销售单价	销售总价	分配比例	应分摊的成本			合计	单位成本
					直接材料	直接人工	制造费用		
甲	11 400	20	228 000	38%	96 520	20 862	13 718	131 100	11.50
乙	10 000	18	180 000	30%	76 200	16 470	10 830	103 500	10.35
丙	8 000	24	192 000	32%	81 280	17 568	11 552	110 400	13.80
合 计	29 400		600 000	100%	254 000	54 900	36 100	345 000	—

这种方法认为售价高的联产品应当按比例负担较高份额的联合成本，售价低的联产品应当按比例负担较低份额的联合成本。采用这种方法克服了实物量分配法按照实物量简单平均单位成本造成产品盈亏不实的缺陷，但选择也不够准确，表现在：①并不一定产品的售价高，成本一定也高；②并非所有联产品的获利能力相同。这种方法一般适用于分离后不再加工，且价格波动不大的联产品成本的计算。

五、单项技能训练

1. 联产品成本计算的技能训练

1）资料

（1）某炼油厂生产 A、B、C 共 3 种联产品，本月实际各产品产量及定额成本见表 5-50。

（2）分离前联合成本为直接材料 150 000 元，直接人工 80 000 元，制造费用 60 000 元。

（3）各产品的单位售价为 A 产品 400 元，B 产品 550 元，C 产品 360 元。

表 5-50 各产品产量及定额成本表

项　　目	A	B	C
单位定额成本	200	260	150
实际产量/吨	460	300	200

2）要求

分别采用系数分配法(以定额成本为标准确定系数、选择 A 产品为标准产品)、实物量分配法和销售价值分配法计算各种产品的成本。

2. 企业调研

以小组为单位，到当地奶制品厂、炼油厂等生产企业进行社会调研，了解产品的生产工艺，搜集相关成本资料，分析所调研企业产品成本的计算方法，并写出调研报告。

任务三　副产品成本的计算

副产品指使用同种原材料在同一生产过程中生产主要产品的同时，附带生产出来的非主要产品。例如，炼油厂在提炼原油过程中生产的渣油、石油焦；肥皂生产中附带生产的甘油等。副产品虽然不是企业的主要产品，但它具有一定的经济价值，能满足社会的某些需要，并且部分副产品分离后需要经过继续加工才对外销售，因此，生产企业应该加强对副产品的管理和成本核算。

一、任务描述

宏兴公司是一家制造企业，使用同一种材料，经过同一生产工艺过程，生产出主要产品甲产品的同时，附带生产出乙、丙、丁 3 种副产品。乙副产品价值较高，分离后可直接对外销售，丙副产品售价经常变动，丁副产品数量很少、价值较低。

该公司设有一个基本生产车间进行产品生产，不设辅助生产车间，产品生产所需材料采用实际成本计价，发出材料采用移动加权平均法计算。该公司各月在产品数量比较稳定，变动不大，月初、月末在产品成本的差额对完工产品成本影响不大。

2009 年 3 月份生产甲乙两类产品的有关成本计算资料如下。

1. 年初在产品成本资料

年初在产品成本资料见表 5-51。

表 5-51 年初在产品成本资料表

2009 年 3 月　　单位：元

产　　品	直接材料	直接人工	制造费用	合　　计
主副产品	27 120	2 100	1 380	30 600

2. 本月发生费用

1）本月各部门领用材料情况

平时领用材料填制领料单(领料单略)，月末根据领料单，汇总编制“发料凭证汇总表”，见表5－52。

表5－52　发料凭证汇总表

2009年3月　　单位：元

材料类别 用途	原料及主要材料	辅助材料	修理用备件	其他材料	合计
主副产品	133 500	6 500			140 000
车间一般耗用			1 800	2 700	4 500
管理部门			300	1 800	2 100
销售部门				600	600
合计	133 500	6 500	2 100	5 100	147 200

2）本月发生的职工薪酬费用

职工工资见表5－53、福利费见表5－54、社会保险和住房公积金(本月已缴纳社会保险和住房公积金的缴款凭证略)等略。

表5－53　工资结算汇总表

2009年3月　　单位：元

生产部门		基本工资	综合奖金	津贴和补贴	应发工资	代扣款项			实发工资
						社会保险	住房公积金	个人所得税	
基本车间	生产工人	22 400	1 000	1 800	25 200	2 772	1 512	150	20 766
	管理人员	2 700	200	300	3 200	352	192	20	2 636
管理部门		5 200	500	800	6 500	715	390	25	5 370
销售部门		2 000	200	300	2 500	275	150	10	2 065
合计		32 300	1 900	3 200	37 400	4 114	2 244	205	30 837

表5－54　福利费汇总表

2009年3月30日　　单位：元

生产部门	基本车间		管理部门	销售部门	合计
	生产工人	管理人员			
福利费	568.8	100.8	200	80	949.6

(1) 本公司社会保险和住房公积金单位和个人负担比例为：养老保险，单位20%，个人8%；医疗保险，单位7%，个人2%；失业保险，单位2%，个人1%；生育保险，均由单位负担1%；工伤保险，均由单位1.1%；住房公积金，单位6%，个人6%。

(2) 该公司的工会经费和职工教育经费按工资总额的2%和1.5%计提。

3) 本月固定资产折旧费用和无形资产摊销

该公司本月提取的固定资产折旧费用和无形资产摊销费用见表5-55。

表5-55 固定资产折旧费用和无形资产摊销费用分配表

2009年3月30日 单位：元

应借账户	折旧费用	无形资产摊销费用
制造费用——基本生产车间	5 200	
管理费用	1 900	600
合 计	7 100	600

4) 本月发生的其他费用

本月发生的其他费用见表5-56。

表5-56 其他费用汇总表

2009年3月 单位：元

车间及部门	办公费	电 费	水 费	差旅费	其 他	合 计
基本生产车间	200	8 300	600		600	9 700
管理部门	580	720	320	500	310	2 430
销售部门	150	120	50	860	205	1 385
合 计	930	9 140	970	1 360	1 115	13 515

说明：其他费用均以银行存款支付，支付凭证略(不考虑增值税)。

3. 完工产品产量明细资料

完工产品产量明细资料见表5-57。

表5-57 主副产品完工产量明细表

2009年3月

产品名称	甲产品	乙产品	丙产品	丁产品
完工产量/千克	4 000	2 000	1 600	20

4. 副产品的计价方法

(1) 乙副产品按售价减去销售费用、销售税金和按正常利润率计算的销售利润后的余额计价。乙产品每千克的售价为20元，销售税费2元，同类产品的正常利润率为20%。

(2) 丙副产品按计划成本计价。丙产品的计划单位成本为17元，包括直接材料12元，直接人工3元，制造费用2元。

(3) 丁副产品数量很少、价值较低，不负担分离前的共同成本，

5. 核算要求

根据宏兴公司的生产特点，正确选择产品成本计算的方法，计算甲、乙、丙3种产品的完

工产品总成本和单位成本，并完成相关费用分配表的编制、记账凭证的填制以及账簿的登记工作。

二、任务实施

宏兴公司采用同一种材料，经过同一生产工艺过程，生产出主要产品甲产品的同时，附带生产出乙、丙、丁3种副产品。副产品的生产与联产品一样，不可能对每种产品分别归集生产费用并直接计算产品成本，只能把主副产品生产过程中发生的费用归集在一起，计算主副品的共同成本。因此，根据其生产特点，该公司可把3种主副产品视为同一类产品，计算各种产品的成本。

1. 设置账户

宏兴公司采用分类法进行成本计算时，按照主副产品设置了“基本生产成本”明细账(见表5－60)，按基本生产车间设置了“制造费用”等明细账(见表5－59)，管理费用、财务费用及销售费用明细账略。

2. 分配各项要素费用

1）分配材料费用

根据“发料凭证汇总表”，编制会计分录。

借：基本生产成本——主副产品(直接材料)　　140 000
　　制造费用——基本生产车间(机物料消耗)　　4 500
　　管理费用——其他　　2 100
　　销售费用——其他　　600
　　贷：原材料——原料及主要材料　　133 500
　　　　　　——辅助材料　　6 500
　　　　　　——修理用备件　　2 100
　　　　　　——其他材料　　5 100

根据会计分录登记“基本生产成本”明细账、“制造费用”明细账等。

2）分配职工薪酬费用

根据工资结算汇总表以及单位负担的社会保险、住房公积金等资料，编制职工薪酬费用分配表，见表5－58。

表5－58　职工薪酬费用分配表

2009年3月　　单位：元

应借科目	职工工资	福利费	社会保险	住房公积金	工会经费	职工教育经费	合计
基本生产成本	25 200	568.80	7 837.20	1 512	504	378	36 000
制造费用	3 200	100.80	995.20	192	64	48	4 600
管理费用	6 500	200	2 021.50	390	130	97.50	9 339
销售费用	2 500	80	777.50	150	50	37.50	3 595
合计	37 400	949.60	11 631.40	2 244	748	561	53 534

根据表 5-58，编制会计分录。

借：基本生产成本——主副产品(直接人工) 36 000
　制造费用——基本生产车间(职工薪酬) 4 600
　管理费用——职工薪酬 9 339
　销售费用——职工薪酬 3 595
　贷：应付职工薪酬——工资 37 400
　　——职工福利 949.60
　　——社会保险 11 631.40
　　——住房公积金 2 244
　　——工会经费 748
　　——职工教育经费 561

根据会计分录登记“基本生产成本”明细账、“制造费用”明细账等。

3）分配折旧费用和无形资产摊销费用

根据固定资产折旧费用和无形资产摊销费用分配表，编制会计分录。

(1) 计提折旧费用。

借：制造费用——基本生产车间(折旧费) 5 200
　管理费用——折旧费 1 900
　贷：累计折旧 7 100

(2) 无形资产摊销。

借：管理费用——无形资产摊销 600
　贷：累计摊销 600

根据会计分录登记“制造费用”明细账等。

4）分配其他费用

根据其他费用汇总表，按照费用发生的地点和用途，编制会计分录。

借：制造费用——基本生产车间(办公费) 200
　——基本生产车间(水电费) 8 900
　——基本生产车间(其他) 600
　管理费用——办公费 580
　——水电费 1 040
　——差旅费 500
　——其他 310
　销售费用——办公费 150
　——水电费 170
　——差旅费 860
　——其他 205
　贷：银行存款 13 515

根据会计分录，登记“制造费用”明细账等，见表 5-59。

表 5－59　制造费用明细账

车间：基本生产车间

年		凭证号数	摘要	明细项目							
月	日			机物料消耗	职工薪酬	折旧费	水电费	办公费	劳保费	其他	合计
	略	略	分配材料费用	4 500							4 500
			分配职工薪酬		4 600						4 600
			分配折旧费用			5 200					5 200
			分配其他费用				8 900	200		600	9 700
			本月发生额合计	4 500	4 600	5 200	8 900	200		600	24 000
			分配制造费用	4 500	4 600	5 200	8 900	200		600	24 000

3. 分配制造费用

由于宏兴公司的基本生产车间生产的主副产品可以作为一类产品计算产品成本，因而该车间发生的制造费用可直接转入该类产品成本。

根据表 5－59，编制会计分录。

借：基本生产成本——主副产品(制造费用)　　24 000

　　贷：制造费用——基本生产车间　　24 000

根据会计分录登记“基本生产成本”明细账，见表 5－60。

表 5－60　基本生产成本明细账

产品：主副产品

年		凭证字号	摘要	直接材料	直接人工	制造费用	合计
月	日						
			月初在产品成本	27 120	2 100	1 380	30 600
			分配材料费用	140 000			140 000
			分配职工薪酬		36 000		36 000
			分配制造费用			24 000	24 000
		略	费用合计	167 120	38 100	25 380	230 600
			结转完工产品成本	140 000	36 000	24 000	200 000
			月末在产品成本	27 120	2 100	1 380	30 600

4. 计算主副产品的共同成本

由于各月在产品数量比较稳定，变动不大，月初、月末在产品成本的差额对完工产品成本影响不大。宏兴公司采用在产品按年初固定成本计价法，将生产费用在完工产品和月末在产品之间进行分配。

根据年初在产品成本资料和主副产品的基本生产成本明细账，计算主副产品的共同成本。

主副产品的直接材料费用＝140 000(元)

主副产品的直接人工费用＝36 000(元)

主副产品的制造费用＝24 000(元)

5. 计算各种主副产品的成本

由于丁副产品的数量很少、价值较低，丁副产品可以不负担分离前的共同成本，丁副产品的成本由主产品负担。则宏兴公司可根据主副产品的共同成本、产量等相关资料，计算各种主副产品应分配的共同成本，见表5－61。

表5－61 产品成本计算单

项目		产量/千克	直接材料	直接人工	制造费用	合计
完工主副产品共同成本			140 000	36 000	24 000	200 000
费用项目比重			70%	18%	12%	100%
乙产品	总成本	2 000	19 600	5 040	3 360	28 000
	单位成本		9.80	2.52	1.68	14
丙产品	总成本	1 600	19 200	4 800	3 200	27 200
	单位成本		12	3	2	17
甲产品	总成本	4 000	101 200	26 160	17 440	144 800
	单位成本		25.30	6.54	4.36	36.20

乙产品单位成本＝20－2－20×20%＝14(元)

乙产品总成本＝14×2 000＝28 000(元)

其中：直接材料＝28 000×70%＝19 600(元)

直接人工＝28 000×18%＝5 040(元)

制造费用＝28 000×12%＝3 360(元)

丙产品总成本＝17×1 600＝27 200(元)

其中：直接材料＝12×1 600＝19 200(元)

直接人工＝3×1 600＝4 800(元)

制造费用＝2×1 600＝3 200(元)

甲产品总成本＝200 000－28 000－27 200＝144 800(元)

其中：直接材料＝140 000－19 600－19 200＝101 200(元)

直接人工＝36 000－504－4 800＝26 160(元)

制造费用＝24 000－3 360－3 200＝17 440(元)

根据表5－61，编制会计分录。

借：库存商品——甲产品　　144 800

　　　　　　——乙产品　　28 000

　　　　　　——丙产品　　27 200

　贷：基本生产成本——主副产品　　200 000

根据会计分录登记“基本生产成本”明细账。

三、知识归纳

1. 副产品的成本计算

副产品是在主要产品的生产过程中附带生产出来的非主要产品。不是企业的主要生产对象，且副产品的价值一般较低，在全部成本中所占比重不大，所以副产品一般不单独核算成本。在计算成本时，通常采用简单的方法确定副产品的成本，然后将副产品成本从主副产品分离点前的共同成本中扣除，以扣除后的成本作为主产品应负担的共同成本。

2. 副产品的计价方法

(1) 副产品不负担分离前的共同成本。如果副产品的数量很少、价值较低，则副产品可以不负担分离前的共同成本，副产品的成本由主产品负担。采用这种方法虽操作简便，但不利于正确计算主产品的成本。

(2) 按副产品的售价减去其销售费用、销售税金和按正常利润率计算的销售利润后的余额计价。这种方法适用于副产品的价值较高的情况。

(3) 按副产品的固定价格或计划成本确定副产品成本。这种方法适用于生产过程中产出的副产品品种较多或副产品售价经常变动的情况。

四、能力拓展

当企业生产的副产品的计价方法是按照售价减去其销售费用、销售税金和按正常利润率计算的销售利润后的余额计价时，如果生产出的副产品分离后还需要进一步加工才能出售，则按照售价减去销售费用、销售税金和销售利润计算出的副产品成本，既包括其应负担的共同成本，也包括进一步加工的可归属成本。在计算其应负担的共同成本时，应扣除这部分可归属成本。

以宏兴公司为例，假定乙副产品分离后，需要进一步加工才能出售。根据有关费用记录，在进一步对乙副产品的加工过程中又发生加工成本 4 000 元，其中：直接人工费用 2 400 元，制造费用 1 600 元。则上例中计算出的乙产品总成本 28 000 元中，包含了乙产品进一步的加工费用 4 000 元，因此，乙产品在主副产品的共同成本中应负担的成本计算如下(见表 5－62)：

乙副产品应负担成本＝28 000－(2 400＋1 600)＝24 000(元)

甲产品应负担成本＝200 000－24 000－27 200＝148 800(元)

表 5－62　产品成本计算单

项　　目	产量/千克	直接材料	直接人工	制造费用	合　　计
完工主副产品共同成本		140 000	36 000	24 000	200 000
费用项目比重		70%	18%	12%	100%

续表

项目		产量/千克	直接材料	直接人工	制造费用	合计
乙产品	总成本	2 000	19 600	5 040	3 360	28 000
	减：进一步加工成本			2 400	1 600	4 000
	应负担成本		19 600	2 640	11 760	24 000
	单位成本		9.80	1.32	0.88	12
丙产品	总成本	1 600	19 200	4 800	3 200	27 200
	单位成本		12	3	2	17
甲产品	总成本	4 000	101 200	28 560	19 040	148 800
	单位成本		25.30	7.14	4.76	37.20

五、单项技能训练

1. 副产品成本计算的技能训练

1）资料

某工厂在生产甲产品的同时，附带生产出乙副产品。本月共发生联合成本 780 000 元。其中直接材料占 50%，直接人工占 20%，制造费用占 30%。乙副产品进一步加工发生人工费 1 500 元，制造费用 2 000 元。本月生产完工甲产品 1 000 千克，乙副产品 2 000 千克。乙产品的单位售价为 12 元，单位税金和利润为 2.5 元，单位销售费用为 0.5 元。

2）要求

按照副产品既负担可归属成本，又负担分离前联合成本的方法计算乙副产品的成本。

2. 企业调研

（1）调研项目：调研当地面粉厂、肥皂厂等生产企业的产品生产工艺流程。

（2）要求：以小组为单位展开调研，依据企业的调研资料，通过分析确定调研企业副产品应选择的计价方法。

项 目 小 结

本项目主要介绍了分类法在多类别产品、联产品和副产品成本计算中的应用。

分类法是成本计算的一种辅助方法，它需要与品种法、分批法、分步法等成本计算的基本方法结合起来使用。在这种方法下，先按照产品所用原材料和生产工艺过程等的不同将产品划分为若干类别；再根据生产类型和成本管理要求，采用品种法或其他成本计算方法，计算出各类完工产品的总成本，最后采用一定分配标准计算同类别内各种产品的成本。对于同类别内产品成本的分配标准，一般采用系数法和定额比例法。

分类法主要适用于产品品种、规格繁多，并且可以按照一定标准划分为若干类别的企业或车间。分类法与企业的生产类型没有直接关系，只要企业的产品要能够按照一定的标准分类，包括多类别产品、联产品以及副产品，都可以采用分类法进行成本核算。

联产品成本的计算分以下两种情况进行：各种联产品分离后不需要进一步加工，可把几种联产品视为同一类产品，采用分类法计算各种产品成本；各种联产品分离后仍需进一步加工，则在分离点之前采用分类法计算各种产品的联合成本。分离后再依据各种产品分离后的生产特点，选择适当的成本计算方法计算其产品成本。

联产品联合成本的分配方法主要包括系数分配法、实物量分配法和相对销售价值分配法。副产品成本的计算应区分两种不同情况处理：分离后不再加工的副产品成本计价；分离后继续加工的副产品成本计价。

副产品的计价方法主要包括：副产品不负担分离前的共同成本；按副产品的售价减去其销售费用、销售税金和按正常利润率计算的销售利润后的余额计价；按副产品的固定价格或计划成本确定副产品成本。

思考与讨论

1. 思考题

（1）简述分类法的成本计算程序。

（2）分类法的优缺点是什么？采用这种方法应具备什么条件？

（3）如何计算联产品、副产品的成本？

2. 个案分析

某企业生产的甲类产品共有3种规格，产品所用原材料和生产工艺过程基本相同，可以划归为一类，月末在产品按年初在产品固定成本计价。

本月有关资料见表5-63、表5-64。

表5-63　产品产量及定额

产　品	产　量	单位材料定额	材料定额总成本	单位工时定额	定额总工时
#1	3 000	60	180 000	2	6 000
#2	4 000	72	288 000	3	12 000
#3	1 000	90	90 000	4	4 000
合　计			558 000		22 000

表5-64　甲类产品成本计算单

项　　目	直接材料	直接人工	制造费用	合　　计
月初在产品成本	46 200	2 200	1 600	50 000
本月生产费用	613 800	30 800	26 400	671 000
生产费用合计	660 000	33 000	28 000	721 000
完工产品成本	613 800	30 800	26 400	671 000
月末在产品成本	46 200	2 200	1 600	50 000

思考：

该企业的刘会计认为计算甲类各产品的成本应采用系数法，而李会计则认为根据甲类产品已有的定额，可以采用定额比例法分配甲类3种产品的成本，简单一些。请你加以分析，他们谁说得有道理?

综合技能测试

1. 资料

兴达鞋业有限公司是一家生产劳保鞋的专业公司，该公司设有一个基本生产车间经过3个生产步骤大量生产劳保鞋，生产工艺过程为：首先将制鞋的面料、辅料等裁制成鞋帮面料片、辅料片等，然后送交缝帮车间加工缝制成鞋帮、制成鞋底辅料，最后由成型车间上鞋底、刷胶、撑楦、缝边、切边定型。经过检验合格后形成完工产品。

该公司生产的劳保鞋主要有两类系列产品：防静电皮鞋和防砸安全鞋，其中的40＃鞋产量大、规格适中。公司除设有基本生产车间进行产品生产之外，还设有供电和供汽两个辅助生产车间，分别负责对全厂用电和蒸汽的供应，辅助生产车间内部相互提供的劳务不多。产品生产所需原材料均系生产开始时一次投入。材料采用实际成本计价，发出材料采用全月一次加权平均法计算。由于产品生产中动力费用比重较大，为了加强管理，产品成本中单设“燃料和动力”成本项目进行核算。

该公司的各项消耗定额和费用定额比较准确、稳定，定额管理基础比较好，并且各月在产品数量也比较稳定。

2009年11月份生产劳保鞋的有关成本计算资料如下。

1）月初在产品成本资料

月初在产品成本资料见表5－65。

表5－65 月初在产品成本资料表

2009年11月　　　　单位：元

产品类别	直接材料	燃料和动力	直接人工	制造费用	合计
防静电皮鞋	37 193.50	1 275	5 250	1 350	45 068.50
防砸安全鞋	34 875.00	1 360	5 600	1 440	43 275.00

2）本月发生费用

（1）本月各部门领用材料情况。平时领用材料填制领料单，见表5－66、表5－67和表5－68，月末根据领料单，汇总编制“材料费用汇总分配表”，见表5－69。

表5－66 领料单

No.03628

领料部门：基本生产车间　　2009年11月1日　　仓库：1号库

材料		单位	数量		单位成本	金额	备注
编号	名称		请领	实发			
10－101	牛皮	m	250	250			
用途		用于劳保鞋的加工					

第二联 记账联

仓库负责人：张晓丽　　发料：孙华　　领料：张文超

表 5-67 领料单

No. 03629

领料部门：基本生产车间　　2009 年 11 月 1 日　　仓库：1 号库

材料		单位	数量		单位成本	金额	备注
编号	名称		请领	实发			
10—102	钢包头	m	150	150			
用途		用于防砸安全鞋的加工					

第二联 记账联

仓库负责人：张晓丽　　发料：孙宁　　领料：张文超

表 5-68 领料单

No. 03630

领料部门：基本生产车间　　2009 年 11 月 1 日　　仓库：1 号库

材料		单位	数量		单位成本	金额	备注
编号	名称		请领	实发			
10—103	PU 注塑底	m	300	300			
用途		用于防砸安全鞋的加工					

第二联 记账联

仓库负责人：张晓丽　　发料：孙宁　　领料：张文超

说明：其他领料表略。

表 5-69 发料凭证汇总表

2009 年 11 月　　单位：元

材料类别 / 用途	原材料	低值易耗品	包装物	合计
防静电皮鞋	275 585.60		15 000	290 585.60
防砸安全鞋	279 349		12 000	291 349
产品共同耗用	145 635.40			145 635.40
车间一般耗用	1 900	1 200		3 100
供电车间	27 325			27 325
供汽车间	3 000			3 000
管理部门	2 000	3 200		5 200
合计	734 795	4 400	27 000	766 195

（2）本月发生的职工薪酬费用。根据各部门的工资单编制“工资结算汇总表”，见表 5-70，福利费汇总见表 5-71。

① 单位负担的社会保险和住房公积金比例如下：养老保险 19%；医疗保险 7%；失业保险 2%；生育保险负担 1%；工伤保险 0.6%；住房公积金 6%。

② 工会经费和职工教育经费按工资总额的 2%和 1.5%计提。

表 5-70　工资结算汇总表

2009 年 11 月　　单位：元

生产部门（项目）		基本工资	综合奖金	津贴和补贴	应付工资	代扣款项			实发工资
						社会保险	住房公积金	个人所得税	
基本车间	生产工人	136 000	6 600	12 400	155 000	17 050	9 300	380	128 270
	管理人员	5 100	220	480	5 800	638	348	40	4 774
辅助车间	供电车间	3 110	140	350	3 600	396	216	22	2 966
	供汽车间	5 900	270	630	6 800	748	408	45	5 599
管理部门		27 500	3 000	5 500	36 000	3 960	2 160	86	29 794
合　计		177 610	10 230	19 360	207 200	22 792	12 432	573	171 403

表 5-71　福利费汇总表

2009 年 11 月 30 日　　单位：元

生产部门	基本车间		供电车间	供汽车间	管理部门	合　计
	生产工人	管理人员				
福利费	3 255	820	138.40	360	1 280	5 853.40

（3）本月固定资产折旧计算见表 5-72。

表 5-72　固定资产折旧计算表

2009 年 11 月　　单位：元

使用部门	基本车间	供电车间	供汽车间	管理部门	合　计
折旧额	32 200	3 800	3 500	4 000	43 500

（4）本月发生的其他费用见表 5-73。

表 5-73　其他费用汇总表

2009 年 11 月　　单位：元

车间及部门	质检费	水电费	其　他	合　计
基本生产车间	2 200	1 800	755.20	4 755.20
供电车间	500	600	263	1 363
供汽车间	600	8 500	305	9 405
管理部门	3 200	800	500	4 500
合　计	6 500	11 700	1 823.20	20 023.20

说明：其他费用均以银行存款支付，支付凭证略(不考虑增值税)。

3）产品工时资料

根据 11 月份生产月报统计，本月产品工时情况见表 5-74。

表 5－74　产品工时统计表

2009 年 11 月

产品类别	防静电皮鞋	防砸安全鞋	合　计
生产工时	15 000	16 000	31 000

4）产品产量明细资料

11 月份防静电皮鞋、防砸安全鞋产量明细资料见表 5－75，表 5－76。

表 5－75　防静电皮鞋产量明细表

产品名称	月初在产品产量	本月投入产量	本月完工产量	月末在产品产量
35＃	30	150	160	20
36＃	30	320	300	50
37＃	20	540	500	60
38＃	40	520	500	60
39＃	40	620	600	60
40＃	50	700	700	50
41＃	50	590	600	40
42＃	60	460	500	20
43＃	40	420	400	60
44＃	50	280	300	30
45＃	50	220	240	30
46＃	40	180	200	20
合　计	500	5 000	5 000	500

表 5－76　防砸安全鞋产量明细表

产品名称	月初在产品产量	本月投入产量	本月完工产量	月末在产品产量
35＃	20	120	110	30
36＃	40	160	180	20
37＃	20	380	360	40
38＃	30	400	400	30
39＃	60	480	500	40
40＃	30	620	600	50
41＃	30	520	500	50
42＃	40	380	400	20
43＃	50	280	300	30

续表

产品名称	月初在产品产量	本月投入产量	本月完工产量	月末在产品产量
44#	30	330	300	60
45#	20	230	200	50
46#	20	150	150	20
合　计	390	4 050	4 000	440

5）辅助生产车间提供劳务量资料

各类产品、各部门耗用电和蒸汽数量见表 5－77。

表 5－77　辅助生产车间劳务量统计表

2009 年 11 月

受益单位或产品	电/度	蒸汽/立方米
防静电皮鞋	13 956	19 700
防砸安全鞋	14 882	21 018
基本生产车间一般耗用	7 200	2 200
供电车间		200
供汽车间	500	
行政管理部门	1 650	125
合　计	38 188	43 243

6）定额资料

（1）完工产品定额资料：各类产品材料定额、工时定额见表 5－78。

表 5－78　防静电皮鞋和防砸安全鞋的定额资料

防静电皮鞋	原材料费用定额	工时定额	防砸安全鞋	原材料费用定额	工时定额
35#－37#	58.40	2.76	35#－37#	72.00	4.60
38#－40#	69.35	2.94	38#－40#	85.50	4.90
41#－43#	80.30	3.12	41#－43#	99.00	5.20
44#－46#	91.25	3.30	44#－46#	112.50	5.50

（2）在产品定额资料：防静电皮鞋在产品工时定额 1.5 小时；防砸安全鞋在产品工时定额 2 小时。

（3）单位工时费用定额资料：燃料和动力费用定额 1.7 元/小时，直接人工费用定额 7 元/小时，制造费用定额 1.8 元/小时。

7）有关的费用分配方法

（1）生产产品共同耗用材料按定额费用比例分配法分配。

（2）生产工人工资按产品实用工时比例法分配。

（3）辅助生产费用采用直接分配法分配。

(4) 制造费用按生产工时比例法分配。

(5) 月末在产品按定额成本计价。

(6) 原材料费用系数按原材料费用定额计算，其他加工费用系数按工时定额计算。

2. 要求

根据兴达鞋业有限公司的生产特点和管理要求，正确选择产品成本计算的方法和生产费用的分配方法，计算完工产品的总成本和单位成本。

项目六　成本计划与控制

学习目标

（1）掌握成本计划的编制步骤、编制方法。

（2）掌握成本控制的程序。

（3）掌握标准成本的制定与分析方法，并能灵活运用。

（4）掌握定额成本控制的方法。

任务一　编制成本计划

成本计划是企业降低成本、费用的具体目标，也是企业进行成本控制、成本分析和考核的依据。为了实现企业的决策目标，企业必须通过预测目标利润和目标成本，制定切实可行的成本计划，将生产经营纳入控制的范围。编制成本计划不仅是企业成本会计的一个有机组成部分，也是企业管理的重要内容，对企业成本管理及生产经营活动有重要的意义。

一、任务描述

五洋公司基本生产一车间生产甲、乙两种产品，均为可比产品，假设没有期初、期末在产品，为简化案例，辅助生产车间费用已经包括在“制造费用”科目里。根据下面所给的各项资料，编制甲、乙两种产品计划期2007年的成本计划。

（1）根据市场预测，确定计划期生产甲产品380件，生产乙产品100件。生产甲产品耗用A、B两种材料，A材料消耗定额3千克，每千克计划单价2元；B材料消耗定额4千克，每千克计划单价3元。生产乙产品耗用A、B两种材料，A材料消耗定额8千克，B材料消耗定额6千克。

（2）甲产品每件耗用工时定额2个小时，每小时工资率8元。乙产品每件耗用工时定额3个小时。

（3）根据制造费用有关开支标准和有关计划资料，2007年制造费用计划见表6－1。

表6－1　制造费用计划

2007年　　　　单位：元

项　　目	金　　额
机物料消耗	1 760
电费	2 798
水费	742

续表

项　目	金　额
变动制造费用小计	3 500
折旧费	4 700
财产保险费	600
管理人员薪酬	1 400
固定制造费用小计	6 700
合　计	12 000

二、任务实施

（1）根据“任务描述”资料(1)，编制直接材料费用计划，见表 6－2。

表 6－2　甲、乙产品直接材料费用计划

2007 年　　单位：元

项　目	计划产量/件	A 材料			B 材料			合　计	单位产品材料费用
		消耗定额/千克	计划单价	金额	消耗定额/千克	计划单价	金额		
甲产品	380	3	3	2 280	4	3	4 560	6 840	18
乙产品	100	8	2	1 600	6	3	1 800	3 400	34
合　计				3 880			6 360	10 240	

（2）根据“任务描述”资料(2)，编制直接人工费用计划，见表 6－3。

表 6－3　甲、乙产品直接人工费用计划

2007 年　　单位：元

项　目	计划产量/件	单位产品工时消耗定额/小时	单位产品计划小时工资率	合计金额	单位产品直接人工费用
甲产品	380	2	8	6 080	16
乙产品	100	3	8	2 400	24
合　计				8 480	

（3）根据制造费用计划资料和甲、乙产品耗用工时定额，编制甲、乙产品制造费用分配表，见表 6－4。

表 6－4　制造费用分配表(基本生产车间)

2007 年

项　目	计划产量/件	工时定额/小时	生产工时/小时	分配金额（分配率 11.32）	单位产品制造费用/元
甲产品	380	2	760	8 604	22.64
乙产品	100	3	300	3 396	33.96
合　计			1 060	12 000	

$$分配率=\frac{12\ 000}{1\ 060}=11.32(元/小时)$$

(4) 根据基本生产车间各成本项目计划汇总等资料，编制甲、乙两种产品按成本项目计算的车间成本计划和计划单位产品成本及总成本，见表6-5、表6-6。

表6-5　产品成本计划表(按成本项目反映)

车间：基本生产车间　　2007年　　单位：元

项　目	甲产品	乙产品	合　计
直接材料费用	6 840	3 400	10 240
直接人工费用	6 080	2 400	8 480
制造费用	8 604	3 396	12 000
合　计	21 524	9 196	30 720

表6-6　产品成本计划表(按产品种类反映)

车间：基本生产车间　　2007年　　单位：元

产品名称	计划单位	计划产量	总成本	单位成本
甲	件	380	21 524	56.64
乙	件	100	9 196	91.96
合　计			30 720	

(5) 根据基本生产车间产品成本计划汇总表等资料，编制甲、乙产品单位成本计划，见表6-7、表6-8。

表6-7　主要产品单位成本计划

产品名称：甲产品　　2007年　　单位：元

成本项目	上年预计	本年计划	降低额	降低率%
直接材料费用	20	18	2	10
直接人工费用	18	16	2	11.1
制造费用	24.64	22.64	2	8.1
合　计	62.64	56.64	6	9.58

表6-8　主要产品单位成本计划

产品名称：乙产品　　2007年　　单位：元

成本项目	上年预计	本年计划	降低额	降低率%
直接材料费用	37	34	3	8.1
直接人工费用	25	24	1	4
制造费用	34.76	33.96	0.8	2.3
合　计	96.76	91.96	4.8	4.96

(6) 根据甲、乙产品计划产量、单位成本计划等资料，编制企业全部产品成本计划，见表6-9。

表 6-9 全部产品成本计划

2007 年

单位：元

产品名称	计量单位	计划产量/件	单位成本		总成本			
			上年预计平均	本年计划	按上年预计平均单位成本计算	按本年计划单位成本计算	降低额	降低率
一、可比产品					33 479.20	30 719.20	2 760	8.24%
其中：甲产品	件	380	62.64	56.64	23 803.20	21 523.20	2 280	9.56%
乙产品	件	100	96.76	91.96	9 676	9 196	480	4.96%
二、不可比产品								
全部产品成本合计						30 719.20		

三、知识归纳

1. 成本计划的内容

成本计划是指以货币形式规定计划期内产品的生产耗费和各种产品的成本水平，以及确定成本降低任务和建立为达到规定的目的应实施的具体方案。成本计划是企业财务计划的组成部分，是企业成本管理的重要内容。

1）全部产品成本计划

编制企业全部产品成本计划能反映企业在计划期内的计划成本水平和成本计划降低的任务，它是企业成本计划中一张综合计划表。这张成本计划表将企业全部产品成本分为可比产品成本和不可比产品成本两部分，具备上一年度成本资料正式生产过的产品为可比产品。该表的基本内容如下：

（1）全部可比产品的总成本及成本降低任务。

（2）各主要可比产品的单位成本和总成本及成本降低任务。

（3）全部不可比产品的总成本。

（4）各主要不可比产品的单位成本和总成本。

（5）全部产品的总成本。

2）主要产品单位成本计划

编制主要产品单位成本计划表是编制全部产品成本计划的基础。这张表是分别按不同的产品、成本项目编制的，确定计划期内每种主要产品的成本构成及其应达到的成本水平，以及有关主要可比产品成本降低任务。

3）制造费用和期间费用预算

制造费用是基本生产单位为组织和管理生产所发生的各项间接费用期间费用包括企业行'政管理部门为组织和管理企业的生产经营活动而发生的管理费用；为销售产品或提供劳务发生的销售费用；为筹集资金发生的财务费用。为加强对这些费用的监控，不断降低开支，从而编制制造费用和期间费用预算。

2. 成本计划的编制方法

由于企业生产规模、生产特点及管理要求各异，成本计划的编制方式也不相同。一般有两种方式：一级核算成本计划编制法和分级核算成本计划编制法。下面分别说明两种成本计划的编制方法。

1）一级核算成本计划编制法

在生产规模较小的企业，一般车间不单独进行成本核算，由企业财务部门根据各种有关资料，直接编制企业成本计划。

这种成本计划编制一般可从以下两方面进行：

（1）分产品按成本项目编制各主要产品成本项目的成本计划，再按各主要产品成本项目计划分别汇总，求出每种产品的单位计划成本。最后再根据各种产品的计划单位成本乘以其计划产量并求和，便求得计划期全部产品成本计划。其中可比产品部分还需要确定成本降低任务。

（2）根据各有关部门编制的期间费用预算，由财务部门汇总编制本企业期间费用预算。编制程序如图 6.1 所示。

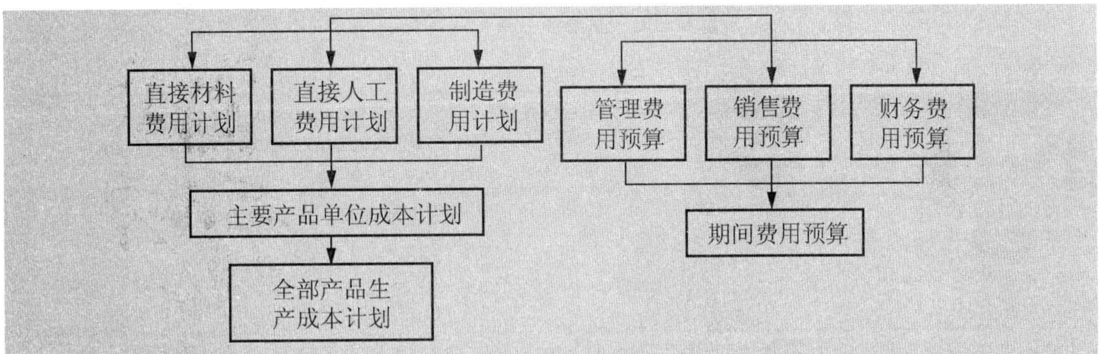

图 6.1　成本计划编制程序

2）分级核算成本计划编制法

在生产规模较大的企业，根据管理要求，可以将车间(或分厂)作为一级核算单位，独立计算车间(或分厂)成本，再由财务部门汇总编制全厂成本计划。

（1）编制车间成本计划。车间成本计划包括基本生产车间成本计划和辅助生产车间成本计划两部分。下边分别介绍各成本计划的编制方法。

① 辅助生产车间成本计划。辅助生产车间提供的产品或劳务不相同，应分别编制各辅助生产车间的成本计划。辅助生产车间的费用最后应按照一定方法分配到各受益单位的产品成本或费用计划中去。辅助生产车间成本计划编制的一般做法归纳如下：

a. 辅助生产车间发生的直接费用计划数，可依据车间计划产量(或劳务量)、单位产品消耗定额(或劳务消耗定额)、厂内计划价格、单位工资标准等计算。

b. 辅助生产车间发生的间接费用计划数，情况比较复杂时，应分情况处理。可根据开支或定额标准计算；可根据上期实际发生或预计发生数调整确定；也可根据有关计划资料确定。

辅助生产车间的全部费用按照企业确定的辅助生产费用的分配方法，应按照为各受益单位提供产品(或劳务)数量以及产品(或劳务)的计划单位成本，编制辅助生产车间生产费用分配表，将辅助生产费用分配给各有关受益单位。

② 编制基本生产车间成本计划。基本生产车间应分别编制车间直接费用计划和制造费用预算，然后编制按产品品种及有关成本项目计算的车间产品成本计划。基本生产车间成本计划编制的一般做法归纳如下：

a. 按各种产品有关成本项目计算耗用的直接费用计划数。可依据计划产量、各项消耗定额、厂内计划价格等计算各种产品的直接材料费用；依据计划产量、单位产品工时定额、小时工资标准(或单位产品工资定额)等计算各种产品的直接人工费用。

b. 编制基本生产车间制造费用预算。应按规定的制造费用的明细项目分别确定各项费用，各项目的计算方法与上述辅助生产车间相同。最后根据企业确定的制造费用分配方法，编制制造费用分配表，将制造费用分配给各种产品，计入各种产品的计划成本中去。

c. 根据各种产品的直接费用计划数和分配制造费用计划数，计算出各种产品的计划总成本和计划单位成本，以及按成本项目计算的车间产品成本计划。

(2) 编制全厂成本计划。

① 编制各种主要产品单位成本计划。该计划是依据各车间产品成本计划汇总编制而成的，应按不同产品分别填制主要产品单位成本计划表。全部产品成本计划表格式见表 6－10。

表 6－10　主要产品单位成本计划

产品名称：A 产品　　　　××年　　　　单位：元

成本项目	上年预计	本年计划	降低额	降低率/%
直接材料费用				
直接人工费用				
制造费用				
合　计				

② 编制全部产品成本计划。根据各种产品单位成本计划和计划产量，填制全部产品成本计划表，计算确定全部产品的计划总成本。全部产品成本计划表格式见表 6－11。

表 6－11　全部产品成本计划

××年　　　　单位：元

产品名称	计量单位	计划产量	单位成本		总成本			
			上年预计	本年计划	按上年预计平均单位成本计算	按本年计划单位成本计算	降低额	降低率/%
一、可比产品 甲产品 乙产品								
二、不可比产品 丙产品 丁产品								
合　计								

(3) 编制全厂期间费用预算。期间费用预算一般先由各职能部门编制各自有关的费用预算，再由财务部门审查后汇总编制全厂期间费用预算。期间费用预算包括管理费用、财务费用、销售费用 3 部分。期间费用预算表格式见表 6-12。

表 6-12　期间费用预算

××年

费用类别	项　目	上年预计	本年计划
管理费用	职工薪酬 折旧费 …… 其他		
	小　计		
销售费用	职工薪酬 业务费 …… 其他		
	小　计		
财务费用	利息支出 ……		
	小　计		
	合　计		

根据上面所述，分级核算成本计划程序如图 6.2 所示。

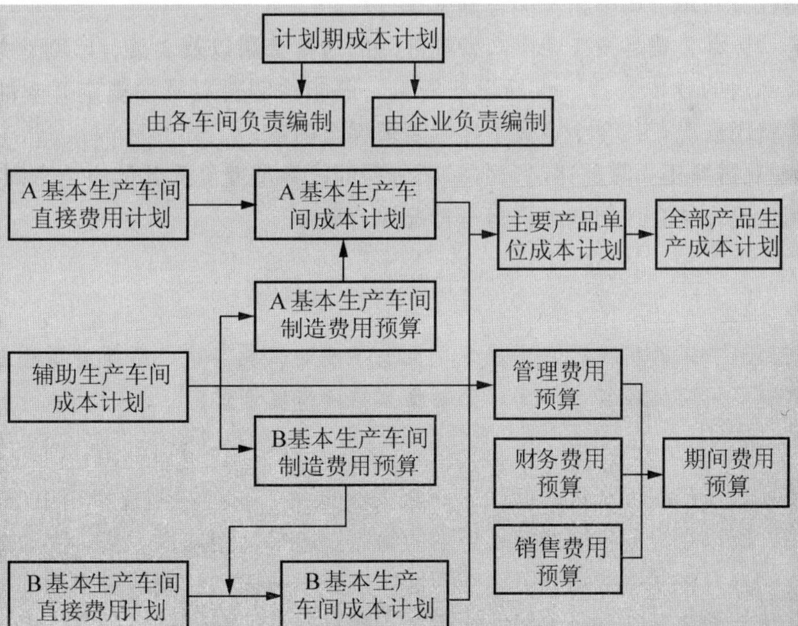

图 6.2　成本计划编制程序

3. 基本生产车间制造费用计划

1）制造费用确定的依据

制造费用是指企业各个生产单位(分厂、车间)为组织和管理生产所发生的各项费用。一般常见的明细项目有：车间管理人员薪酬、劳动保护费、折旧费、物料消耗、低值易耗品、水电费、运输费、包装物、其他等。其详细内容及预算数确定依据如下：

(1) 车间管理人员工资。车间管理人员工资是指生产车间管理人员、辅助后勤人员等非一线直接从事生产的人员的工资。其预算数确定可以依据其岗位人数、相应的工资等级内涵及企业的岗位考核办法等。

(2) 职工福利费。按照实际发生额列支。

(3) 劳动保护费。劳动保护费是指按照规定标准和范围支付给车间职工的劳动保护用品，防暑降温、保健饮食品(含外购矿泉水)的费用和劳动保护宣传费用。按照企业劳保条例有关规定执行。

(4) 折旧费。折旧费是指车间所使用固定资产按规定计提的折旧额。按照固定资产折旧办法和固定资产数量预计。

(5) 物料消耗。物料消耗是指车间管理部门耗用的一般消耗材料，不包括固定资产修理和劳动保护用材料。按照往年的业务量结合新增任务确定，一次性计入制造费用。

(6) 低值易耗品摊销。低值易耗品摊销是指车间所使用的低值易耗品的摊销。可以采用一次摊销法或五五摊销法计入制造费用。

(7) 水电费。水电费是指车间管理部门由于消耗水、电和照明用材料等而支付的非直接生产费用。按照往年用量，结合新增任务和单价调整情况综合确定。

(8) 运输费。运输费是指生产应负担的厂内运输部门和厂外运输机构所提供的运输费用，包括其办公用车辆的养路费、管理费、耗用燃料及其他材料等费用。按照往年费用情况，结合新增任务和单价调整情况综合确定。

(9) 办公费。办公费是指车间生产管理部门的通信费用以及文具、印刷、办公用品等办公费用；政府部门的宣传经费，包括学习资料、照相洗印费以及按规定开支的报刊订阅费等。按照往年费用情况，结合企业成本控制要求综合确定。

(10) 其他制造费用。除前述(1)～(8)项所列的，零星发生的其他应由车间负担的费用。按照往年费用情况，结合计划期经济运行情况综合确定。

提示

上述所列制造费用的明细项目比较多，但也不全面。现实中，不同类型企业或者业务不同的企业的制造费用明细项目也不同，需要根据实际情况设置。

2）制造费用的编制方法

制造费用项目与产品生产量之间缺乏直接的因果关系，且在制造费用中既有变动费用，也有固定费用，所以在实务中制造费用计划的编制一般采用变动成本法。变动成本法是利用成本性态分析原理，将制造费用划分为变动性制造费用和固定性制造费用两部分，变动性制造费用以生产量计划为基础进行编制。如果企业拥有完善的标准成本资料，用单位变动制造费用与计划产量或工时相乘，即可得到变动制造费用总计划数额。固定制造费用一般与产量没有直接因果关系，需要根据上年的预计数，结合计划期的变动情况进行测算。

【例 6－1】 表 6－13 所示是五洋公司 2007 年预计的制造费用，现需要根据预测的情况编制 2008 年的费用计划。

表 6－13　制造费用计划

2007 年

项　　目	变动费用率/(元/小时)	预计金额/元
变动制造费用：		
机物料消耗		1 760
电费	2.65	
水费	0.7	
固定制造费用：		
折旧费		4 700
财产保险费		600
管理人员薪酬		1 400
固定制造费用小计		6 700

经预测 2008 年会有如下情况发生：由于市场需求增加，所以 2008 年的计划产量增加，其中甲产品为 400 件，乙产品为 160 件；甲、乙产品的工时定额不变，甲产品为 2 小时，乙产品为 3 小时；设备增加一台，预计买价为 25 万元，使用年限为 10 年，采用直线法计提折旧；预计物料消耗会增加 800 元；预计保险费用增加 152 元。则五洋公司 2008 年的费用计划见表 6－14。

表 6－14　制造费用计划

2008 年　　单位：元

项　　目	金　　额
机物料消耗	2 560
电费	3 392
水费	896
变动制造费用小计	6 848
折旧费	7 200
财产保险费	752
管理人员薪酬	1 400
固定制造费用小计	8 092
合　计	14 940

机物料消耗＝1 760＋800＝2 560(元)

电费＝2.65×(400×2＋160×3)＝2.65×1 280＝3 392(元)

水费＝0.7×1 280＝896(元)

折旧费＝4 700＋250 000/10＝7 200(元)

保险费＝600＋152＝752(元)

四、能力拓展

1. 编制成本计划的作用和要求

1）编制成本计划的作用

成本计划是企业财务计划的组成部分，它是企业计划期内的行动纲领，编制成本计划具有重要作用。

（1）成本计划明确了各部门的奋斗目标。企业通过成本预测和成本决策所确定的企业计划期的目标成本，需要通过成本计划，根据企业生产经营和管理的要求，以及各项费用发生的具体情况，将目标成本分解落实到各职能部门和单位。通过成本指标的分解与落实，明确各部门、单位降低成本与加强成本管理的责任，调动各部门、单位和职工努力降低成本的积极性，在各部门、单位的共同努力下，保证完成成本计划。

（2）成本计划是进行成本控制和成本考核的依据。各部门和单位依据成本计划所确定的各项成本指标，对经济活动进行比较、分析，用其控制经济活动，节约开支、降低成本费用。依据成本计划对各部门、单位的工作实施定期考核，便于找出差距、肯定成绩，制定措施，提高成本管理工作的质量。

（3）成本计划是加强成本管理和编制其他财务计划的基础。成本计划是动员企业广大群众共同编制的。计划的编制过程是发动群众，集思广益，提措施挖潜力的过程。成本计划成为群众进行成本管理的奋斗目标，它促使职工自觉地为完成成本计划而努力。成本的高低决定企业资金占用的数量和实现利润的水平。因此，成本计划也为编制企业流动资金需要量计划和利润计划提供依据。

2）编制成本计划的要求

（1）编制成本计划要以切合实际、先进合理的技术经济定额为依据。定额是成本计划的基础，要使编制的成本计划先进可行，必须在编制计划的过程中，认真调查研究，同有关部门紧密配合，依靠工程技术人员、管理人员和职工群众，把修订各项定额同编制成本计划结合起来，既要提高定额工作的水平，又要使编制的成本计划不但先进，而且可行。

（2）编制的成本计划要有利于成本指标的分解与落实。编制的成本计划应根据企业生产特点和管理要求以及各项生产经营费用实际发生的具体情况，有针对性地确定不同的成本指标，使成本指标便于分解，落实到车间，班组和职工个人，实行成本指标归口分级管理，保证成本计划贯彻执行。

（3）编制成本计划要严肃法纪，遵守成本开支范围。编制成本计划必须严格遵守国家的有关规定和成本开支范围，在企业董事会或厂长直接领导下，财务部门负责组织和参加计划的编制，保证成本计划和实际成本采用的方法相一致，保证成本计划的贯彻执行，使企业成本决策方案顺利实施，能正确分析成本计划的完成情况。

2. 成本计划的编制步骤

编制成本计划是一项较复杂的工作。由于各个企业生产经营特点、规模大小和管理要求有不同，所以成本计划的编制方式不尽相同。但是，在编制成本计划的步骤上有以下共同点：

(1) 以财务部门为主，广泛收集有关资料并在认真分析研究的基础上，预计和分析上期成本计划的执行情况。

(2) 测算企业成本计划指标，确定计划期目标成本，初步确定企业内部各单位、部门的成本控制指标。

(3) 各单位、部门在深入认真论证的基础上，编制各自的成本计划或预算方案，并制定实施措施。

(4) 企业财务部门在审核各单位、部门成本计划或预算方案的基础上，结合企业实际情况进行综合平衡，汇编全厂成本计划草案。

(5) 经企业最高领导机构审核同意后，下达正式执行。

编制成本计划时，应该充分依靠群众，动员群众挖掘增产节约的潜力。通过编制成本计划，提高职工群众的成本管理意识，做到在细微之处见精神，不断降低产品成本，增强企业竞争实力，提高经济效益。

3. 成本计划的弹性编制法

成本计划的弹性编制法是企业在不能准确预测业务量的情况下，根据计划期可预见的多种生产经营活动水平分别确定相应成本水平的成本计划编制方法。它可以分别以不同的生产能力利用程度，反映计划期内计划成本数额。由于这种方法随业务量水平的变动可以进行机动调整，所以更能区分和落实责任，是一种先进的计划编制方法。特别是在会计电算化日益普及的今天，更能显示其优越性。

1) 弹性编制法的特点

(1) 弹性成本计划是按照某一生产水平范围而编制的，从而扩大了计划的适用范围。

(2) 考核计划执行结果时，需要先计算“实际生产水平的计划成本”，然后再将实际执行结果与其相比较，因而使得计划执行情况的考核与评价建立在更加现实和可比的基础之上。

2) 弹性成本计划编制举例

(1) 选择和确定生产水平的计量单位。编制弹性计划要选择一个最能代表本部门生产经营活动水平的业务量计量单位。例如，以手工操作为主的车间，就应选择人工工时；制造单一产品或零件的部门，可以选择实物数量；制造多种产品或零件的部门，可以选择人工工时或机器工时。

(2) 确定可能达到的各种水平范围，通常以正常生产能力的 70%～110% 为宜，中间间隔为 5%～10% 为好。业务活动水平间距越小，计划就越容易起到约束和控制作用。

(3) 根据成本和产量之间的关系，分别确定变动成本、固定成本和混合成本及其费用项目在不同经营活动水平范围内的控制数额。

(4) 根据成本性态分析建立成本性态模型。

$$y=a+bx \tag{6-1}$$

式中：y——弹性成本费用计划总额；

a——固定成本费用计划总额；

b——单位变动成本费用率；

x——业务量水平。

【例 6-2】Y 公司 2004 年制造费用弹性计划资料见表 6-15，其中较大的混合成本项目已经经过分解。该公司正常生产能力为 10 000 机器台时，生产能力利用率在 90%～105%(即 9 000～10 500 台时)之间，要求编制制造费用弹性计划。

表 6-15　Y 公司 2004 年制造费用弹性计划资料

项　目	固定费用/元	变动费用率/(元/台时)	项　目	固定费用/元	变动费用率/(元/台时)
管理人员薪酬	12 000		辅助材料	2 000	0.15
财产保险费	3 000		水费	1 000	0.20
设备租金	4 000		电费	1 500	0.10
燃油		2			
辅助工人薪酬		1			

从表 6-15 资料中可以得到以下数据：

固定成本费用计划总额 a=12 000+3 000+4 000+2 000+1 000+1 500=23 500(元)

单位变动成本费用率 b=2+1+0.15+0.20+0.10=3.45(元/台时)

成本性态模型：$y=a+bx$=23 500+3.45x

利用该模型可以确定当业务量 x 为 9 000～10 500 台时之间的任意一点上的制造费用预算数，比较方便。本例当生产能力利用率为 100%(即 10 000 台时)时。

制造费用=23 500+3.45×10 000=58 000(元)

为了便于费用的分项控制和考核，需要进一步按照费用项目列出不同业务量水平下的弹性预算，见表 6-16。

表 6-16　制造费用计划

单位：元

机器台时		9 000	9 500	10 000	10 500	
生产能力利用		90%	95%	100%	105%	
1. 变动费用项目		27 000	28 500	30 000	31 500	
燃油		18 000	19 000	20 000	21 000	
辅助材料		9 000	9 500	10 000	10 500	
2. 混合费用项目		8 550	8 775	9 000	9 225	
辅助工人薪酬		3 350	3 425	3 500	3 575	
水费		2 800	2 900	3 000	3 100	
电费		2 400	2 450	2 500	2 550	
3. 固定费用项目		19 000	19 000	19 000	19 000	
管理人员薪酬		12 000	12 000	12 000	12 000	
财产保险费		3 000	3 000	3 000	3 000	
设备租金		4 000	4 000	4 000	4 000	
制造费用计划数		54 550	56 275	58 000	59 725	

五、单项技能训练

1. 资料

某酿酒公司正常生产能力情况下，生产高级解百纳干红 2 568.21 吨，生产能力利用率在

90％～105％之间。预计每吨高级解百纳干红耗用配成酒 1 012.05 升，每升配成酒的计划单价为 6.95 元；每吨高级解百纳干红计划耗用包装材料 1 400 个，单价为 2.24 元；每吨工时定额为 14.5 小时，小时工资率为 21.1 元；变动制造费用的分配率为 15.8 元/小时，固定制造费用的分配率为 10.84/小时。

2. 要求

用弹性编制法编制该酿酒公司高级解百纳的成本计划。

任务二　实施成本控制

管理大师彼得·德鲁克说过："企业家就是做两件事，一是营销，二是削减成本，其他都可以不做"。成本是企业生存和发展不可不谈的话题，成本的高低往往直接决定了企业的生存与发展，成本控制对每个企业来说都是管理的重点之一。

一、任务描述

五洋公司为了进行成本控制，实行标准成本制度。根据任务一中任务描述有关的定额资料制定了标准成本，作为其成本控制的依据。

（1）2007 年计划生产甲产品 380 件，生产乙产品 100 件。生产甲产品耗用 A、B 材料，A 材料消耗定额 3 千克，每千克计划单价 2 元；B 材料消耗定额 4 千克，每千克计划单价 3 元。生产乙产品耗用 A、B 材料，A 材料消耗定额 8 千克；B 材料消耗定额 6 千克；

（2）2007 年预计实际生产甲产品 380 件，生产乙产品 100 件。生产甲产品实际耗用 A 材料 1 100 千克，材料实际单价为 2.5 元；实际耗用 B 材料 1 500 千克，实际材料单价为 2 元。生产乙产品实际耗用 A 材料 850 千克，实际耗用 B 材料 600 千克；

（3）甲产品计划每件工时定额 2 个小时，每小时工资率 8 元；乙产品计划每件工时定额 3 个小时，每小时工资率 8 元。预计甲产品实际耗用工时 700 个小时，实际支付工资 5 800 元；乙产品实际耗用工时 300 个小时，实际支付工资 2 400 元；

（4）预计 2007 年实际发生变动制造费用 5 000 元，固定制造费用发生 6 500 元。2007 年计划变动制造费用 5 00 元，固定制造费用 6 700 元。

二、任务实施

1. 制定标准成本

（1）甲、乙产品直接材料标准成本计算分别见表 6－17、表 6－18。

表 6－17　甲产品直接材料标准成本计算

标　　准	A 材料	B 材料
数量标准(1)	3 千克	4 千克
价格标准(2)	2 元	3 元
标准成本(1)×(2)	6 元	12 元
直接材料标准成本	18 元	

表6-18　乙产品直接材料标准成本计算

标　　准	A材料	B材料
数量标准(1)	8千克	6千克
价格标准(2)	2元	3元
标准成本(1)×(2)	16元	18元
直接材料标准成本	34元	

(2) 甲、乙产品直接人工标准成本计算见表6-19。

表6-19　甲、乙产品直接人工标准成本

2007年

项　　目	单位产品人工标准工时/小时	单位产品工资率/元	单位产品直接人工标准成本/元
甲	2	8	16
乙	3	8	24
合　计			

(3) 甲、乙产品制造费用标准成本计算见表6-20。

表6-20　制造费用标准成本

车间：基本生产车间　　单位：元

项　　目	直接人工标准工时/小时	制造费用标准分配率	单位产品制造费用
甲产品：			
变动制造费用	2	5	10.00
固定制造费用	2	6.32	12.64
制造费用标准成本			22.64
乙产品：			
变动制造费用	3	5	15.00
固定制造费用	3	6.32	18.96
制造费用标准成本			33.96

(4) 甲、乙产品标准成本分别见表6-21、表6-22。

表6-21　甲产品标准成本卡

成本项目	价格标准	用量标准	标准成本
直接材料：			
A材料	2元/千克	3千克	18元
B材料	3元/千克	4千克	
直接人工	8元/小时	2小时	16元
制造费用			
其中：变动费用	5元/小时	2小时	22.64元
固定费用	6.32元/小时	2小时	
标准单位成本			56.64元

表 6-22　乙产品标准成本卡

成本项目	价格标准	用量标准	标准成本
直接材料：			
A材料	2元/千克	8千克	34元
B材料	3元/千克	6千克	
直接人工	8元/小时	3小时	24元
制造费用			
其中：变动费用	5元/小时	3小时	33.96元
固定费用	6.32元/小时	3小时	
标准单位成本			91.96元

2. 标准成本差异的计算与分析

1）直接材料差异分析

（1）甲产品差异分析。

材料价格差异＝1 100×(2.5－2)＋1 500×(2－3)＝550－1 500＝－950(元)

材料数量差异＝(1 100－380×3)×2＋(1 500－380×4)×3＝－80－60＝－140(元)

直接材料数量差异＝价格差异＋数量差异＝－950－140＝－1 090(元)

或　直接材料成本差异＝(1 100×2.5－380×6)＋(1 500×2－380×12)
＝470－1 560
＝－1 090(元)

虽然A材料价格上涨，但是由于B材料的价格下降幅度比较大，加上生产甲产品实际消耗的两种材料用量均下降，导致生产甲产品的材料消耗共降低了1 090元。

（2）乙产品差异分析。

材料价格差异＝850×(2.5－2)＋600×(2－3)＝425－600＝－175(元)

材料数量差异＝(850－100×8)×2＋(600－100×6)×3＝100(元)

直接材料数量差异＝价格差异＋数量差异＝－175＋100＝－75(元)

或　直接材料成本差异＝(850×2.5－100×16)＋(600×2－100×18)＝525－600＝－75(元)

从价格影响角度来看，虽然A材料价格上涨，由于B材料的价格下降幅度比较大，所以生产乙产品的材料消耗降低了175元。从消耗数量角度来分析，由于生产乙产品消耗的A材料数量增加了，导致材料成本又上升了100元。综合两方面的影响生产乙产品的材料消耗共降低了75元。

2）直接人工差异分析

（1）甲产品差异分析。

工资率差异＝700×(5 800÷700－8)＝200(元)

人工效率差异＝(700－380×2)×8＝－480(元)

人工成本差异＝工资率差异＋人工效率差异＝200－480＝－280(元)

或　人工成本差异＝5 800－380×16＝－280(元)

由于生产甲产品的实际工资率上升，使人工成本增长了200元；同时由于耗用的工时下降使人工成本下降了480元。综合两方面的影响生产甲产品的人工耗费共降低了280元。

(2) 乙产品差异分析。

工资率差异＝300×(2 400÷300－8)＝0(元)

人工效率差异＝(300－100×3)×8＝0(元)

人工成本差异＝工资率差异＋人工效率差异＝0(元)

或　人工成本差异＝2 400－100×24＝0(元)

生产乙产品的实际人工成本与计划人工成本相一致。

3) 变动制造费用差异分析

变动制造费用实际分配率＝5 000÷(700＋300)＝5(元/小时)

固定制造费用实际分配率＝6 500÷1 000＝6.5(元/小时)

(1) 甲产品差异分析。

① 变动制造费用。

变动制造费用耗费差异＝700×(5－5)＝0(元)

变动制造费用效率差异＝(700－380×2)×5＝－300(元)

变动制造费用成本差异＝0－300＝－300(元)

或　变动制造费用成本差异＝700×5－380×5×2＝－300(元)

② 固定制造费用。

固定制造费用耗费差异＝700×6.5－760×6.32＝－253.2(元)

甲产品制造费用差异＝－300－253.2＝－553.2(元)

变动制造费用下降是由于生产甲产品的效率提高，耗用工时下降，影响结果是变动制造费用下降了300元；虽然固定制造费用的实际分配率提高了，由于生产甲产品的效率提高，耗用工时下降，使固定制造费用下降了253.2元。生产甲产品的制造费用共下降了553.2元。

(2) 乙产品差异分析。

① 变动制造费用。

变动制造费用耗费差异＝300×(5－5)＝0(元)

变动制造费用效率差异＝(300－100×3)×5＝0(元)

变动制造费用成本差异＝0(元)

或　变动制造费用成本差异＝300×5－300×5＝0(元)

② 固定制造费用。

固定制造费用耗费差异＝300×6.5－300×6.32＝54(元)

乙产品制造费用差异＝0＋54＝54(元)

生产乙产品发生的变动制造费用与计划一致；由于固定制造费用的实际分配率提高了，使实际固定制造费用提高了54元。

三、知识归纳

1. 成本控制内涵

成本控制一词源于20世纪30年代美国的《会计控制法》，该法是由美国哈佛大学企业管理研究院制定的，主要目的是控制成本和不断降低成本，所以又被称为成本控制法。成本控制是指在成本形成过程中，根据事先制定的成本目标，在企业的各项生产经营活动中，对各种影响成本的因素和条件采取的一系列预防和调节措施，以保证成本管理目标实现的管理行为。成本控制是企业成本管理职能之一，是成本管理系统的核心。

成本控制有广义和狭义之分。广义成本控制一般将从产品设计、生产到使用全过程涵盖在内。按成本控制发生的时间先后，分为事前控制、事中控制和事后控制，即成本循环中的设计阶段、执行阶段和考核阶段。广义成本控制纳入全部管理职能，适应现代科学技术和市场经济的飞速发展。狭义成本控制是指生产过程的产品成本控制。生产过程中的成本控制是会计的基本职能在生产经营过程中的具体运用，如果在产品生产过程中对成本失去控制，企业预定的目标将落空。狭义成本控制为本任务阐述的主要内容。

2. 成本控制常用方法——标准成本控制法

制定标准成本是制订计划成本的起点，也是成本控制的起点。标准成本是根据历史的成本资料，在适当调查、测算的基础上所预先确定的制造(生产)某种产品的目标成本，以此为标准，可同该产品日后发生的实际成本相比较，并对成本差异进行计算和分析，以达到控制耗费，降低成本的目的。

1）标准成本的类型

(1) 基本标准成本。几年中只制定一次并保持不变的标准成本称为基本标准成本。这种标准成本可使企业不同时期的成本与相同的标准成本基础进行比较。但因科技发展、劳动生产率提高，原有标准成本将难以发挥其应有的作用。

(2) 理想标准成本。理想标准成本是在最优的生产条件下，利用现有规模和设备能达到的最低成本，是理论上的业绩标准、生产要素的理想价格和可能实现的最高生产能力的利用水平。理想的业绩标准是指生产过程中毫无技术浪费时的生产要素消耗量，最熟练的工人全力以赴工作、不存在废品损失和停工时间等条件下可能实现的最优业绩；最高生产能力的利用水平是指理论上可能达到的设备利用程度，只扣除不可避免的机器修理、改换品种、调整设备的时间，而不考虑产品销路不畅、生产技术故障造成的损失。这种标准很难成为现实，即使出现也不可能持久。它的主要用途是提供一个完美无缺的目标，揭示成本下降的潜力，不能作为考核的依据。

(3) 正常(或现实)标准成本。指企业在正常经营状况下，一个完整的营业循环周期所预计的成本。这些标准成本易于达到，但仅仅是根据过去实际成本的平均水平，并消除企业生产经营活动中不正常情况(或因素)而制定的标准成本，因此对未来的成本控制而言，没什么重要性。

(4) 现行(或预期)实际标准成本。这种标准成本是根据本期营业状况制定的，并代表管理当局下一会计期目标的可达到水平。这些标准是可达到的，任何偏离标准的差异就是代表生产经营的效益的高低，除非是由于不可控制的因素产生的差异。标准成本制度下的标准成本通常指这种标准成本。

2）标准成本的制定

标准成本一般是由会计部门会同采购部门、技术部门和其他有关部门，在对企业生产经营的具体条件进行分析、研究和技术测定的基础上采用科学的方法共同制定的。产品标准成本的制定，通常先确定直接材料和直接人工的标准成本，其次确定制造费用的标准成本，最后确定单位产品的标准成本。

在制定时，无论哪一个成本项目，都需要分别确定其用量标准和价格标准，两者相乘后得出成本标准。

用量标准包括单位产品材料消耗量、单位产品直接人工工时等，主要由生产技术部门主持制定，执行标准的部门和职工参加。

价格标准包括原材料单价、小时工资率、小时制造费用分配率等，主要由会计部门和有关其他部门共同研究制定。采购部门是材料价格的责任部门，劳资部门和生产部门对小时工资率负有责任，各生产车间对小时制造费用率承担责任，在制定有关价格标准时要与他们协商。

(1) 直接材料标准成本的制定。直接材料标准成本的制定包括直接材料用量标准的制定和直接材料价格标准的制定。

① 直接材料用量标准是指在现有的生产技术条件下，生产单位产品所需要的材料数量，即材料的消耗定额。直接材料用量标准通常应根据企业产品的设计、生产工艺状况，并结合企业的管理水平，考虑降低材料消耗的可能等因素制定。企业应为产品耗费不同的直接材料分别制定标准耗用量。

② 直接材料价格标准是指采购部门根据供应单位的供货价格，结合最佳采购批量和最佳运输方式等其他影响价格的因素预先确定各种材料的单价，包括买价和运杂费等。根据材料用量标准和价格标准就可以确定直接材料的标准成本。其计算公式如下：

$$\text{某产品的直接材料标准成本} = \sum(\text{该产品所需某材料的数量标准} \times \text{该材料的价格标准}) \tag{6-2}$$

【例 6-3】 达成公司生产甲产品需耗用 A、B、C 共 3 种直接材料，其直接材料标准成本计算见表 6-23。

表 6-23　甲产品直接材料标准成本计算

标　　准	A 材料	B 材料	C 材料
数量标准(1)	6 千克	4 千克	8 千克
价格标准(2)	50 元	30 元	10 元
标准成本(1)×(2)	300 元	120 元	80 元
直接材料标准成本		500 元	

(2) 直接人工标准成本的制定。直接人工标准成本的制定包括直接人工的标准工时制定和工资率标准制定。

确定单位产品所需的直接生产人工时，需要按产品的加工工序分别进行，然后加以汇总。标准工时是在现有的生产技术条件下，生产单位产品所需要的时间，包括直接加工操作必不可少的时间，以及必要的间歇和停工，如工间休息、调整设备时间、不可避免的废品耗用工时等。标准工时应以作业研究和工时研究为基础，参考有关统计资料来确定。

直接人工的价格标准是指标准工资率。它可能是预定的工资率，也可能是正常的工资率。如果采用计件工资制，标准工资率是预定的每件产品支付的工资除以标准工时，或者是预定的小时工资；如果采用月工资制，需要根据月工资总额和可用工时总量来计算标准工资率。

直接人工标准成本的计算公式如下：

$$\text{某产品的直接人工标准成本} = \sum(\text{该产品的直接人工标准工时} \times \text{标准工资率}) \tag{6-3}$$

(3) 制造费用标准成本的制定。制造费用一般不能制定产品消耗定额，通常应以责任部门为单位，按固定费用和变动费用两类编制费用预算。

制造费用的标准成本是按部门分别编制的，然后将同一产品涉及的各部门单位制造费用标准加以汇总，得出整个产品制造费用标准成本。

各部门制造费用标准成本可分为变动制造费用标准成本和固定制造费用标准成本两部分。

① 变动制造费用标准成本。变动制造费用的数量标准通常采用单位产品直接人工工时标准，它在直接人工标准成本制定时已经确定。有的企业采用机器工时或其他用量标准作为数量标准的计量单位，应尽可能与变动制造费用保持较好的线性关系。

变动制造费用的价格标准是每一工时变动制造费用的标准分配率，它根据变动制造费用预算和直接人工总工时计算求得。

$$\text{变动制造费用标准分配率}=\frac{\text{变动制造费用预算总数}}{\text{直接人工标准总工时}} \tag{6-4}$$

确定数量标准和价格标准之后，两者相乘即可得出变动制造费用标准成本。

$$\begin{matrix}\text{变动制造费}\\\text{用标准成本}\end{matrix}=\begin{matrix}\text{单位产品直接}\\\text{人工标准工时}\end{matrix}\times\begin{matrix}\text{变动制造费用}\\\text{标准分配率}\end{matrix} \tag{6-5}$$

各车间变动制造费用标准成本确定后，可汇总出单位产品的变动制造费用标准成本。

② 固定制造费用标准成本。如果企业采用变动成本计算，固定制造费用不计入产品成本，因此单位产品的标准成本中不包括固定制造费用的标准成本。在这种情况下，不需要制定固定制造费用的标准成本，固定制造费用的控制则通过预算管理来进行。如果采用完全成本来计算，固定制造费用要计入产品成本，还需要确定其标准成本。

固定制造费用的用量标准与变动制造费用的用量标准相同，包括直接人工工时、机器工时、其他用量标准等，并且两者要保持一致，以便进行差异分析。这个标准的数量在制定直接人工用量标准时已经确定。

固定制造费用的价格标准是其每小时的标准分配率，它根据固定制造费用预算和直接人工标准总工时来计算求得。

$$\text{固定制造费用标准分配率}=\frac{\text{固定制造费用预算总额}}{\text{直接人工标准总工时}} \tag{6-6}$$

确定了用量标准和价格标准后，两者相乘即可得出固定制造费用标准成本。

$$\begin{matrix}\text{固定制造费}\\\text{用标准成本}\end{matrix}=\begin{matrix}\text{单位产品直接}\\\text{人工标准工时}\end{matrix}\times\begin{matrix}\text{固定制造费用}\\\text{标准分配率}\end{matrix} \tag{6-7}$$

各车间固定制造费用标准成本确定后，可汇总出单位产品的固定制造费用标准成本。

(4) 标准成本卡。将以上确定的直接材料、直接人工和制造费用的标准成本按产品加以汇总，就可确定有关产品完整的标准成本。通常，企业编制“标准成本卡”(见表 6－19)，反映产品标准成本的具体构成。在每种产品生产之前，它的标准成本卡要送达有关人员，包括各级党委生产部门负责人、会计部门、仓库等，作为领料、派工和支出其他费用的依据。

下面举例说明标准成本的制定方法。

【例 6－4】 达昌公司计划期间的生产产量标准为 1 000 工时，直接人工工资总额为 5 000 元，公司制造费用总额为 10 000 元(其中变动制造费用预算总额为 4 500 元)。假定制造每件产品直接人工的定额工时为 40 小时，直接材料的消耗定额为 20 千克，每千克标准单位价为 15 元，则甲产品的标准成本见表 6－24。

表 6-24 甲产品标准成本卡

成本项目	价格标准	用量标准	标准成本
直接材料	15 元/千克	20 千克	300 元
直接人工	5 元/小时	40 小时	200 元
制造费用 其中：变动费用 固定费用	 4.5 元/小时 5.5 元/小时	 40 小时 40 小时	 180 元 220 元
标准单位成本			900 元

其中：工资标准价格 $=\frac{5\ 000}{1\ 000}=5$(元/小时)

变动制造费用标准价格 $=\frac{4\ 500}{1\ 000}=4.5$(元/小时)

固定制造费用标准价格 $-\frac{5\ 500}{1\ 000}=5.5$(元/小时)

3）标准成本差异的计算与分析

标准成本是一种目标成本，由于种种原因，产品的实际成本会与目标成本不符。实际成本与标准成本之间的差额称为标准成本的差异，或称为成本差异。成本差异是反映实际成本脱离预定目标程度的信息。为了消除这种偏差，要对产品的成本差异进行分析，找出原因和对策，以便采取措施加以纠正。

(1) 变动成本差异的分析。直接材料、直接人工和变动制造费用都属于变动成本，其成本差异分析的基本方法相同，由于它们的实际成本高低取决于实际用量和实际价格，标准成本的高低取决于标准用量和标准价格，所以其成本差异可以归结为价格脱离标准造成的价格差异与用量脱离标准造成的数量差异两类。

成本差异＝实际成本－标准成本

＝实际数量×实际价格－标准数量×标准价格　　(6-8)

① 直接材料成本差异分析。直接材料实际成本与标准成本之间的差额是直接材料成本差异。该项差异形成的基本原因有两个：一是价格脱离标准，二是用量脱离标准。前者按实际用量计算，称为价格差异；后者按标准价格计算，称为数量差异。

材料价格差异＝实际数量×(实际价格－标准价格)

材料数量差异＝(实际数量－标准数量)×标准价格　　(6-9)

【例 6-5】 本月生产产品 160 件，使用材料 1 600 千克，材料单价 31 元/千克；直接材料的单位产品标准成本为 270 元，即每件产品耗用 9 千克直接材料，每千克材料的标准价格为 30 元，根据上述公式计算以下内容：

直接材料价格差异＝1 600×(31－30)＝1 600(元)

直接材料数量差异＝(1 600－160×9)×30＝4 800(元)

直接材料价格差异与直接材料数量差异之和，应该等于直接材料成本的总差异。

直接材料成本差异＝实际成本－标准成本

＝1 600×31－160×9×30

＝48 800－43 200＝5 600(元)

直接材料成本差异＝价格差异＋数量差异＝800＋4 800＝6 400(元)

材料价格差异是在采购过程中形成的，不应由耗用材料的生产部门负责，而应由采购部门对其做出说明。采购部门未能按标准价格进货的原因有很多，如供应厂家价格变动、未按经济采购批量进货、未能及时进货造成的紧急订货、不必要的快速运输方式、违反合同被罚款等，需要进行具体分析和调查，才能明确最终原因和责任归属。

材料数量差异是在材料耗用过程中形成的，反映生产部门的成本控制业绩。材料数量差异形成的具体原因也有很多，如操作疏忽造成废品和废料增加、操作技术改进而节省材料、新工人上岗造成多用料、机器或工具不合适造成用料增加等。有时多用量并非生产部门的责任，如购入材料质量低劣、规范不符也造成用料超过标准；又如工艺变更、检验过严也会使数量差异过大。因此，要进行具体的调查研究才能明确责任归属。

② 直接人工成本差异分析。直接人工成本差异是指直接人工实际成本与标准成本之间的差额。它也被区分为“价格差异”和“数量差异”两部分。价格差异是指实际工资率脱离标准工资率，其差额按实际工时计算确定的金额又称工资率差异。数量差异是指实际工时脱离标准工时，其差额按标准工资率计算确定的金额又称人工效率差异。

$$\text{工资率差异}=\text{实际工时}\times(\text{实际工资率}-\text{标准工资率}) \quad (6-10)$$

$$\text{人工效率差异}=(\text{实际工时}-\text{标准工时})\times\text{标准工资率} \quad (6-11)$$

【例 6-6】 本月生产产品 150 件，实际使用工时 700 小时，支付工资 5 600 元；直接人工的标准成本是 35 元/件，即每件产品标准工时为 5 小时，标准工资率为 7 元/小时。按上述公式计算以下内容：

工资率差异＝700×(5 600÷700－7)＝700(元)

人工效率差异＝(700－150×5)×7＝－350(元)

工资率差异与人工效率差异之和，应该等于人工成本总差异，并可据此验算差异分析计算的正确性。

人工成本差异＝实际人工成本－标准人工成本＝5 600－150×35＝350(元)

人工成本差异＝工资率差异＋人工效率差异＝700＋(－350)＝350(元)

工资率差异形成的原因包括直接生产工人升级或降级使用、奖励制度未产生实效、工资率调整、加班或使用临时工、出勤率变化等，原因复杂而且难以控制。一般来说，应归属于劳动人事部门管理，差异的具体原因会涉及生产部门或其他部门。

直接人工效率差异的形成原因包括工作环境不良、工人经验不足、劳动情绪不佳、新工人上岗太多、设备故障较多、作业计划安排不当、产品太少无法发挥批量节约优势等。它主要是生产部门的责任，但这也不是绝对的，例如，材料质量不好，也会影响生产效率。

③ 变动制造费用的差异分析。变动制造费用的差异是指实际变动制造费用与标准变动制造费用之间的差额。它也可以分解为“价格差异”和“数量差异”两部分。价格差异是指变动制造费用的实际小时分配率脱离标准，按实际工时计算的金额，反映耗费水平的高低，因此称为耗费差异。数量差异是指实际工时脱离标准工时，按标准的小时费用率计算确定的金额，反映工作效率变化引起的费用节约或超支，因此称为变动制造费用效率差异。

$$\text{变动制造费用耗费差异}=\text{实际工时}\times\left(\begin{matrix}\text{变动制造费用}\\\text{实际分配率}\end{matrix}-\begin{matrix}\text{变动制造费用}\\\text{标准分配率}\end{matrix}\right) \quad (6-12)$$

$$\text{变动制造费用效率差异}=(\text{实际工时}-\text{标准工时})\times\begin{matrix}\text{变动制造费用}\\\text{标准分配率}\end{matrix} \quad (6-13)$$

【例 6-7】本月实际产量 150 件，实用工时 700 小时，实际发生变动制造费用 4 200 元，变动制造费用标准成本为 22.5 元/件，即每件产品标准工时为 5 小时，标准的变动制造费用分配率为 4.5 元/小时。按上述公式计算以下内容：

变动制造费用耗费差异＝700×(4 200÷700－4.5)＝700×(6－4.5)＝1 050(元)

变动制造费用效率差异＝(700－150×5)×4.5＝－50×4.5＝－225(元)

验算：

变动制造费用成本差异＝实际变动制造费用－标准变动制造费用

＝4 200－150×22.5＝825(元)

变动制造费用成本差异＝变动制造费用耗费差异＋变动制造费用效率差异

＝1 050＋(－225)＝825(元)

变动制造费用的耗费差异是实际支出与按实际工时和标准费率计算的预算数之间的差额。由于后者是在承认实际工时是必要的前提下计算出来的弹性预算数，因此该项差异反映耗费水平即每小时业务量支出的变动制造费用脱离了标准。耗费差异是部门经理的责任，他们有责任将变动制造费用控制在弹性预算限额之内。

变动制造费用效率差异是由于实际工时脱离了标准，多用工时导致的费用增加，因此其形成原因与人工效率差异相同。

(2) 固定制造费用的差异分析。固定制造费用与变动制造费用不同，不因业务量而变，因此差异分析有别于变动费用。在考核时不考虑业务量的变动，以原来的预算数作为标准，实际数超过预算数即视为耗费过多，其计算公式如下：

固定制造费用耗费差异＝固定制造费用实际数－固定制造费用预算数　(6-14)

3. 生产成本控制的内容

生产成本控制也称为事中成本控制，是对实际生产过程中实施的成本控制，是成本控制的核心。下面依据生产费用按经济用途分类的有关成本项目，对日常生产成本控制予以说明。

1) 材料费用的控制

当前我国产品成本中普遍情况是材料成本占产品成本比重大。因此，加强对材料成本的控制，节约材料消耗，对提高材料的使用效果，降低成本有重要意义。一般材料费用的高低受材料消耗量和材料价格两方面因素的共同影响。因此，对材料费用的控制主要从这两方面进行。

(1) 对材料消耗量的控制。对材料消耗量的控制应首先抓好产品设计和采用合理生产工艺工作。设计合理是在确保产品质量前提下，在正常使用周期内节约原材料消耗数量；采用合理生产工艺是指生产产品的加工操作方法科学，既能保证产品质量又能降低产品材料的消耗。其次，应制定材料消耗定额，实行限额发料制度。一般应由生产技术部门和材料供应部门，根据企业当前生产技术和管理水平条件，负责制定先进可行的材料消耗定额，作为控制材料消耗的依据，关键是严格发料制度，确保各项消耗定额的执行。再次，检查监督消耗定额的执行情况。对检查中发现的问题要及时进行处理，要定期分析考评，对不合理的定额应及时调整，发挥定额的管理作用。最后是控制运输和储存过程中的材料损耗，及时分析非正常损耗原因，追究责任。凡能修复利用的废旧材料，应搞好综合利用，开源节流并重，既能节约材料也能为社会创造财富。

（2）对材料价格的控制。对材料价格的控制是节约材料费用的重要内容。首先，应控制材料的买价，尽量采购价廉质优的材料。其次，应控制采购费用，采购费用包括运杂费用、运输途中的合理损耗、入库前挑选整理的费用等。应针对各影响采购费用的因素进行有效控制。例如，对运杂费用控制，可以选择合理的运输方式，就近采购等。

2）工资费用的控制

工资费用是产品成本的重要组成部分，工资比重呈日渐增长的趋势。工资费用影响产品成本高低，也关系到职工切身经济利益。所以，要切实贯彻国家有关劳动工资的方针政策，调动职工生产积极性。对工资费用进行控制，首先，应制定合理的劳动定额和编制定员。劳动定额的表现形式有工时定额和产量定额两种。采用合理的劳动定额可以据此监督劳动效率的高低。编制定员是合理地安排劳动力的依据，是用人的标准。其次，实行工资和劳动生产率挂钩。在生产发展、提高劳动生产率的基础上，适当增加工资水平，有利于改善职工生活，又能调动职工生产热情的发挥。最后，监督工资制度的贯彻执行。不论企业采用何种工资制度，都必须正确计算工资，及时发放工资，防止滥发各种名义的工资和津贴，使工资与经济效益同步增长。

3）制造费用和期间费用的控制

制造费用和期间费用都是为组织和管理生产经营活动发生的费用。该类费用性质上属于综合性费用。其特点主要是：项目多、内容复杂、支出标准不易确定等。所以，费用控制难度比较大，应根据实际情况区别对待。这类费用一般实行预算管理。基本做法是：制定费用定额，按月确定费用标准控制每月费用开支，保证年度预算的顺利执行。实行费用指标分口分级管理，各归口管理部门应按期编制费用预算，分解下达费用指标，审批费用开支，汇总并考核费用预算及完成情况。各职能部门、单位应做好各项费用的日常控制，严格落实费用指标，节约费用应给予物质和精神奖励，超支费用区别情况给予批评和处罚。

提示

从产品的产前分析开始，到产品的设计、生产、销售、售后等各个阶段都有成本的投入，因此成本控制需要从每一个环节做起，严格控制产品的成本。包括对产品研发成本的控制、对产品采购成本的控制、对企业生产成本的控制、对企业销售成本的控制和对企业售后成本的控制。本任务重点阐述对企业生产成本的控制。

4. 成本控制的基本程序

生产过程中的成本控制是指在产品的制造过程中，对成本形成的各种因素，按照事先拟定的标准严格加以监督，发现偏差就及时采取措施加以纠正，从而使生产过程中的各项资源的消耗和费用开支限在标准规定的范围之内。成本控制的基本工作程序如下：

（1）制定成本标准。制定成本控制标准是成本控制的起点。成本控制标准是对各项费用开支确定的数量和金额界限，它是进行成本控制的前提条件。

（2）监督成本的形成。这是指根据控制标准，对成本形成的各个项目，经常地进行检查、评比和监督。不仅要检查指标本身的执行情况，而且要检查和监督影响指标的各项条件，如设备、工艺、工具、工人技术水平、工作环境等。所以，成本日常控制要与生产作业控制等结合起来进行。

(3) 揭示成本差异。将实际发生的费用与制定的标准进行比较，分析成本差异的程度和性质，确定成本差异形成的原因和责任归属。

(4) 进行成本反馈，及时纠正偏差。成本控制中成本差异的情况要及时反馈到有关部门，并针对成本差异形成的原因，查明责任者，分析情况，分清轻重缓急，提出改进措施，加以贯彻执行。

四、能力拓展

1. 实施成本控制的意义

成本控制是按既定的成本计划，对企业生产经营过程中各项费用的发生进行引导和限制，使之能够按照预定的计划进行的一种管理活动。成本控制是对成本计划的实施进行监督。成本控制的意义在于以下几点。

(1) 能够降低产品成本，提高企业的经济效益，增加利润。产品成本是抵减利润的一个重要因素，产品成本高，利润相应减少；而产品成本低，则利润相应增加，可以为企业带来较好的收益。如果通过成本控制降低了产品成本，则通过销售产品能收回投入在成本上的资金，使企业的生产能正常地进行下去，又由于有了积累，可以将其用于企业的扩大再生产，企业的规模也可随之扩大，由此可形成良性循环。

(2) 有助于降低人力物力的消耗。通过降低成本的各项措施的实施，可以用最少的人力和物力，生产出较多的产品。特别是对于一些较为贵重或稀缺的材料，这些材料的节约使用不仅是降低产品成本的问题了，而是对资源的节约，可以保证企业生产的正常进行，防止由于材料的短缺而影响生产的情况发生。企业制定的各项降低成本的措施方案，一般都是通过对原有的一些消耗定额进行修改，制定新的消耗定额，能够减少生产过程中物资、资源和人力的浪费。

(3) 降低产品成本是降低产品价格的重要条件。产品成本是制定产品价格的重要依据。要想降低产品价格，使产品销售量增加，提高市场竞争能力，就应降低产品成本。只有产品成本降低了，降低产品价格才有了保障。在市场经济的条件下，由于激烈的竞争，有时为了使自己处于有利的地位，一般采用的竞争方式就是降低价格。在价格战中，要想取胜，只能通过降低成本来争取较大的降价空间。如果企业的成本较高，高于其他企业同类产品，就会在最后的价格战中败下阵来。

2. 实施成本控制的标准

成本控制标准是实施成本控制的尺度，它规定了在一定生产技术水平和管理水平条件下，生产耗费的数量界限。成本控制标准形式多样，根据成本形成的阶段不同和成本控制的对象不同，主要有以下指标。

1) 目标成本

目标成本企业成本控制的重要依据。它是根据企业制定的目标利润、计划销售数量和销售单价，经过分析确定的。一般计划成本、定额成本、标准成本都归属目标成本范畴。企业确定的目标成本要先进可行。

2) 成本计划指标

通过编制成本计划确定成本指标，诸如计划单位成本、可比产品成本降低额、降低率等作为成本控制的标准。企业应依据分口分级管理原则，将成本指标按一定的标准进行必要的分解，逐级深入落实，使成本控制工作真正落实到每个责任单位和责任者身上，确保成本计划的顺利完成。

3）各种消耗定额

各种消耗定额是在一定的生产技术水平条件下和管理条件下制定的，为生产产品制定的人力、物力、财力耗用的数量标准。一般包括各种材料物资消耗定额、劳动定额、费用定额等。制定定额的过程是监督各项生产耗费是否合理，也是推动企业提高经营管理水平的过程。制定的各种消耗定额应先进同时也要合理，才能起到其应有的作用。企业应根据生产技术条件的变化和成本差异的分析，及时修订定额，保证其先进性，才能真正起到降低成本的作用。

4）费用预算

企业经营预算是控制经营管理费用开支的标准。经费预算应根据分口分级原则，制定各部门、单位费用开支预算和各项费用开支限额，通过预算控制费用支出，促使各部门、单位节约开支。

企业动用控制标准，采用一定的控制手段，就能起到降低成本、提高经济效益的作用。

3. 成本控制机构

对成本进行有效的控制，必须建立强有力的成本控制机构，以保证成本控制实施的顺利进行。成本控制的全员全过程的特性决定了它的管理机构应该是分级的、集中归口的，通常可分为三级，即工厂、车间和班组。

1）厂部成本管理

厂部一级可组建成本控制中心，负责全厂成本控制的管理工作。成本控制中心应该由财务部门、生产部门(包括技术、物资、劳动人事)、市场部门的负责人组成，由总会计师领导。中心的任务是负责整个企业的成本控制工作，制定分级归口的责任制，明确划分各级、各口的成本控制的职责范围；负责制定和审定成本控制目标，并落实到有关部门和人员。做到全厂上下目标明确，责任分明，中心的日常事务归口到财务部门。

2）车间成本管理

生产车间是中间一级，是成本控制的主要责任单位，产品成本的绝大部分在车间内形成，生产现场成本控制主要由车间组织实施。在车间也可以建立职能小组，配备受过专业训练的财务人员，负责车间一级的具体的业务职能，并负责指导工人开展成本控制活动。车间主任是车间成本控制的负责人。

3）班组成本管理

生产班组是企业进行生产活动的最基层组织，成本中的物耗和工时消耗大部分在班组发生。班组成员对生产活动了解得最直接最具体，他们对物资和劳动力的消耗情况最清楚，因此也最能提出改进措施，所以班组也应该确定为责任单位。通过班组可以进一步把控制目标分解到个人，实行人人控制。

建立分级归口的机构是为了在组织上加强成本控制的责任制，同时也规定了信息传递的路线和方式。它的运作形式是，从上而下把成本控制总目标分解后具体地落实到企业所有部门的人员身上，自下而上反馈，归口到各职能部门，最后汇总到财务部门(成本控制中心)。分级成本控制机构如图 6.3 所示。

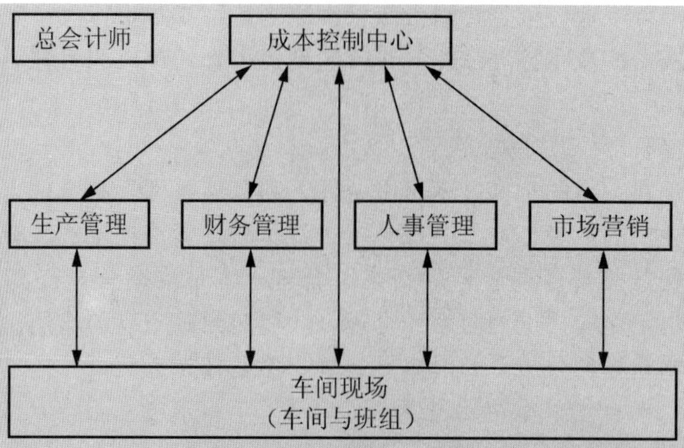

图 6.3　分级成本控制机构

企业在加强成本责任的同时还应进行主人翁精神教育，特别是车间、班组两级人员，他们的积极性发挥得如何对能否实现事中控制是十分重要的。

4. 定额成本控制

1）产品定额成本的制定

定额成本法是为了及时地反映和监督生产费用和产品成本脱离定额的差异，加强定额管理和成本控制而采用的成本计算方法。

（1）定额成本。谈到产品定额成本，人们往往会想到产品计划成本。两者是否相同？定额成本与计划成本有相同之处，两者都是为了有利于成本控制，在产品生产过程开始之前，事先制定的，使用的资料都不是实际发生的数额。两者又有根本区别，计划成本制定之后，一般年内不得变动，是全年成本考核的依据，而定额成本制定后，年内可根据产品生产的实际情况进行调整，如果需要，可以每月都进行调整，是每月进行产品生产费用管理的依据。因此，定额成本在一年之内可以使用两个概念：现行定额和旧定额。现行定额是指当月的新定额，旧定额是指以前月份使用过的(或称定额变动以前的)定额。本任务的产品定额成本是指按照现行定额制定的成本。

（2）制定定额成本的基本原理。采用定额法，要在产品生产过程开始前制定产品的各项消耗定额、费用定额和定额成本，用以作为实际成本计算的基础和生产过程中成本控制的依据。

产品的实际成本＝月初定额成本±脱离定额的差异±定额变动　　(6－15)

定额差异是在产品制造过程中通过各种原始凭证来揭示的，而不是月终分析求来的。由于成本差异的揭示是日常进行的，因而差异的原因能及时发现。对于因其差异的原因、差异发生的地点、差异的责任者和差异对成本的影响，都能清楚地揭示，从而迅速地采取措施加以改进。

① 制定定额成本的基础。定额成本首先要按单位产品制定，以现行消耗定额和单位计划成本为计算基础，按产品成本项目(原材料、燃料动力、工资及福利费、制造费用等)分别制定。制定定额成本使用的成本项目，必须与产品实际成本计算时的成本项目相一致。但是，采用定额法，实际成本的成本项目中最好不要设置“废品损失”、“停工损失”项目，因为这都是属于实际费用超过定额成本的差异，要归集在脱离定额差异中核算。

② 制定定额成本的标准。定额成本的标准应以能够促进成本管理为原则，是在现行的生产技术条件下，大多数人经过努力能够达到的标准，既先进又可行，能够促进劳动生产率的提高，促进成本管理水平的提高，使成本管理实现全员、全过程的管理。

③ 制定定额成本的顺序。定额成本一般是由技术部门、计划部门和会计部门共同制定的。制定的顺序通常是根据生产工艺和产品的零部件多少而定的。

a. 产品的零部件较少。在这种情况下，一般是先制定零件的定额成本，零件的定额成本里只包括直接材料费用和直接人工费用，不包括制造费用。然后将各零件的定额成本汇总，计算部件的定额成本，部件的定额成本里也不包括制造费用。最后将各部件的定额成本汇总，加上应负担的制造费用，计算产成品的定额成本。这就需要企业设计 3 张计算表，即零件定额成本计算表、部件定额成本计算表和产成品定额成本计算表，其格式根据需要自行设计，国家会计制度没统一规定。

b. 产品的零部件较多。在这种情况下，为了简化成本计算工作，可以直接制定产品的定额成本，而不必再按零件、部件分别制定定额。直接制定产品的定额成本，需要具备的资料有：零部件的原材料消耗定额、工序计划、工时消耗定额、原材料的计算单价、计划小时工资率和计划小时制造费用率等。

（3）定额成本计算。

原材料定额＝原材料消耗定额×原材料计划单价　　(6－16)

式中：原材料计划单价——原材料入库时的单位计划成本。

工资费定额＝工时定额×计划小时工资率　　(6－17)

式中：计划小时工资率——计划的全年生产工人工资总额除以计划的全年总定额工时，计划全年生产工人工资总额可以按车间计算，也可以整个企业汇总计算。

制造费用定额＝工时定额×计划小时制造费用率　　(6－18)

式中：计划小时制造费用率——计划的车间制造费用总额除以计划的车间总定额工时，该指标必须按车间计算，不能整个企业汇总计算。

2）定额差异的揭示

及时、准确地揭示和分析生产费用脱离定额的差异，控制生产费用的支出，是定额成本法的重要内容。定额差异的揭示要分成本项目进行。

（1）脱离定额差异核算的基本工具。脱离定额差异的核算要求在生产费用发生的当时进行，因此，必须具备对符合定额的生产费用和脱离定额的生产费用分别进行核算的工具。在实际工作中，一般是采用设置两类凭证的方法，即分别设置“定额凭证”和“差异凭证”。

① 定额凭证。登记符合定额的费用，包括定额内的费用和因增加产量而增加的费用。定额凭证中登记的费用是定额成本核算的依据。

② 差异凭证。登记与定额不相符的费用，包括超支费用和节约费用，对于超支的费用必须办理审批手续。差异凭证中登记的费用是脱离定额差异核算的依据。

为了便于区分和使用，定额凭证和差异凭证通常要使用不同的颜色。

（2）材料脱离差异定额的揭示。根据企业产品的特点和管理要求，原材料脱离定额差异的核算可以选择限额法、切割法和盘存法。

① 限额法。限额法是通过限额领料单核算脱离定额差异的方法，适用于领用后直接使用的原材料。采用这种方法，要实行限额领料制度，对产品制定领料限额，填制限额领料单，

实际领用与限额领料单中限额的差异即为原材料脱离定额差异。

限额领料单的格式由企业自行设计，国家会计制度没有统一规定，其参考格式见表 6－25。

表 6－25　限额领料单

领料单位：　　　　　　　　　　　　　　　　　　　　　　　　　　　　编号：

用途：　　　　　　　　　　　　　年　月　日　　　　　　　　　　　　发料仓库：

<table>
<tr><th>材料类别</th><th>材料编号</th><th>材料名称</th><th>规　格</th><th>计量单位</th><th>全月领用限额</th><th>全月实领数量</th><th>计划单价</th><th>金　额</th><th>备　注</th></tr>
<tr><td></td><td></td><td></td><td></td><td></td><td></td><td></td><td></td><td></td><td></td></tr>
<tr><td></td><td></td><td></td><td></td><td></td><td></td><td></td><td></td><td></td><td></td></tr>
</table>

<table>
<tr><th rowspan="2">时间</th><th colspan="2">请领</th><th colspan="3">实发</th><th rowspan="2">扣除代用数量</th><th colspan="2">退料</th><th rowspan="2">限额余额</th></tr>
<tr><th>数量</th><th>领料单位负责人</th><th>数量</th><th>发料人</th><th>领料人</th><th>数量</th><th>退料单编号</th></tr>
<tr><td></td><td></td><td></td><td></td><td></td><td></td><td></td><td></td><td></td><td></td></tr>
<tr><td>合　计</td><td></td><td></td><td></td><td></td><td></td><td></td><td></td><td></td><td></td></tr>
</table>

符合定额的领料和因增加产量已办理了追加限额手续的领料，填制定额凭证；因增加产量以外的因素导致的超额领料、领用代用材料，填制差异凭证。对差异凭证要严格管理，要注意以下几点：

a. 差异凭证的填制必须经过一定的审批手续。例如，采用代用材料、废料再利用、因材料质量问题加大用料等，必须经过技术部门审批。

b. 采用代用材料和废料再利用的，要在相应限额领料单中注明，并从原限额中扣除。

c. 差异凭证中不但要填写差异的数量、金额，还必须填写差异产生的原因。

d. 产品生产过程结束，车间可能会有剩余原材料，要填制退料单办理退料手续。退料单也属于差异凭证。

限额法是在领料环节核算差异的方法，只控制领料差异，而不能控制用料差异。

② 切割法。切割法是通过材料切割核算单核算脱离定额差异的方法，适用于必须经过切割才能使用的原材料。采用这种方法，是将发交切割的原材料与切割成的毛坯进行对比，填制材料切割核算单，发交切割的原材料与毛坯的差异即为原材料脱离定额的差异。

材料切割核算单按切割材料的批别开设，填制内容与程序如下：

a. 切割材料发交时，填写发交切割材料的种类、数量、消耗定额、计划切割成的毛坯数量。

b. 切割完毕后，填写实际切割成的毛坯数量、原材料的实际消耗量。

c. 根据实际切割成的毛坯数量和原材料的消耗定额，计算原材料的定额消耗量。

d. 计算、填写实际消耗量与定额消耗量的差异，即原材料脱离定额的差异。

e. 填写差异产生的原因，由责任人员签字。

材料切割核算单的格式由企业自行设计，我国会计制度没有统一规定，其参考格式见表 6－26。

表 6－26　材料切割核算单

材料编号或名称：　　　　　　　材料计量单位：　　　　　　　材料计划单价：
产品名称：　　　　　　　　　　零件编号或名称：　　　　　　图纸号：
切割人工号或姓名：　　　　　　　　　　　　　　　　　　　　机床编号：
发交切割时间：　　　　　　　　年　月　日　　　　　　　　　完工时间：年　月　日

<table>
<tr><td colspan="15">发料数量</td><td colspan="15">退料数量</td><td colspan="15">材料实际消耗量</td><td colspan="15">废料回收数量</td></tr>
<tr><td colspan="15"></td><td colspan="15"></td><td colspan="15"></td><td colspan="15"></td></tr>
<tr><td colspan="10">单件消耗额定</td><td colspan="10">单件废料回收定额</td><td colspan="10">应切割成的毛坯数量</td><td colspan="10">实际切割成的毛坯数量</td><td colspan="10">材料定额消耗量</td><td colspan="10">废料定额回收量</td></tr>
<tr><td colspan="10"></td><td colspan="10"></td><td colspan="10"></td><td colspan="10"></td><td colspan="10"></td><td colspan="10"></td></tr>
<tr><td colspan="15">材料脱离定额差异</td><td colspan="15">废料脱离定额差异</td><td colspan="20">差异产生原因</td><td colspan="10">责任人</td></tr>
<tr><td colspan="7">数量</td><td colspan="8">金额</td><td colspan="5">数量</td><td colspan="5">单价</td><td colspan="5">金额</td><td colspan="20" rowspan="2"></td><td colspan="10" rowspan="2"></td></tr>
<tr><td colspan="7"></td><td colspan="8"></td><td colspan="5"></td><td colspan="5"></td><td colspan="5"></td></tr>
</table>

③ 盘存法。盘存法是通过实地盘点核算脱离定额差异的方法，适用于大量生产情况下，不能切割的原材料。限额法只能核算领料的差异，不能反映用料差异，因此，还需要配合使用盘存法。通过定期盘点要解决两个关键问题：一是通过实地盘点，对办理“假退料”手续的退料进行确认，确定本月原材料的实际消耗量；二是通过实地盘点，对月末在产品的数量进行确认，确定本期投产产品的实际数量，乘以材料消耗定额，求得材料定额消耗量，然后将材料实际消耗量与定额消耗量相比较，算出材料的定额差异。

这种盘存一般不应按月和整个车间进行，而应按较短的时间(月、旬)分生产小组或工作地点来进行。因为核算的时间较短，则计算差异越及时，核算的范围越小，差异责任越明确。这样能使差异的核算发挥更大的作用。

原材料脱离定额差异的核算不论采用上述 3 种方法中的哪一种，原材料脱离定额差异的计算，都要编制原材料定额费用和脱离定额差异汇总表。该表的编制时间与成本计算期相一致，如果是从属于品种法和分步法，可以在每月月末定期编制；如果是从属于分批法，可以在产品完工时编制。原材料定额费用和脱离定额差异汇总表的格式和编制方法由企业自定，其参考格式和编制方法见【例 6－8】。

【例 6－8】本月 A 产品的相关资料见表 6－27。

表 6－27　A 产品耗用原材料资料

项　　目	计量单位	计划单价	定额消耗量	实际消耗量
原料	千克	18	3 500	3 710
主要材料	千克	10	2 140	1 960
辅助材料	千克	6	1 250	1 470

根据表 6－27 编制原材料定额费用和脱离定额差异汇总表，见表 6－28。

在表 6－28 中可以看到，A 产品原材料脱离定额差异为＋3 300 元，但是，这 3 300 元并不是原材料脱离定额差异的全部，仅仅是原材料消耗量的数量差异。这是因为，表 6－28 中的“定额费用”是用A产品原材料的定额消耗量与计划单价相乘计算的，而“计划价格费用”是用A产品原材料的实际消耗量与计划单价相乘计算的，两个费用的计算都用计划单价，因此产生的差异+3 300元仅仅反映的是消耗量的差异，简称“量差”，不包括原材料计划价格与实际价格的差异，简称“价差”。

汇总表的作用可以概括为3个方面，一是可以提供某种产品原材料的定额成本和脱离定额差异两项重要资料；二是可以代替原材料费用分配表，作为登记产品成品明细账的依据；三是可以为企业经营管理者和有关人员进行原材料费用分析，以及进行成本考核、控制提供依据。

表6-28　原材料定额费用和脱离定额差异汇总表

单位：元

原材料类别	材料编号	计量单位	计划单价	定额费用		计划价格费用		脱离定额差异		差异原因
				数量	金额	数量	金额	数量	金额	
原料	略	公斤	18	3 500	63 000	3 710	66 780	+210	+3 780	略
主要材料		公斤	10	2 140	21 400	1 960	19 600	-180	-1 800	
辅助材料		公斤	6	1 250	7 500	1 470	8 820	+220	+1 320	
合　计		—		—	91 900	—	95 200	—	+3 300	

(3) 生产工资脱离定额差异的揭示。生产工资脱离定额差异的计算方法与企业采取的工资方式有直接关系。

如果实行计件工资，企业是依据产品的计划产量和计件单价制定工资定额成本的。计算生产工资脱离定额差异时，按照定额凭证和差异凭证分别计算，符合定额的工资应反映在产量记录中，包括“工作班产量记录”、“工序进程单”、“工票”。不符合定额的工资单独反映，依据是“工资补付单”，或者其他差异凭证。

如果实行计时工资，企业是依据产品的定额工时和计划的小时工资率制定工资定额成本的。在产品生产过程中既会出现实际工时与定额工时的差异，又会出现实际的小时工资率与计划的小时工资率的差异，但差异的计算只能在月末或者产品完工时进行。其计算公式如下：

$$\frac{\text{生产工资}}{\text{脱离定额差异}}=\frac{\text{该产品定额}}{\text{生产工资总额}}-\frac{\text{该产品定额}}{\text{生产工资定额}} \quad (6-19)$$

产品计时工资成本的日常控制应通过计算生产工时脱离定额差异的方法，监督生产工时的利用情况和工时消耗定额的执行情况，以便促使企业降低单位产品的工资费用。因此，要在日常核算中，按照产品计算定额工时、实际工时和工时脱离定额的差异，并且及时分析发生差异的原因。

生产工资脱离定额差异的计算，也要编制生产工资定额费用和脱离定额差异汇总表，汇总全部产品的差异。生产工资定额费用和脱离定额差异汇总表的格式和编制方法也由企业自定，其参考格式见表6-29。

表 6-29 生产工资定额费用和脱离定额差异汇总表

产品名称	实际产量	计量单位	定额生产工资总额			实际生产工资总额			生产工资脱离定额差异	差异原因
			定额生产工时	计划小时工资率	定额工资总额	实际生产工时	实际小时工资率	实际工资总额		
A产品										
B产品										
……										
合 计										

(4) 制造费用脱离定额差异的揭示。制造费用脱离定额差异的核算必须按车间分别进行。由于制造费用包括的项目较多，为了增强管理的针对性，首先应按项目计算差异，即将该项目的实际发生额与预算或计划进行对比，分析原因；然后，再计算制造费用脱离定额的总差异。

在实行计时工资的企业，制造费用的预算或计划通常也是依据产品的定额工时和计划的小时制造费用率来制定的。在产品生产过程中，既会出现实际工时与定额工时的差异，又会出现实际的小时制造费用率与计划的小时制造费用率的差异，但差异的计算也只能在月末或者产品完工时进行，与生产工资脱离定额差异的计算要求基本一致。其计算公式如下：

$$\text{制造费用脱离定额差异}=\text{该产品实际制造费用总额}-\text{该产品定额制造费用总额} \quad (6-20)$$

3) 定额变动差异的计算

定额变动差异是指由于修订消耗定额或生产耗费的计划价格而产生的新旧定额之间的差额。定额成本是在现行生产技术条件下，大多数人经过努力能够达到的成本标准，既先进又可行，能够促进劳动生产率的提高，促进成本管理水平的提高。当企业生产技术条件(包括设备、生产工艺、原材料、生产技术水平、产品销售市场环境等)发生变化，从而导致产品的生产消耗、计划价格发生变化时，就要及时调整、修订定额，使定额保持先进性和科学性。

定额变动差异并不是每月必须要计算的，定额变动差异的产生必须同时具备两个条件：

(1) 本期定额进行了修订、调整。

(2) 有月初在产品。

定额成本的修订一般在月初、季初或年初定期进行，但在定额变动的月份，月初在产品的定额成本仍然按照旧的定额计算，因此需要按新定额计算月初在产品的定额变动差异，用以调整月初在产品的定额成本。定额变动的计算应分成本项目进行，其计算公式如下：

$$\text{月初在产品定额变动差异}=(\text{新定额}-\text{旧定额})\times\text{月初在产品中定额变动的零部件数量} \quad (6-21)$$

【例 6-9】 假定上月末在产品定额成本为 100 元，负担定额差异超支 20 元，实际成本为 110 元，在产品中甲零件有 6 只，每只定额成本为 20 元。如果本月初甲零件的定额从 20 元调整为 18 元，则月初在产品定额变动可以计算如下：

月初在产品定额变动差异＝(20－18)×6＝12(元)

月初在产品实际成本见表 6-30。

表 6-30 月初在产品实际成本

单位：元

说 明	定额成本	定额差异	定额变动	实际成本
上月末在产品	100	＋20		120
本月初在产品	88	＋20	＋12	120

4）定额成本法下产品实际成本的计算

（1）定额成本法下产品实际成本的计算程序。

① 事先制定产品定额。根据消耗定额和费用定额，按照产品品种和规定的成本项目，计算产品定额成本，编制产品定额成本计算表。

② 按成本计算对象设置产品成本明细账，各成本项目应分设“定额成本”、“脱离成本差异”、“定额变动差异”等。

③ 在定额成本修订的当月，应调整月初在产品的定额成本，计算月初定额变动。

④ 生产费用发生时，按成本项目将符合定额的费用和定额成本差异，按一定标准在完工产品和在产品之间进行分配。

⑤ 按确定的成本计算方法，汇集各项费用和定额成本差异，按一定标准在完工产品和在产品之间进行分配。

⑥ 将本月完工产品的定额成本加减各种差异，调整计算完工产品的实际成本。

产成品实际成本＝产成品定额成本±脱离定额差异±材料成本差异±定额变动差异　(6-22)

（2）定额成本法下产品实际成本计算举例。

【例 6-10】 金荣公司有一个基本生产车间，生产甲产品，将甲产品的相关资料进行汇总，并计算实际成本。

① 月初在产品资料见表 6-31。

表 6-31　月初在产品资料表

单位：元

项　　目	定 额 成 本	脱离定额差异
直接材料	67 200	＋448
直接人工	2 100	＋52
制造费用	6 888	－106
合　计	76 188	＋394

② 已经计算出的相关资料见表 6-32。

表 6-32　生产费用资料表

单位：元

成 本 项 目	月初在产品定额变动		本月发生的费用	
	定额成本调整	定额变动差异	定额成本	脱离定额差异
直接材料	－1 500	＋1 500	91 900	＋3 300
直接人工			6 475	＋1 421
制造费用			22 200	－885

③ 完工产品定额资料见表 6-33。

表 6-33　完工产品定额资料表

单位：元

成 本 项 目	原 材 料	工资及福利费	制 造 费 用
定额成本	110 200	6 300	21 600

④ 甲产品实际成本计算见表 6-34。

表 6－34　基本生产成本明细账

产品名称：甲产品　　　　单位：元

成本项目	月初在产品成本		月初在产品定额变动		本月产品费用		生产费用累计			差异率	本月产成品成本			月末在产品成本		
	定额成本	脱离定额差异	定额成本调整	定额变动差异	定额成本	脱离定额差异	定额成本	脱离定额差异	定额变动差异	脱离定额差异	定额成本	脱离定额差异	定额变动差异	实际成本	定额成本	脱离定额差异
	(1)	(2)	(3)	(4)	(5)	(6)	(7)＝(1)＋(3)＋(5)	(8)＝(2)＋(6)	(9)＝(4)	(10)＝(8)÷(7)	(11)	(12)＝(11)×(10)	(13)＝(9)	(14)＝(11)＋(12)＋(13)	(15)＝(7)－(11)	(16)＝(8)－(12)
直接材料	67 200	＋448	－1 500	＋1 500	91 900	＋3 300	157 600	＋3 748	＋1 500	＋2.378％	110 200	＋2 621	＋1 500	114 321	47 400	＋1 127
直接人工	2 100	＋52			6 475	＋1 421	8 575	＋1 473		＋17.178％	6 300	＋1 082		7 382	2 275	＋391
制造费用	6 888	－106			22 200	－885	29 088	－991		－3.407％	21 600	－736		20 864	7 488	－255
合计	76 188	＋394	－1 500	＋1 500	120 575	＋3 836	195 263	＋4 230	＋1 500	—	138 100	＋2 967	＋1 500	142 567	57 163	＋1 263

5. 价值工程成本控制

1）价值工程的含义

第二次世界大战后，西方国家的企业为了应付国际、国内市场竞争加剧的需要，力求以最低的成本生产出质量较好的产品，于是在降低成本的技术方面有了较大的突破，即普遍开展“价值工程”活动。价值工程也称价值分析，是把技术和经济紧密结合起来的科学管理技术，是为强化企业内部管理、降低产品成本，提高产品质量服务的。多年来的实践证明，价值工程不仅能降低产品成本、提高产品质量，而且也是事前控制成本的有效手段。

成本控制不应仅仅是“节约成本”或“改善成本”，而应是“成本预防”，产品设计阶段的成本控制应该作为成本管理的关键。这不仅是因为开发设计本身的费用很高，更主要是因为设计方案确定后导致相关的成本锁入。虽然各项成本费用主要发生在制造阶段，但成本的高低主要取决于设计阶段。产品设计在很大程度上决定了产品的成本，大部分的成本(75%)在这一阶段已经确定。传统的成本估计和成本控制是在产品设计阶段以后完成的，但此时消减成本的大部分机会已经丧失，以后各阶段成本只能在这一框架内进行小幅度调整。所以，降低和控制产品成本必须始于研发设计阶段，此时产品设计者拥有最大的自由度来改进设计并使产品在生产周期中的成本最小化，所以从设计阶段入手降低成本的潜力最大。无论是新产品设计还是老产品设计，价值工程是用于设计阶段成本控制的一种行之有效的方法。

价值工程的思想认为，用户购买某一特定产品，需要的并不是产品本身，而是产品带来的功能，并且按照功能的必要程度来支付费用。所以要设计出价廉物美的产品，必须以功能为中心，研究用户对产品的功能需求，并以此作为设计的基础。价值工程是以功能分析为核心，以尽可能低的成本去实现用户所需要的必要功能，以使产品(作业)达到最佳的价值的一种经济技术方法。功能、成本、价值之间的关系，可以用以下基本公式来表示。

$$\text{价值}(V)=\frac{\text{功能}\ (F)}{\text{成本}\ (C)} \tag{6-23}$$

公式(6-23)中，功能是指产品所起的作用和所负担的职能。激发用户购买产品的动机是为了获取某种功能，所以产品必须以满足用户的需要为前提条件。值得注意的是，这里的功能是指“必要功能”。功能的提高是无限的，但它受一定用途的支配，受用户需求的制约，并与一定的成本相联系。如果产品的功能很全面、很高，可能某些功能并非为用户所需，则“功能过剩”；相反，如果功能达不到用户的需求，则“功能不足”。价值工程的核心是功能分析，使产品既要避免功能不足，又要防止功能过剩，恰到好处地满足用户所要求的功能，即实现产品的必要功能。

这里的成本是指产品的生命周期成本，即为实现某种产品的必要功能，产品生命周期内所涵盖的所有阶段发生的成本总和，包括从产品的研发设计、制造、营销、用户使用直到产品被弃置为止的全部费用，而不仅仅是指产品的生产成本和产品在厂内所发生的成本。因为对用户而言，购买了某种产品就承担了该产品所有的费用，产品生命周期成本的高低，直接影响用户对该产品的需求，只有产品生命周期成本降低，才真正实现了节约，才能反映出整个社会所实现的宏观效益。产品寿命周期成本的基本内容见表6-35。

这里的价值有别于政治经济学中价值的含义，这里的价值是评价产品有益程度的尺度，正确反映了功能和成本的关系，它与功能成正比，与成本成反比，为分析与评价产品的价值提供了一个科学的标准。树立这样一种价值观念就能在企业的生产经营中，正确处理质量和成本的关系，生产适销对路产品，不断提高产品的价值，使企业和消费者都获得好处。

表 6-35　产品寿命周期成本的基本内容

寿命周期						
设计成本	开发成本	制造成本	非制造成本	运行成本	维修成本	保养成本
生产成本				使用成本		
寿命周期成本(Life Cycle Cost)						

2) 提高产品价值的途径

从价值工程的基本公式可以看出，某产品(作业)的价值与其功能成正比，与其成本成反比。所以，要实现价值工程的真正目的，需从改善功能和降低成本两个角度去考虑，主要有以下 5 种途径：

(1) 在提高产品功能的同时，又降低产品成本，这是提高价值最为理想的途径。新技术的迅速发展与应用，可以使实现某种功能的产品在结构或方法上有较大突破，这不仅有助于产品功能的增加，而且使产品的成本降低，从而使价值有较大的提高。

(2) 在产品成本不变的条件下，通过提高产品的功能，提高利用资源的成果或效用。随着科技的进步、经济的发展以及人们生活水平的提高，人们日益重视产品的美观、装饰功能，所以可以对那些具有装饰价值的日常用品在式样、颜色上做一些改变，无需增加费用就提高了功能，从而提高产品价值。此外，一些新材料、新工艺、新设备的使用也可以使得企业在原有成本支出水平下，提高产品性能。

(3) 在保持产品功能不变的前提下，通过降低成本达到提高价值的目的。技术进步出现了新材料、新工艺、新设备，完全可以在满足用户对原有产品的功能需求外，使费用降低，从而提高产品价值。

(4) 产品功能有较大幅度提高，产品成本有较少提高。产品由单功能向多功能发展，成本虽有增加，但其功能却成倍甚至几十倍地增加，无疑提高了产品的价值。

(5) 产品功能略有下降、产品成本大幅度降低。由于用户对产品功能的需求程度不同，对某些产品适当降低功能(一般是辅助功能)，同时使产品成本价格大幅度下降，也可以满足一些购买能力较弱的用户的需求，从而得到较好的经济效益。

3) 实施价值工程的步骤

(1) 确定价值工程的对象。价值工程的主要思想是通过对选定研究对象的功能及费用分析提高对象的价值。进行一项价值分析，首先需要选定价值工程的对象。一般来说，价值工程的对象是要考虑社会生产经营的需要以及对象价值本身被提高的潜力。通常从以下 4 个方面选择：

① 设计方面。对产品结构复杂、性能和技术指标差距大、体积大、重量大的产品进行价值工程活动，可使产品结构、性能、技术水平得到优化，从而提高产品价值

② 生产方面。对量多面广、关键部件、工艺复杂、原材料消耗高和废品率高的产品或零部件，特别是对量多、产值比重大的产品等进行分析。只要成本下降，所取得的总的经济效果就大。

③ 销售方面。选择用户意见多、系统配套差、维修能力低、竞争力差、利润率低，生命周期较长，市场上畅销但竞争激烈的产品作为对象，以赢得消费者的认同，占领更大的市场份额。

④ 成本方面。选择成本高于同类产品、在单位产品成本结构中比重较大的成本项目等，推行价值工程就是要降低成本，以最低的寿命周期成本可靠地实现必要的功能。

（2）收集情报。价值工程的对象确定以后，就应该根据对象的性质、范围和要求，制订收集情报的计划，寻找可靠的信息来源。这些情报和资料包括本企业的基本情况，如经营方针、生产规模、设备生产能力、各项定额等；技术资料，包括本企业和国内外同行业同类产品的技术资料，如产品结构、性能、设计方案、加工工艺、材料品质等；经济资料，包括本企业和国内外同行业同类产品的成本构成，如单位材料费用、单位直接加工费用及其他间接加工费用；用户意见，国内外用户对本企业产品的要求。收集这些资料后，企业应进行仔细的分析，审慎判断。

（3）功能价值分析。功能分析是对产品的部件、组件、零件或对一项工程的细目，系统地分析它们的功能，计算它们的价值，以便确定价值工程活动的方向、重点和目标。常用的分析方法是价值系数法。

价值系数法是通过评定各对象功能的重要程度，用功能评价系数来表示其功能程度的大小，然后将评价对象的功能评价系数与相对应的成本指数进行比较，得出该评价对象的价值系数，从而确定改进对象，并求出该对象的成本改进期望值。

$$价值系数=\frac{功能评价系数}{成本系数} \tag{6-24}$$

当产品零部件的价值系数小于1时，说明降低零部件成本是价值工程的主要对象；而价值系数大于1的零部件，价值工程分析中主要研究是否有多余的功能，也可能是是否有需要增加成本提高功能的可靠性；价值系数等于1的产品零部件，表明实现功能所花的费用与必须成本相适应，可以认为是比较理想的状况。

分析步骤如下：

① 计算功能评价系数。首先将产品零部件按其重要程度进行一一对比，重要的得1分，不重要的得0分。每个零部件与其他所有零部件比过一轮之后，得出各自的重要性评分和所有零部件评分之和，在此基础上就可以求出各个零部件的功能评价系数。

$$功能评价系数=\frac{某零件的功能分数}{全部零件的功能分数} \tag{6-25}$$

某产品的功能评分见表6-36。

表6-36　某产品功能评分表

零件名称	A	B	C	D	E	得分合计	功能评价系数
A	×	1	1	0	1	3	0.3
B	0	×	1	0	1	2	0.2
C	0	0	×	0	1	1	0.1
D	1	1	1	×	1	4	0.4
E	0	0	0	0	×	0	0
合　计						10	1

② 计算成本系数。根据产品成本现实资料确定总成本和每个零部件的成本，求得成本系数。

$$成本系数=\frac{某零件(功能)成本}{总成本} \tag{6-26}$$

假设上述5个零部件的现实成本分别是150元、270元、250元、240元、90元，则该产品目前总成本为1 000元。其成本系数计算结果见表6-37。

表6-37　某产品的成本系数表

零件名称	A	B	C	D	E	合　计
目前成本	150	270	250	240	90	1 000
成本系数	0.15	0.27	0.25	0.24	0.09	1

③ 计算价值系数。根据价值系数的大小来确定价值工程控制的重点对象。

④ 计算功能评价值，确定价值工程对象成本降低额。功能评价值是实现功能的最低成本，也是价值工程活动的目标成本。

$$各零部件的目标成本=产品目标成本\times各零部件的功能评价系数 \tag{6-27}$$

假设上述的某产品目标成本，即价值工程所要达到的目标成本为700元。则某产品零件的功能价值和改进期望值见表6-38。

表6-38　产品零部件功能值表

零部件 ①	功能评价系数 ②	现实成本 ③	价值系数 ④	功能评价值 ⑤=②×700	成本价低额 ⑥=③-⑤
A	0.3	150	2	210	-60
B	0.2	270	0.74	140	130
C	0.1	250	0.4	70	180
D	0.4	240	1.67	280	-40
E	0	90	0	0	90
合　计	1	1 000		700	300

(4) 提出改进设想，拟订方案。拟订方案是从提高对象的功能价值出发，在正确的功能分析和评价的基础上，针对应改进的具体目标，通过创造性的思维活动，提出能够可靠地实现必要功能的新方案。价值工程的活动能否取得成功，关键在于在功能分析后能否构思出可行的方案。如果不能构思出最佳的可行方案则将前功尽弃。

(5) 方案评价与选择。方案评价是在方案制订的基础上对新构思方案的技术、经济和社会效果等几方面进行估价，以便于选择最佳方案。方案评价包括概略评价和详细评价两个阶段。其评价内容和步骤都包括技术评价、经济评价、社会评价以及综合评价。在对方案进行评价时，无论是概略评价还是详细评价，一般可先做技术评价，再分别做经济评价和社会评价，最后做综合评价。

(6) 方案实施与检查。方案选定后，要制订实施计划及实施方案，并在方案实施过程中，对方案的实施情况进行检查，发现问题及时解决。方案实施完成后，要进行总结评价和验收。

五、单项技能训练

1. 标准成本法的技能训练

（1）某酿酒公司2007年预计精品干红生产产量标准为3 204工时，直接人工工资总额为67 612元，公司制造费用总额为201 978元。制造每吨精品干红直接人工的定额工时为4.5小时，直接材料配成酒消耗定额为1 012.05升，每升标准单位价为5.83元。确定精品干红的标准成本。

（2）某酿酒公司2007年1月生产赤霞珠干红100吨，消耗配成酒101 400升，材料单价6.0元/升；配成酒的单位产品标准成本为6 598.50元，即每吨产品耗用1 012.04升配成酒，每升的标准价格为6.52元。用标准成本法分析其成本差异。

2. 价值分析的技能训练

某机械加工企业生产的某产品有A、B、C、D共4个零件，各零件的功能分别为4、5、1、2。各零件的目前成本为460元、600元、240元、350元。预计该产品的目标成本为1 500元。试用功能系数法进行功能评价，指出价值分析的重点改进对象。

3. 定额成本法的技能训练

某印刷公司的纸箱车间生产干红包装箱，有关原材料成本资料如下：

（1）2007年8月初在产品定额成本为1 320元，月初在产品脱离定额的差异为节约66元，月初在产品定额成本调整为降低27.5元，定额变动差异全部由完工产品成本负担。

（2）本月定额成本为28 600元，本月脱离定额差异为节约651.42元。

（3）本月完工产品的定额成本为26 400元。

要求：确定月末在产品的原材料定额成本；确定完工产品和月末在产品原材料的实际成本（脱离定额差异按定额成本比例在完工产品和月末在产品之间分配）。

项 目 小 结

成本计划是企业生产经营总预算的一部分，它以货币形式规定计划期内产品的生产耗费和各种产品的成本水平，以及确定成本降低任务和建立为达到规定的目的应实施的具体方案。成本计划属于成本的事前管理，是企业生产经营管理的重要组成部分。

成本计划的编制内容包括全部产品成本计划、主要产品单位成本计划、制造费用和期间费用预算，核算的方法有一级核算成本计划编制法和分级核算成本计划编制法。成本计划是实施成本控制的基础。

成本控制是以成本计划为依据，对形成成本的各环节实施预防和调节，是一项复杂的系统工程，既要遵循一定的程序，又要采取切实的手段和措施，才能达到控制成本的目的。成本控制的核心是对生产成本进行控制，也是本项目重点阐述的内容。

生产成本控制常用的方法有标准成本法和定额控制法，均属于事中控制。

定额成本法是为了及时反映、监督生产费用和产品成本脱离定额的差异，加强成本管理和成本控制而采用的一种成本计算方法。在制定定额成本时，每一个成本项目都要考虑现行定额和单价两个因素。及时、正确地揭示和分析生产费用脱离定额的差异，控制生产费用的支出是定额成本法的重要内容，且要分成本项目进行。定额变动差异是由于修订消耗定额或生产耗费的计划价格而产生的新旧定额之间的差额。定额成本的修订一般在月初、季初或年初定期进行。

标准成本法是根据事先确定的标准成本，通过实际成本与标准成本之间差异的分析披露，从而计算产品实际成本，实施对产品成本控制的一种成本计算方法。成本差异包括材料数量差异、材料价格差异、人工效率差异、工资率差异、制造费用差异。

价值工程控制则是用于设计阶段成本控制的一种行之有效的方法，属于事前控制。价值工程也称价值分析，是把技术和经济紧密结合起来的科学管理技术，是为强化企业内部管理、降低产品成本，提高产品质量服务的。多年来的实践证明，价值工程不仅能降低产品成本、提高产品质量，而且也是事前控制成本的有效手段。

通过对成本的计划与控制，分析实际成本与计划成本之间的差异，指出有待加强控制和改进的领域，达到评价有关部门的业绩，增产节约，从而促进企业发展的目的。

思考与讨论

1. 思考题

（1）成本计划与成本控制的关系是什么？

（2）举例说明成本控制的几种方法。

（3）比较标准成本法和定额成本法。

（4）如何理解广义的成本控制？

（5）列举企业成本控制的措施。

2. 个案分析

某企业一年的销售收入为 1 000 万元，其中原材料以及采购库存的费用为 600 万元，占 60%。生产以及管理费用为 350 万元，利润为 50 万元，占 5%。

假如企业要使利润增加 30%，有两个方面：第一是开源，第二是节流。对于企业来说往往选择扩大生产规模。现在来算一笔账，假如企业能把现在的原料采购和库存费用减少 2.5%，减少额为 15 万元。那么企业的利润是 50 万元再加上这 15 万元，利润增加了 30%。只要把原料采购的费用下降 2.5%，就能实现利润增加 30%这个目标。

假如企业把原料采购费用下降 5%，利润在 50 万元基础上增加 30 万元，利润增加了 60%。假如再把生产以及管理费用下降 5%，减少额为 17.5 万元。那么利润在 50 万元基础上加上 30 万元，再加上 17.5 万元，利润增加了 95%，几乎是翻一番。

如果企业把原来的生产规模扩大一倍，要增加一倍的厂房，增加一倍的材料，增加一倍的设备，增加一倍的人员，还要增加一倍的流动资金。那么企业又需要投入多少呢？

同样是达到这个目标，两种方式有完全不同的两种效果。一种方式不需要投入一分钱，另一种方式则会投入很大。

思考：

提高企业利润的有效途径是什么？

综合技能测试

综合技能测试一

1. 资料

某酿酒公司基本生产车间一车间生产 02077 精品干红和 02021 高级解百纳干红两种产品，均为可比产品。要求根据所给的各项资料，编制两种产品的成本计划。

(1) 根据市场预测，确定 2010 年生产 02077 精品干红 712.07 吨(每吨折合 1004.01 升、折合 1 338.68 瓶)，生产 02021 高级解百纳干红 2 568.21 吨。产品消耗的材料包括配成酒和包装材料，其中包装材料包括酒瓶、瓶塞(盖)、商标和其他材料。每吨精品干红耗用配成酒 1 012.05 升，每升的单价为 5.83 元；包装材料的耗用量为 1 350 个，单价 1.48 元(其中酒瓶 0.79 元/个、瓶盖 0.47 元/个、商标 0.15 元/张、其他 0.07 元)。每吨高级解百纳干红耗用配成酒 1 012.05 升，每升的单价为 6.95 元；包装材料的耗用量为 1 400 个，单价 2.24 元(其中酒瓶 0.79 元/个、瓶塞 1.23 元/个、商标 0.15 元/张、其他 0.07 元)。

(2) 生产 02021 高级解百纳干红每吨需耗用 4.5 个小时，每小时工资率为 21.1 元；生产 02021 高级解百纳干红每吨需耗用 14.5 个小时，每小时工资率为 21.1 元。

(3) 根据制造费用有关开支标准和有关计划资料，2010 年制造费用计划见表 6-39。

表 6-39 制造费用计划

2010 年　　　　单位：元

项　　目	上年预计	本年计划
物料消耗		692 520.23
水电费		135 670.50
运输费		727 843.28
低值易耗品摊销		20 290.48
变动制造费用小计		1 576 324.49
折旧费		564 512.15
财产保险费		35 195.05
管理人员薪酬		156 206.82
劳保费用		17 032.71
固定制造费用小计		772 946.73
合　　计		2 549 271.22

(4) 02077 精品干红预计上年单位直接材料费用为 7 900.25 元/吨，单位直接人工费用为 94.95/吨，单位制造费用为 281.64 元/吨；02021 高级解百纳干红预计上年单位直接材料费用为 10 269.75 元/吨，单位直接人工费用为 305.95 元/吨，单位制造费用为 902.18 元/吨。

2. 要求

（1）编制直接材料费用计划。
（2）编制直接人工费用计划。
（3）根据制造费用计划资料和产品耗用工时定额，编制两种产品制造费用分配表。
（4）编制产品成本计划(分别按成本项目和产品种类反映)。
（5）编制主要产品单位成本计划。
（6）编制全部产品成本计划。

综合技能测试二

1. 资料

某酿酒公司为了进行成本控制，实行标准成本制度。根据【例 6－1】有关的定额资料制定了标准成本，作为其成本控制的依据。

（1）2007 年计划生产高级解百纳干红 2 568.21 吨，每吨耗用配成酒 1 012.05 升，每升配成酒的计划单价为 6.95 元；每吨高级解百纳干红计划耗用包装材料 1 400 个，单价为 2.24 元。

（2）2007 年预计实际生产高级解百纳干红 2 568.21 吨，实际共耗用配成酒 2 588 755.68 升，单价为 6.5 元/升；实际共耗用包装材料 3 467 084 个，单价为 2.3 元/个。

（3）2007 年计划高级解百纳干红每吨工时定额 14.5 个小时，小时工资率 21.1 元。预计 2007 年实际耗费工时 37 200 小时，支付工资 784 920 元。

（4）变动制造费用计划总额为 1 184 216.33 元，计划固定制造费用总额为 515 297.82 元；预计 2007 年实际发生变动制造费用 1 106 300 元，固定制造费用实际发生 501 200 元。

2. 要求

（1）编制高级解百纳干红的标准成本表，包括直接材料、人工和制造费用的标准成本。
（2）计算分析直接材料、人工和制造费用的标准成本差异。

项目七　成本报表编制与分析

学习目标

(1) 了解成本报表的概念、种类和特点。

(2) 能够根据相关成本资料，编制主要成本报表。

(3) 能够灵活运用各种方法对成本报表进行分析。

任务一　编制成本报表

成本是综合反映企业生产技术和经营、管理工作水平的一项重要质量指标。为了监督和考核企业生产费用和产品成本计划的执行情况及其结果，使日常成本核算取得的各种资料得到充分有效的利用，企业有必要编制成本报表。

一、任务描述

项目4中，东岳公司大量大批生产甲、乙两种产品，为了分清成本变动的主客观原因，加强内部经济核算和成本控制，编制相关成本报表。甲、乙产品成本资料见表4－22和表4－26；上年试制丙产品并获得成功，本年度正式投产，本月完工100件，单位成本320元，其中：直接材料155元，直接人工96元，制造费用69元。

甲、乙、丙3种产品的有关成本资料如下。

1. 成本资料

1）甲、乙产品单位成本资料

企业主要产品上年实际、本年计划单位成本和历史先进水平汇总资料见表7－1。

表7－1　甲、乙产品单位成本表

编制单位：东岳公司　　　　2010年12月　　　　单位：元

产品＼成本项目		直接材料	直接人工	制造费用	合计
历史先进水平	甲产品	190	60	110	360
	乙产品	300	75	210	585
上年实际	甲产品	197	61	112	370
	乙产品	324	80	219	623

续表

产品＼成本项目		直接材料	直接人工	制造费用	合　计
本年计划	甲产品	196	66	103	365
	乙产品	316	85	218	619
	丙产品	161	96	72	329

2）甲、乙、丙产品本年计划生产成本汇总资料

2010 年主要产品各成本项目计划资料见表 7－2。

表 7－2　计划生产成本汇总表

编制单位：东岳公司　　2010 年度　　单位：元

项　目	甲产品	乙产品	丙产品	合　计
期初余额	262 000	170 000	27 000	459 000
生产成本：				
直接材料	1 146 000	1 256 000	20 000	2 602 000
直接人工	388 000	338 300	115 600	841 900
制造费用	614 000	862 700	87 000	1 563 700
生产完工产品成本合计	2 148 000	2 457 000	402 600	5 007 600
生产成本合计	2 190 000	2 476 000	394 800	5 060 800
期末余额	220 000	151 000	34 800	405 800

3）甲、乙、丙产品本月实际生产成本汇总资料

2010 年 12 月，根据生产成本明细账编制的生产成本汇总见表 7－3。

表 7－3　生产成本汇总表

编制单位：东岳公司　　2010 年 12 月　　单位：元

项　目	甲产品	乙产品	丙产品	合　计
期初余额	22 931	11 141.62	3 630	37 702.62
生产成本：				
直接材料	102 000	78 620	14 650	195 270
直接人工	31 150	23 712	9 350	64 212
制造费用	54 800	53 533.33	6 740	115 073.33
生产成本合计	187 950	156 266.95	30 740	374 555.33
完工产品生产成本合计	187 450	156 500	32 000	375 950
期末余额	23 431	10 506.95	2 370	36 307.95

4）甲、乙、丙产品 2010 年 1～11 月实际生产成本汇总资料

生产成本明细账中反映的 2010 年 1～11 月主要产品成本汇总见表 7－4。

表 7-4　主要产品总成本汇总表

单位：元

产品名称	产量/件	成本资料	成本项目			合　计
			直接材料	直接人工	制造费用	
甲产品	5 700	总成本	1 138 746	371 583	631 902	2 142 231
乙产品	3 750	总成本	1 200 000	297 750	798 750	2 296 500
丙产品	1 150	总成本	179 400	112 700	80 500	372 600

5）2009 年 12 月产品生产成本报表资料

2009 年 12 月全部产品成本报表资料见表 7-5。

表 7-5　全部产品生产成本表(按成本项目反映)

编制单位：东岳公司　　2009 年 12 月　　单位：元

项　目	本年计划	本月实际	本年累计实际
生产成本：	略	略	
直接材料			2 540 000
直接人工			702 000
制造费用			1 536 000
生产成本合计			4 778 000
加：在产品、自制半成品期初余额			448 000
减：在产品、自制半成品期末余额			488 700
产品生产成本合计			4 737 300

说明：假设该企业 2009 年仅生产甲、乙两种产品。

6）2010 年 11 月产品生产成本报表资料

2010 年 11 月全部产品和可比产品总成本汇总见表 7-6、表 7-7。

表 7-6　全部产品生产成本表(按成本项目反映)

编制单位：东岳公司　　2010 年 11 月　　单位：元

项　目	本年计划	本月实际	本年累计实际
生产成本：	略	略	
直接材料			2 426 731
直接人工			828 000
制造费用			1 453 900
生产成本合计			4 708 631
加：在产品、自制半成品期初余额			460 500
减：在产品、自制半成品期末余额			357 800
产品生产成本合计			4 811 331

表 7-7　可比产品生产成本表(按成本项目反映)

编制单位：东岳公司　　　　2010 年 11 月　　　　单位：元

项　　目	本年计划	本月实际	本年累计实际
生产成本：	略	略	
直接材料			2 251 331
直接人工			715 700
制造费用			1 375 000
生产成本合计			4 342 031
加：在产品、自制半成品期初余额			423 500
减：在产品、自制半成品期末余额			326 800
产品生产成本合计			4 438 721

2. 产量资料

(1) 2010 年生产部提供的产品产量统计见表 7-8。

表 7-8　产品产量统计表

编制单位：东岳公司　　　　2010 年 12 月　　　　单位：件

产品名称	本年度 1～11 月实际产量	全年计划产量
甲产品	5 700	6 000
乙产品	3 750	4 000
丙产品	1 150	1 200

(2) 2009 年甲、乙产品的实际产量分别为 5 900 件、4 100 件。

3. 甲产品原材料消耗、工时资料

甲产品原材料消耗、单位产品工时及小时工资费资料见表 7-9。

表 7-9　单位产品原材料消耗、人工费汇总表

编制单位：东岳公司　　　　2010 年 12 月　　　　单位：元

原材料	计划数	实际数
单位产品消耗量/千克	2.80	2.77
单位成本/元	70	73.09
单位产品材料费用	196	202.47
人工费	计划数	实际数
单位产品耗用工时/小时	5.28	4.776
小时工资单价/元	12.5	13.15
单位产品人工费用	66	62.81

4. 制造费用资料

基本生产车间制造费用各费用项目汇总见表 7－10。

表 7－10 制造费用汇总表

编制单位：东岳公司　　2010 年 12 月　　单位：元

项　　目	上年实际	本年计划	本年 1～11 月累计实际
机物料消耗	125 840	125 000	118 212.50
职工薪酬	69 320	69 000	64 715.50
折旧费	383 500	398 000	354 100
水电费	148 100	155 000	135 914
办公费	40 130	42 000	37 580
运输费	87 450	87 000	78 008
其他	468 000	470 000	424 200
合　计	1 322 340	1 346 000	1 212 730

5. 管理费用资料

管理费用各费用项目上年实际发生额、本年计划数及本年累计发生额等见表 7－11。

表 7－11 管理费用汇总表

编制单位：东岳公司　　2010 年 12 月　　单位：元

项　　目	上年实际	本年计划	本月实际	本年 1～11 月累计实际
1. 公司经费	276 580	269 000	19 050.3	247 320
其中：职工薪酬	90 000	89 200	13 165	78 115
机物料消耗	42 900	44 000	3 600	39 000
办公费	26 300	25 000	2 100.30	22 399.70
差旅费	98 000	91 600		88 460
水电费	10 800	11 000	185	10 745.30
2. 董事会费	13 500	13 400		13 200
3. 折旧费	86 200	86 500	6 900	82 300
4. 汽车费	14 520	14 800	500	13 800
5. 修理费	30 000	29 500		29 000
……				
13. 其他	39 300	40 000	2 932.70	36 677
合　计	581 400	575 700	54 000	526 790

6. 核算要求

（1）编制“商品产品成本表”。

（2）编制“主要产品单位成本表”。

（3）编制“制造费用明细表”。

（4）编制期间费用明细表。

二、任务实施

成本报表是根据企业日常成本核算资料，综合概括地反映企业在一定时期内资金耗费和成本构成及其升降变动情况，以分析和考核费用预算和产品成本计划执行情况的报告文件。编制成本报表是成本会计的一项重要内容。

由于成本报表所反映的成本信息是企业的一种商业秘密，成本报表一般不对外报送，只作为向企业经营管理者提供信息及进行成本分析的一种内部管理报表。成本报表作为企业内部的报表，其格式、编报时间、报送对象等，都由企业根据自身的特点和经营管理的具体要求而定。

东岳公司本年度主要生产甲、乙、丙 3 种产品，根据本年产量记录，汇总编制本年度主要产品总成本与单位成本计算表，见表 7－12。

表 7－12　主要产品总成本与单位成本汇总表

2010 年　　　　单位：元

产品名称	所属期间	产量/件	成本资料	成本项目			合计
				直接材料	直接人工	制造费用	
甲产品	1～11 月	5 700	总成本	1 138 746	371 583	631 902	2 142 231
	12 月份	500	总成本	101 234	31 405.44	54 810.56	187 450
	本年度	6 200	累计总成本	1 239 981	402 988	686 712	2 329 681
			单位成本	200.00	65.00	110.76	375.76
乙产品	1～11 月	3 750	总成本	1 200 000	297 750	798 750	2 296 500
	12 月份	250	总成本	79 000	23 250	54 250	156 500
	本年度	4 000	累计总成本	1 279 000	321 000	853 000	2 453 000
			单位成本	319.75	80.25	213.25	613.25
丙产品	1～11 月	1 150	总成本	179 400	112 700	80 500	372 600
	12 月份	100	总成本	15 500	9 600	6 900	32 000
	本年度	1 250	累计总成本	194 900	122 300	87 400	404 600
			单位成本	155.92	97.84	69.92	323.68

提示

限于本书不能提供企业生产成本明细账全部资料，为方便成本报表的编制，按成本项目汇总编制本年度各种主要产品的总成本和单位成本计算表。

1. 编制产品生产成本表

产品生产成本表是反映企业在报告期内生产的全部商品产品的总成本和单位成本的会计报表。该表一般分为两种：一种按成本项目反映，另一种按产品类别反映。

1）按产品种类反映的产品生产成本表的编制

产品成本表按可比产品和不可比产品分别反映其单位成本和总成本。可比产品是指以前年度或上年度曾经生产过的产品，如东岳公司生产的甲、乙产品；不可比产品是指以前年度或上年度未生产过的产品，如丙产品。对可比产品而言，因为需要与上年度实际成本比较，所以表中不仅要有本期的计划成本和实际成本，还要有按上年实际单位成本计算的总成本。对不可比产品而言，因没有上年的实际单位成本可比，所以只列示计划成本和实际成本。

根据各种产品的产量、实际成本以及单位计划成本资料(见表 7－1、表 7－8 和表 7－12)，按产品种类编制商品产品成本表，见表 7－13。

其中相关解释如下：

(1)“产品名称”栏按企业规定的主要商品产品的品种分别列示，每项注明该品种的名称、规格和计量单位。

(2)“实际产量”栏数字应根据成本计算单等资料所记录的本月和从年初到本月末止的各种主要商品产品实际产量填列。

(3)“单位成本”栏数字应按上年度或以前年度报表资料、本期成本计划资料和本期实际成本资料分别计算填列。

(4)“本月总成本”栏数字按本月商品产品产量分别乘以上年实际单位成本、本年计划单位成本的积和本月商品实际总成本填列。

(5)“本年累计总成本”栏数字应根据本月实际总成本加上上月本表的累计实际总成本计算填列。

(6)如果有不合格品，应单列一行，并注明“不合格品”字样，不应与和合格产品合并填列。

(7)补充资料中，可根据计划、统计和会计等有关资料计算后填列。

如果企业可比产品品种不多，其成本降低额或降低率也可按产品品种分别计划和计算。

可比产品成本降低额指可比产品累计实际总成本比按照上年实际平均单位成本计算的累计总成本降低的数额，超支用负数表示。

可比产品成本降低率指可比产品本年累计实际总成本比上年实际平均单位成本计算的累计总成本降低的比率，超支用负数表示。

可比产品成本实际降低额和可比产品成本实际降低率可按下列公式计算：

$$\text{实际降低额} = \sum[\text{实际产量} \times (\text{上年实际单位成本} - \text{本年实际单位成本})] \quad (7-1)$$

$$\text{实际降低率} = \frac{\text{实际成本降低额}}{\sum(\text{实际产量} \times \text{上年实际单位成本})} \times 100\% \quad (7-2)$$

表 7-13 产品生产成本表(按产品种类)

编制单位：东岳公司　　　　2010 年 12 月　　　　单位：元

产品名称	计量单位	实际产量		单位成本				本月总成本			本年累计总成本		
		本月	本年累计	上年实际平均	本年计划	本月实际	本年累计实际平均	按上年实际平均单位成本计算	按本年计划单位成本计算	本月实际	按上年实际平均单位成本计算	按本年计划单位成本计算	本年实际
		1	2	3	4	5=9/1	6=12/2	7=1×3	8=1×4	9	10=2×3	11=2×4	12
可比产品合计								340 750	337 250	343 950	4 786 000	4 739 000	4 782 681
其中：甲产品	件	500	6 200	370	365	374.90	375.76	185 000	182 500	187 450	2 294 000	2 263 000	2 329 681
乙产品	件	250	4 000	623	619	626	613.25	155 750	154 750	156 500	2 492 000	2 476 000	2 453 000
不可比产品合计									32 900	32 000		411 250	404 600
其中：丙产品	件	100	1 250		329	320	323.68		32 900	32 000		411 250	404 600
产品成本合计								340 750	370 150	375 950	4 786 000	5 150 250	5 187 281

补充资料：

1. 可比产品成本实际降低额 3 319 元。
2. 可比产品成本实际降低率 0.069 3%。
3. 可比产品成本计划降低额 46 000 元。
4. 可比产品成本计划降低率 0.976 2%。

根据表 7－13 中的资料，可求出以下数值：

可比产品成本实际降低额＝ 786 000－4 782 681＝3 319(元)

可比产品成本实际降低率＝$\frac{3\ 319}{4\ 786\ 000}\times 100\%=0.069\ 3\%$

2）按成本项目反映的产品生产成本表的编制

按成本项目反映的产品生产成本表是按照成本项目汇总反映企业在报告期内发生的全部生产费用以及产品生产成本合计额的报表。

该表可以分为生产成本和完工产品生产成本两部分。其中：生产成本按照报告期内发生的各项生产成本及其合计数；完工产品生产成本部分是在生产成本合计数的基础上加上生产成本期初余额减去生产成本期末余额，计算出完工产品生产成本合计数。

本表产品生产成本合计数的计算原理如下：

由于　期初生产成本＋本期发生生产成本＝本期完工产品生产成本＋期末生产成本

所以　本期完工产品生产成本＝本期发生生产成本＋期初生产成本－期末生产成本

根据表 7－3、表 7－5 和表 7－6 的资料，东岳公司按成本项目编制的 2010 年 12 月产品生产成本表见表 7－14。

表 7－14　产品生产成本表(按成本项目反映)

编制单位：东岳公司　　　　2010 年 12 月　　　　单位：元

项　目	本年计划	本月实际	本年累计实际
生产成本：			
直接材料	2 602 000	195 270	2 622 001
直接人工	841 900	64 212	892 212
制造费用	1 563 700	115 474.95	1 569 374.95
生产成本合计	5 007 600	374 957	5 083 587.95
加：在产品、自制半成品期初余额	459 000	37 301	497 801
减：在产品、自制半成品期末余额	405 800	36 307.95	394 107.95
产品生产成本合计	5 060 800	375 950	5 187 281

其中相关解释如下：

(1)“本年计划”栏数字根据成本计划有关资料填列。

(2)“本月实际”栏数字根据本月成本核算资料直接填列。

(3)“本年累计实际”栏数字应根据本月实际数加上上月份本表的本年累计实际数计算填列。

实际工作中，各项生产成本和产品生产成本还可以设“上年实际”专栏，用以反映可比产品上年度各成本项目情况。“上年实际”栏数字按上年 12 月份本表中“本年累计实际”数字直接填列。东岳公司本年度有不可比产品，为了便于与上年实际数据进行比较，根据表 7－2、表 7－3、表 7－5 和表 7－7 的资料，针对可比产品可编制产品生产成本表，见表 7－15。

表 7-15　产品生产成本表(按成本项目反映)

编制单位：东岳公司　　　　2010 年 12 月　　　　单位：元

项　　目	上年实际	本年计划	本月实际	本年累计实际
生产成本：				
直接材料	2 540 000	2 402 000	180 620	2 431 951
直接人工	702 000	726 300	54 862	770 562
制造费用	1 536 000	1 476 700	108 734.95	1 483 734.95
生产成本合计	4 778 000	4 605 000	344 216.95	4 686 247.95
加：在产品、自制半成品期初余额	448 000	432 000	33 671	457 171
减：在产品、自制半成品期末余额	488 700	371 000	33 937.95	360 737.95
产品生产成本合计	4 737 300	4 666 000	343 950	4 782 681

2. 主要产品单位成本表的编制

主要产品单位成本表是反映企业一定时期内主要产品生产成本水平、变动情况及构成情况的成本报表。由于商品产品成本报表中各主要产品的成本只列示总数，无法根据表格分析成本项目的构成情况，以及难以开展成本分析等不足，所以要编制本报表作为补充。

该表应按主要产品分别编制，是全部商品产品成本表(按产品类别反映)中某些主要产品成本的进一步反映。根据表 7-1、表 7-12 编制主要产品单位成本表，见表 7-16。

表 7-16 中的相关解释如下：

(1) 基本部分的产品名称、规格、计量单位、产量，根据有关产品成本计算单填列。

(2) 各成本项目的历史先进水平的数字根据企业的历史成本资料填列。

(3) 各成本项目的上年实际平均单位成本的数字根据上年度的成本资料填列。

(4) 各成本项目的本年计划单位成本的数字根据本年计划资料填列。

(5) 各成本项目的本期实际单位成本的数字根据本期实际成本资料填列。

(6) 各成本项目的本年累计实际平均单位成本的数字根据本年各项目总成本除以累计产量后的商数填列。

对不可比产品，不填列“历史先进水平”、“上年实际平均”的单位成本和单位用量。

需要说明的是：各表中按成本项目反映的“上年实际平均”、“本年计划”、“本月实际”、“本年累计实际平均”的单位成本合计应与商品产品成本表中的各产品单位成本金额分别相等。

表 7-16　主要产品单位成本表

2010 年 12 月

单位：元

产品名称	规格	计量单位	产量		直接材料					直接人工					制造费用					产品单位成本				
			本月实际	本年累计实际	历史先进水平	上年实际平均	本年计划	本月实际	本年累计实际平均	历史先进水平	上年实际平均	本年计划	本月实际	本年累计实际平均	历史先进水平	上年实际平均	本年计划	本月实际	本年累计实际平均	历史先进水平	上年实际平均	本年计划	本月实际	本年累计实际平均
1	2	3	4	5	6	7	8	9	10	11	12	13	14	15	16	17	18	19	20	21	22	23	24	25
甲		件	500	6 200	190	197	196	202.47	200	60	61	66	62.81	65	110	112	103	109.62	110.76	360	370	365	374.9	375.76
乙		件	250	4 000	300	324	316	316	319.75	75	80	85	93	80.25	210	219	218	217	213.25	585	623	619	626	613.25
丙		件	100	1 250			161	155	155.92			96	96	97.84			72	69	69.92			329	320	323.68

3. 编制制造费用明细表

制造费用明细表是反映企业在一定时期内为组织和管理车间生产所发生的全部制造费用及其构成情况的报表。制造费用明细表一般按月编制，只反映基本车间制造费用，不包括辅助生产单位的制造费用。

制造费用明细表格式见表 7－17，此表一般按照制造费用项目分别反映各该费用的本年计划数、上年实际同期数、本月实际数和本年累计实际数。其中“本年计划数”栏根据成本计划中的制造费用计划填列；“上年实际数”栏根据上年同期本表的累计实际数字填列；“本月实际数”栏应根据制造费用总账科目所属各基本车间制造费用明细账的本月合计数汇总计算填列；“本年累计实际数”栏应根据这些制造费用明细账的本月实际数加上上月本表的本年累计实际数计算填列。

东岳公司根据表 7－10、表 4－18 和表 4－19，编制制造费用明细表，见表 7－17。

表 7－17　制造费用明细表

编制单位：东岳公司　　2010 年 12 月　　单位：元

项　目	上年实际	本年计划	本月实际	本年累计实际
机物料消耗	125 840	125 000	8 439.50	126 652
职工薪酬	69 320	69 000	7 883.20	72 598.70
折旧费	383 500	398 000	28 800	382 900
水电费	148 100	155 000	28 702.83	164 616.83
办公费	40 130	42 000	3 002.80	40 582.80
汽车费	87 450	87 000	3 790	81 798
其他	468 000	470 000	27 715	451 915
合　计	1 322 340	1 346 000	108 333.33	1 321 063.33

4. 编制期间费用明细表

期间费用明细表包括管理费用明细表、销售费用明细表和财务费用明细表。期间费用明细表一般按月编制，分别反映各项费用的本年计划数、上年实际同期数、本月实际数和本年累计实际数。

东岳公司根据表 7－11 编制管理费用明细表，见表 7－18，销售费用明细表和财务费用明细表的编制方法与管理费用相同，不再赘述。

其中：“上年实际数”应分别根据上年度同期本表的“本年累计实际数”填列；“本年计划数”应分别根据本年度管理费用预算填列；“本月实际数”应分别根据本月管理费用明细账本月发生额填列；“本年累计实际数”应分别根据本年度管理费用明细账中本年累计发生额填列，也可以将本月该表的本月实际数加上上月该表中的本年累计实际数填列。

表 7－18 管理费用明细表

编制单位：东岳公司　　2010 年 12 月　　单位：元

项　　目	上年实际	本年计划	本月实际	本年累计实际
1. 公司经费	276 580	269 000	19 050.30	266 370.30
其中：职工薪酬	90 000	89 200	13 165	91 280
机物料消耗	42 900	44 000	3 600	42 600
办公费	26 300	25 000	2 100.30	24 500
差旅费	98 000	91 600		86 460
水电费	10 800	11 000	185	10 930.30
2. 董事会费	13 500	13 400		13 200
3. 折旧费	86 200	86 500	6 900	89 200
4. 汽车费	14 520	14 800	500	14 300
……				
13. 其他	39 300	40 000	2 912.70	39 589.70
合　计	581 400	575 700	54 000	580 790

三、知识归纳

1. 成本报表的作用

根据我国企业会计准则规定，成本报表不作为企业对外报送的会计报表，主要为满足内部管理需要而编制，作为向企业经营管理者提供信息及进行成本分析的一种内部管理报表。随着企业市场竞争的加强，成本的高低将成为衡量乃至决定企业前途和命运的重要因素。因此，企业应科学地设计和填报管理所需要的各种成本报表，以便于对成本进行考核、分析、预测和控制。成本报表的作用主要有以下几点。

1）可反映企业一定时期内的产品成本水平及费用支出情况

产品成本是反映企业生产经营成果的一项综合性指标，企业在一定时期内的物质消耗、劳动效率、工艺水平、管理水平，都会直接或间接地在产品成本中综合地体现出来。通过编制成本报表能够及时地发现企业在生产、技术、质量、管理等方面取得的成绩和存在的问题，不断总结经验，提高企业经济效益。

2）可据以考核和分析成本计划的执行情况

成本报表中所反映的各项产品成本指标对掌握企业一定时期的成本水平，分析和考核产品成本计划完成情况及加强成本管理具有重要作用。

3）可据以编制下期成本计划

计划年度的成本计划是在报告年度产品成本实际水平的基础上，结合报告年度成本计划执行情况，考虑计划年度中可能出现的有利因素和不利因素而制定的，所以本期报表所提供的资料是制订下期成本计划的重要参考依据。

4）为企业管理层的成本决策提供信息

对成本报表进行分析，可以发现成本管理工作中存在的问题，查明原因和责任，以便采取降低成本的措施。可以与同行业先进水平相比，为挖掘成本潜力指明方向。

2. 成本报表的编制

1）产品生产成本表的编制

（1）产品生产成本表的结构与内容。产品生产成本表的结构分为基本报表和补充资料两部分。根据本报表提供的资料，可以考核企业全部商品产品成本计划的执行情况以及可比产品成本降低任务的完成情况，以便分析成本增减变化的原因，找出进一步降低产品成本的途径。

（2）产品生产成本表的编制参见表 7-13、表 7-14 等。

（3）产品生产成本表的作用。该表的作用主要有：可以分析和考核各种类产品和全部商品产品本月和本年累计的成本计划的执行结果，对各种类产品成本和全部商品产品成本的节约或超支情况进行一般的评价；可以分析和考核各种可比产品和全部可比产品本月和本年累计的成本比上年的升降情况；对于规定有可比产品成本降低计划的产品，可以分析和考核可比产品成本降低计划的完成情况，促使企业采取措施，不断降低产品成本；可以了解哪些产品成本节约较多，哪些产品成本超支较多，为进一步进行产品单位成本分析指明方向。

2）主要产品单位成本表的编制

（1）主要产品单位成本表的结构与内容。由于商品、产品成本报表中各主要产品的成本只列示总数，无法根据表格分析构成情况，所以要编制本报表作为补充。通过该报表，可以反映出主要产品单位成本的变动，分析产品成本变动的原因。其结构与内容见表 7-16。

本报表的特点是按产品的成本项目分别反映产品单位成本及各成本项目的历史先进水平、上年实际平均、本年计划、本月实际和本年累计实际平均的成本资料。

（2）主要产品单位成本表的编制见表 7-16。

（3）主要产品单位成本表的作用。该表的作用有：可以按照成本项目考核主要产品单位成本计划的执行结果，分析各项单位成本节约或超支的原因；可以按照成本项目将本月实际单位成本和本年累计实际平均单位成本与上年实际平均单位成本和历史先进单位成本进行比较，了解其比上年的升降情况，与历史先进水平存在的差距等，可以分析单位成本变化、发展的趋势；可以分析和考核主要产品的主要技术经济指标的执行情况。

3）制造费用明细表的编制

（1）制造费用明细表的结构与内容。制造费用明细表中费用项目的划分可参照财政部有关制度的规定，也可根据企业的具体情况增减，但不能经常变动，以保持各报告期之间相关数据的可比性。若本年度内对某些明细项目的划分做了修改，使得计算结果与上年不一致时，应将上年度有关报表的对应明细项目按照本年度划分标准进行调整，并在表后的附注中加以文字说明。

（2）制造费用明细表的编制见表 7-17。

（3）制造费用明细表的作用。该表的作用有：可以按费用项目分析制造费用本月实际数比上年同期实际数的增减变化情况；在表中列有本月计划数的情况下，还可以分析本月计划的执行结果；可以在年度内按照费用项目分析制造费用年度计划的执行情况，预测年末制造费用能否节约，会不会超支，以便采取措施，将制造费用控制在年度计划之内；可以在年末按照费用项目分析制造费用年度计划执行的结果，分析节约或超支的原因；可以分析本月实际和本年累计实际制造费用的构成情况，并与上年同期实际构成情况和计划构成情况进行比较，分析制造费用的发展变化情况和原因。

3. 期间费用明细表的编制

（1）期间费用明细表的结构与内容。期间费用明细表是反映企业在报告期内发生的各项期间费用的发生额及其构成情况的报表，包括管理费用明细表、销售费用明细表和财务费用明细表。其中：管理费用明细表是反映企业在报告期内的管理费用及其构成情况的报表；销售费用明细表是反映企业在报告期内的销售费用及其构成情况的报表；财务费用明细表是反映企业在报告期内的财务费用及其构成情况的报表。

（2）期间费用明细表的编制见表 7－18。

（3）期间费用明细表的作用。编制期间费用明细表，可以分析考核费用计划的执行情况和执行结果以及内部构成情况，分析费用节约或超支的原因，以便降低费用开支，提高企业经济利益。

四、能力拓展

1. 成本报表的种类

成本报表作为企业内部的报表，其格式、编报时间、报送对象等都由企业根据自身的特点和经营管理的具体要求而定。不同企业之间、同一企业的不同时期，成本报表的格式也不尽相同。一般情况下，成本报表具有种类多、编报迅速、涉及面广、与生产工艺过程联系紧密等特点。

1）按报表反映的内容分类

按成本报表反映的内容，可分为反映成本计划执行情况的报表、反映费用支出情况的报表和反映生产经营情况的报表 3 类。

（1）反映成本计划执行情况的报表。这类报表主要有产品成本表、主要产品单位成本表、制造费用明细表。这些报表可以揭示企业为生产一定产品所付出的成本是否达到了预定的要求。在报表中，可将报告期实际成本水平与计划成本水平、历史成本水平以及同行业成本水平进行比较，反映成本管理工作的成效，并为进一步进行成本分析、挖掘成本潜力提供资料。

（2）反映费用支出情况的报表。这类报表主要有财务费用明细表、管理费用明细表、销售费用明细表。通过这些报表，可以了解企业一定时期内费用支出的总额及其构成情况，了解费用支出的合理程度和变动趋势，有利于企业管理部门正确制定费用预算，考核各项消耗和支出指标的完成情况，明确各有关部门和人员的经济责任。

（3）反映生产经营情况的报表。这类报表主要有生产情况表、材料耗用表、材料差异分析表等。该类报表属于专题报表，主要反映生产中影响产品生产成本的某些特定的、重要的问题，一般依据实际需要灵活设置。

2）按报表编制的时间分类

成本报表在报送时间上具有较大的灵活性，按编报时间可分为年报、季报、月报、旬报、周报、日报等。

2. 成本报表的特点

成本报表属于内部报表，与对外报告的财务会计报表比较，具有其自身的独特之处。

(1) 成本报表是服务于企业内部经营管理目的的报表，一般不受外界因素的影响。报表的种类、格式、编制时间、报送程序、报送范围都由企业根据需要自行规定，并且随着生产条件的变化和管理要求的提高，可以随时修改和调整，因而具有较大的灵活性和多样性。

(2) 成本报表以企业特定生产环境为背景，对成本的反映和控制紧密联系着其生产工艺与生产组织的特点及企业对成本管理的要求，因此不同企业的成本报表之间会存在差异。

(3) 成本报表是会计核算资料与技术经济资料相结合的产物，其信息具有综合性与全面性的特点。如对材料成本，既要从价格上反映，又要从消耗量上反映。因此，对成本报表不仅要设置货币指标，在反映成本消耗的指标上还要采取多种形式，容纳多方面的信息。成本报表需要同时满足会计部门和各级生产部门、各职能部门对成本管理的需要，不仅要提供满足事后分析的资料，还应提供事前计划、事中控制所需要的大量信息。

(4) 成本报表具有及时与灵敏的特点。由于成本报表编制时间灵活，有日报、旬报、月报等，从而能为企业日常的成本控制提供及时有用的资料。

3. 编制报表的要求

成本报表一般根据企业的生产特点与管理需要自行设置，但为了充分发挥成本报表在经济管理中的积极作用，企业必须按一定的要求正确编制。

(1) 数字准确。数字准确是指报表中的各项数据必须真实可靠，不能随意估计，更不允许弄虚作假。因此，企业在编制报表前，应将所有的经济业务登记入账，并核对各种账簿之间的记录，做到账账相符；清查财产物资，做到账实相符；然后再依据有关账簿的记录编制报表，并注意不同报表之间的相关指标的数字是否一致。

(2) 内容完整。内容完整是指主要报表种类齐全，应填列的报表指标和文字说明必须全面，表内项目和表外补充资料都应完整无缺，不得任意取舍。注意保持各成本报表计算口径的一致，计算方法如有变动，应在附注中说明。对定期报送的主要成本报表，还应有分析、说明生产成本和费用升降情况、原因、措施的文字材料。

(3) 编报及时。编报及时是指根据企业管理部门的需要迅速提供各种成本报表。成本报表有的定期编制，有的不定期编制，无论是哪一种，都要求及时编制，及时反馈。只有如此，才能及时对企业成本完成情况进行检查和分析，从中发现问题，及时采取措施加以解决，充分发挥报表的应有作用。这就要求企业不仅要做好日常成本核算工作，还要注意整理、收集有关的历史成本资料、同行业成本资料、统计资料以及成本计划资料、费用预算资料等。

五、单项技能训练

1. 编制会计报表的技能训练

1) 资料

长江公司 2011 年全部产品成本表(按产品种类反映)见表 7 - 19。

表 7－19　全部产品成本表(按产品种类反映)

产品名称	计量单位	实际产量	单位成本			总成本		
			上年实际平均	本年计划	本期实际	按上年实际单位成本计算	按上年实际单位成本计算	按上年实际单位成本计算
可比产品：								
甲产品	套	200	40	39	41			
乙产品	套	400	50	49	52			
不可比产品：								
丙产品	台	380	—	30	32	—		
全部产品								

2）要求

(1) 计算和填列全部产品成本(按产品种类反映)表中总成本各栏数字。

(2) 计算全部产品成本计划完成情况的降低(或超支)额和降低(或超支)率。

(3) 计算可比产品成本的降低(或超支)额和降低(或超支)率。

2. 编制会计报表的技能训练

1）资料

项目 2 中北苑公司是一家无缝钢管生产企业，主要生产 GB 3087、GB 5310 两种产品，2008 年 7 月编制的产品生产成本(按成本项目反映)表见表 7－20。

表 7－20　产品生产成本表(按成本项目反映)

编制单位：北苑公司　　2008 年 7 月　　单位：元

项目	上年实际	本年计划	本月实际	本年累计实际
生产成本：				
直接材料	16 450 560	16 235 800	1 362 030	9 498 000
直接人工	8 213 720	8 093 440	683 200	4 724 000
制造费用	742 120	727 400	62 170	438 000
生产成本合计	25 406 400	25 056 640	2 107 400	14 660 000
加：在产品、自制半成品期初余额	2 870 200	3 736 530	319 855	2 207 000
减：在产品、自制半成品期末余额	3 736 530	4 030 760	341 945	2 459 420
产品生产成本合计	24 540 070	24 762 410	2 085 310	14 407 580

2）要求

编制 2008 年 8 月的产品生产成本表(按成本项目反映)。

任务二　分析成本报表

企业在日常经营活动中，为了及时掌握企业的成本水平和经营管理成果，发现生产经营过程中存在的问题，挖掘降低成本的潜力，进而改进与完善生产经营管理制度和方法，应对成本核算所提供的资料进行分析。

一、任务描述

根据东岳公司 2010 年成本报表及相关成本资料，通过对比，完成以下工作：

（1）编制产品生产成本分析表，分析各种产品计划成本的完成情况。

（2）编制产品单位成本分析表，分析各种产品单位成本计划的完成情况。

（3）编制期间费用明细分析表，分析期间费用计划的完成情况。

二、任务实施

1. 编制产品生产成本分析表，分析各种产品计划成本的完成情况

成本计划完成情况分析是指对商品产品成本计划以及可比产品成本计划完成情况进行总的分析和评价。产品计划完成情况分析是一种总括性的分析，可从以下 3 个角度进行。

1）按商品产品类别进行的成本计划完成情况分析

此项分析是将全部产品成本按产品品种汇总，将实际成本与计划成本对比，确定每种产品的成本降低情况。东岳公司根据表 7－1、表 7－8、表 7－12 编制“产品成本表”，见表 7－21。

表 7－21　东岳公司产品成本表(按产品种类)

编制单位：东岳公司　　　　2010 年度　　　　单位：元

产品名称	计量单位	产量		单位成本			计划总成本（计划产量）		本年总成本（实际产量）		
		计划	实际	上年实际	本年计划	本年实际	按上年实际平均单位成本计算	按本年计划单位成本计算	按上年实际平均单位成本计算	按本年计划单位成本计算	按本年实际单位成本计算
		1	2	3	4	5	6＝1×3	7＝1×4	8＝2×3	9＝2×4	10＝2×5
一、可比产品											
甲产品	件	6 000	6 200	370	365	375.76	2 220 000	2 190 000	2 294 000	2 263 000	2 329 681
乙产品	件	4 000	4 000	623	619	613.25	2 492 000	2 476 000	2 492 000	2 476 000	2 453 000
小　计							4 712 000	4 666 000	4 786 000	4 739 000	4 782 681
二、不可比产品											
丙产品	件	1 200	1 250		329	323.68		394 800		411 250	404 600
全部产品成本							4 712 000	5 060 800	4 786 000	5 150 250	5 187 281

根据上述资料，编制产品成本分析表，见表 7－22。

表中实际总成本和计划总成本均为按实际产量计算的。从表 7－22 中可以看出，该公司全部产品总成本实际比计划上升了 37031 元，上升了 0.72%，说明企业产品成本计划执行情况不太理想。除甲产品外，乙产品和丙产品成本都有所下降，甲产品成本有所上升，为 2.95%，应进一步分析其成本上升的主要原因。

表 7-22　东岳公司产品成本分析表(按产品种类)

编制单位：东岳公司　　2010 年度　　单位：元

产品名称	计划总成本	实际总成本	降低额	降低率
1. 可比产品				
其中：甲产品	2 263 000	2 329 681	−66 681	−2.95%
乙产品	2 476 000	2 453 000	23 000	0.93%
2. 不可比产品				
其中：丙产品	411 250	404 600	6 650	+1.62%
全部产品成本	5 150 250	5 187 281	−37 031	−0.72%

2）全部产品按成本项目进行的成本计划完成情况分析

按产品类别进行成本分析固然能清晰地了解各种产品的升降情况，但究竟哪些成本项目超支，哪些成本项目节约还不清楚，因而有必要将全部商品产品成本按成本项目进行分析。

该项分析是将全部产品的总成本按成本项目汇总，将实际总成本与计划总成本对比，确定每个成本项目的降低额和降低率。

对东岳公司产品成本按成本项目进行分析，根据表 7-21 编制“产品成本分析表”，见表 7-23。

表 7-23　东岳公司产品成本分析表(按成本项目)

编制单位：东岳公司　　2010 年度

成本项目	产品成本		降低指标	
	计划/元	实际/元	降低额/元	降低率
直接材料	2 680 450	2 713 880	−33 431	−1.247 2%
直接人工	869 200	846 288.44	22 911.56	2.635 9%
制造费用	1 600 600	1 627 112.56	−26 512.56	−1.656 4%
生产成本合计	5 150 250	5 187 281	−37 031	−0.719 0%

按从表 7-23 中可以看出，总成本实际比计划上升了 37 031 元，上升了 0.72%，从 3 个成本项目中可以看出：除直接人工下降了 2.64%外，其他两项均有所上升，其中直接材料上升了 1.25%，制造费用上升了 1.66%，下一步应重点分析成本项目上升的原因。

3）可比产品成本计划完成情况的分析

在全部产品成本中，可比产品一般都占有相当大的比重，因此，还必须对可比产品成本降低计划完成情况进行分析。

企业通常在制订成本计划时，规定了可比产品成本比上年成本降低的任务，即计划降低额(按计划产量计算)和计划降低率。因此，可比产品成本的分析首先要计算出实际降低额(按实际产量计算)和降低率，以便与计划降低额和降低率相比较，从而了解可比产品降低任务的完成情况。

可比产品成本计划降低额指可比产品累计实际总成本比按照上年实际平均单位成本计算的累计总成本降低的数额，超支用负数表示。

可比产品成本计划降低率指可比产品本年累计实际总成本比上年实际平均单位成本计算

的累计总成本降低的比率，超支用负数表示。

可比产品成本实际降低额和可比产品成本实际降低率可按下列公式计算：

$$计划降低额 = \sum(上年实际单位成本 - 本年计划单位成本) \times 计划产量 \quad (7-3)$$

$$计划降低率 = \frac{计划成本降低额}{\sum(计划产量 \times 上年实际单位成本)} \times 100\% \quad (7-4)$$

东岳公司编制的可比产品成本降低计划分析表见表 7－24。

表 7－24 可比产品成本降低计划完成情况分析表

编制单位：东岳公司　　2010 年度

可比产品名称	成本降低计划		实际成本降低情况	
	降低额/元	降 低 率	降低额/元	降 低 率
甲产品	300 00	1.35%	−356 81	−1.555%
乙产品	16 000	0.64%	39 000	1.565%
合　计	46 000	0.98%	3 319	0.069 3%

从表 7－24 中可以看出，东岳公司可比产品成本计划任务完成情况不太理想，实际成本降低额为 3 319 元，实际成本降低率为 0.069 3%。分品种来看，乙产品实际降低额和降低率超额完成了计划，但甲产品的实际降低额和降低率都未完成计划，应进一步分析其原因。

2. 编制产品单位成本表，分析成本计划的完成情况

产品单位成本分析通常选择最主要的或成本水平变化幅度较大的产品，深入研究其单位成本及各个成本项目的计划完成情况，寻求降低成本的具体途径和方法。

1）编制“产品单位成本表”，分析产品单位成本计划完成情况

对比产品成本计划完成情况分析表(表 7－23)和产品成本分析表(表 7－24)可以看出：甲产品单位成本实际比计划有所上升，对当前产品成本影响较大，应作为深入分析的重点。对东岳公司甲产品单位成本进行分析，见表 7－25。

表 7－25 主要产品单位成本表

编制单位：东岳公司　　2010 年 12 月

产品名称：甲产品　　本月实际产量：500　　单位：元

成 本 项 目	历史 先进水平	上年 实际平均	本 年 计 划	本 期 实 际	本年累计 实际平均
直接材料	190	197	196	202.47	200
直接人工	60	61	66	62.81	65
制造费用	110	112	103	109.62	110.76
产品单位成本	360	370	365	374.90	375.76
主要技术经济指标	用量	用量	用量	用量	用量
1. 主要材料/千克	3.1	2.9	2.8	2.5	
2.	……	……	……	……	……

从表 7－25 中可以看出，东岳公司甲产品的单位成本较计划上升明显，主要是原材料费用和制造费用上升所至；较上年单位成本每个成本项目均略有上升，但较历史先进水平上升幅度较大，产品的单位成本较历史先进水平上升了 15.76 元，上升了 4.38%，原因是直接材料、人工费用和制造费用均有较大上升所致，因此公司应对各成本项目上升的原因进行因素分析。

2）按成本项目编制成本分析表

产品成本由多种因素构成，不同期间某种产品成本会发生增减变动，为找出原因，分清责任，将产品成本综合性指标分解为各个因素进行分析，一般可采用定量因素分析法。

定量因素分析法又称连环替代法，它是用来分析引起某个经济指标变动的各个因素影响程度的一种数量分析方法。运用连环替代法的一般程序是：确定某项指标是由哪几个因素构成；确定各个因素与该指标的关系；采用适当方法分解因素；计算确定各个因素影响的数额。

应用连环替代法是假设各个因素按一定的顺序变动进行替代计算的，若替代顺序改变，各个因素的影响数值也将不同。下面对东岳公司的甲产品按成本项目进行分析。

（1）原材料的耗用情况分析，一般通过编制“原材料消耗情况表”进行。从表 7－25 中甲产品的各项成本来看，直接材料成本占产品单位成本的大部分，比重较大，而且本月实际材料不仅超过了本年计划、上年实际平均、历史先进水平，而且还超过了本年累计实际平均数，因此应作为重点成本项目进行分析。

根据表 7－8 和表 7－9，东岳公司编制 2010 年甲产品原材料费用情况表，见表 7－26。

表 7－26　东岳公司原材料消耗情况表

编制单位：东岳公司　　2010 年 12 月　　单位：元

产品名称：甲产品　　实际产量：6 200 件

项　目	单　位	计划数	实际数	差　异
产量	件	6 000	6 200	＋200
单位产品原材料消耗	千克	2.80	2.77	－0.03
材料单价	元	70	73.09	＋3.09
原材料费用总额	元	1 176 000	1 255 247.66	＋79 247.66

从表 7－26 中可知，原材料费用实际比计划多 79247.66 元，是由于产量、单耗、材料价格所致，用连环替代法分析各因素的影响程度，计算过程如下：

计划指标	6 000×2.8×70＝1 176 000（元）	
替　代（1）	6 200×2.8×70＝1 215 200（元）	＋39 200（元）
（2）	6 200×2.77×70＝1 202 180（元）	－13 020（元）
（3）	6 200×2.77×73.09＝1 255 247.66（元）	＋53 067.66（元）
	合　计	＋79 247.66（元）

分析结果可知，由于产量增加使原材料费用增加 39 200 元，由于单耗降低使原材料实际费用比计划节约 13 020 元，由于原材料价格提高，使实际比计划提高 53 067.66 元，全部因素的影响为 39 200－13 020＋53 067.66＝＋79 247.66 元。由此可见，材料价格和产量的提高掩盖了材料消耗节约所引起材料成本的节约。材料消耗节约只要不是偷工减料的结果，一

般都是生产车间改革生产工艺、加强成本管理的成绩；材料价格的提高，则要看是由于市场价格上涨等客观原因引起的，还是由于材料采购人员不得力，至使材料买价偏高或材料运杂费增加的结果。

（2）直接人工费用分析，一般通过编制"直接人工费用分析表"进行。从表 7－25 甲产品单位成本的直接人工成本中，本年累计实际平均数高于上年实际平均数，本月实际数不仅低于本年累计实际平均数，而且还低于计划数，应查明变动的原因。

根据表 7－8 和表 7－9，东岳公司编制 2010 年甲产品人工费用分析表，见表 7－27。

表 7－27　东岳公司人工费用分析表

编制单位：东岳公司　　　　2010 年 12 月　　　　单位：元

项　目	计 划 数	实 际 数	差　异
单位产品耗用工时	5.28	4.776	－0.504
小时工资成本/元	12.5	13.151 2	＋0.651 2
单位产品人工费用	66	62.81	－3.19

根据表 7－27 的资料，可以计算单位产品工时数量变动和小时工资变动对人工费用的影响程度。

单位产品工时变动影响＝(实际工时－计划工时)×计划小时工资成本

＝(4.776－5.28)×12.5＝－6.3(元)

小时工资成本变动影响＝(实际工资单价－计划工资成本)×实际工时

＝(13.151 2－12.5)×4.776＝3.11(元)

单位产品工资变动合计＝－6.3＋3.11＝－3.19(元)

从上面的计算中可以看出，产品单位成本中的直接人工费用实际比计划降低 3.19 元，完全是由于工时消耗较大幅度节约的结果，而每小时工资成本则是超支的，它抵消了部分由于工时消耗节约所产生的直接人工成本的降低额。企业应进一步查明单位产品工时消耗节约和每小时工资成本超支的原因。

单位产品所耗工时的节约一般是生产工人提高了劳动熟练程度，从而提高了劳动生产率的结果；但也不排除是由于偷工减料造成的，因此应查明节约工时是否影响了产品的质量。

每小时工资成本的增加可能有多种原因，工资总额控制得好，生产工资总额减少，会使每小时工资成本节约，否则会使每小时工资成本超支。若受居民消费价格指数(CPI)增长的影响，人工成本的增加也是合理的。

（3）制造费用明细表分析。产品单位成本中制造费用的分析通常与计时工资制度下直接人工费用的分析类似，先要分析单位产品所耗工时变动和每小时制造费用变动两因素对制造费用变动的影响，然后查明这两个因素变动的具体原因。

对影响每小时制造费用的原因分析，主要是通过分析制造费用总额对比实际数和计划数来进行。东岳公司根据表 7－17 编制"制造费用明细分析表"，见表 7－28。

从表 7－28、表 7－17 中可以看出，东岳公司本年实际制造费用低于上年实际数，较计划降低了 24 936.67 元，降低了 1.852 7%，主要业绩集中在汽车费和办公费上，折旧费由于减少了固定资产而减少；但职工薪酬和水电费增加较大，应结合产量的变动加以分析，看其是否合理。

表 7-28　制造费用明细分析表

编制单位：东岳公司　　2010 年 12 月　　单位：元

项　目	本年实际	本年计划	降低额	降低率
机物料消耗	126 652	125 000	−1 652	−1.321 6%
职工薪酬	72 598.70	69 000	−3 598.70	−5.215 5%
折旧费	382 900	398 000	15 100	3.794 0%
水电费	164 616.83	155 000	−9 616.83	−6.204 4%
办公费	40 582.80	42 000	1 417.20	3.374 3%
汽车费	81 798	87 000	5 202	5.979 3%
其　他	451 915	470 000	18 085	3.847 9%
合　计	1 321 063.33	1 346 000	24 936.67	1.852 7%

需要说明的是，各项制造费用的性质和用途不同，评价各项目成本超支或节约时，应联系成本的性质和用途具体分析，不能简单地将一切超支都看成是不合理的、不利的，也不能简单地将一切节约都看成是合理的。例如，机物料消耗的超支也可能是由于追加了生产计划，增加了开工班次，相应地增加了机物料消耗的结果，这样的超支也是合理的。又如折旧费的节约是由于处置了闲置的固定资产，这样的节约并非是成本管理的成绩。

3. 编制期间费用明细分析表

期间费用分析首先应根据表中资料以本年实际与本年计划相比较，确定实际脱离计划的差异，然后分析差异的原因，一般通过编制“费用明细分析表”进行。

（1）东岳公司根据表 7-23 编制“管理费用明细分析表”，见表 7-29。

表 7-29　管理费用明细分析表

编制单位：东岳公司　　2010 年 12 月　　单位：元

项　目	本年实际	本年计划	降低额	降低率
1. 公司经费	266 370.30	269 000	2 629.70	0.977 6%
其中：职工薪酬	91 280	89 200	−208 0	−2.331 8%
机物料消耗	42 600	44 000	1 400	3.181 8%
办公费	24 500	25 000	500	2.000 0%
差旅费	88 460	91 600	3 140	3.427 9%
水电费	10 930.3	11 000	69.7	0.633 6%
2. 董事会费	13 200	13 400	200	1.492 5%
3. 折旧费	89 200	86 500	−2 700	−3.121 4%
4. 汽车费	14 300	14 800	500	3.378 4%
……				
13. 其他	39 589.7	40 000	410.3	1.025 8%
小　计	580 790	575 700	−5 090	−0.884 1%

从表 7-29 中可以看出，东岳公司本年实际管理费用较计划超支了 5 090 元，超支了 0.884 1%。对此应结合实际经营情况，分项目加以分析，看其是否合理。

(2) 同理，可以编制“财务费用明细分析表”、“销售费用明细分析表”，结合实际经营分析计划的完成情况。

三、知识归纳

1. 成本分析的意义及作用

成本分析是按照一定的原则，采取一定的方法，利用成本计划、成本核算及其他相关资料，对成本水平及其构成的变动情况进行分析与评价，以揭示影响成本升降的各种因素及其变动的原因，寻找降低成本的措施方案。

成本分析贯穿于成本会计全过程，在企业管理活动中起着极其重要的作用。通过成本分析，可以考核企业成本计划的执行情况，评价企业过去的成本管理工作；可以揭示问题和差距，促进企业挖掘降低成本的潜力，寻求降低成本的途径和方法；可以认识和掌握成本变动的规律性，从中总结成本管理的经验和教训；可以为企业编制成本计划、预算和经营决策提供可靠的依据；可以检查企业成本管理行为的合理性，促进企业更好地贯彻执行有关的法规制度；可以划清成本管理的经济责任，了解各项成本管理责任制度是否健全，促进企业完善成本责任管理。

2. 成本分析的内容

(1) 成本计划执行情况的定期分析。即对全部商品产品成本、可比产品成本降低任务、主要产品单位成本等指标的计划执行情况进行分析和评价。

(2) 成本效益分析。即对每百元商品产值成本指标、百元销售收入成本费用、成本费用利润率等指标的分析。

(3) 成本技术经济分析。即主要技术经济指标对产品单位成本影响的分析。

(4) 厂际间产品单位成本的分析比较。

3. 产品成本分析

1) 全部产品成本计划完成情况的分析

成本计划完成情况分析是指对商品产品成本计划以及可比产品成本计划完成情况进行总的分析和评价。企业的产品包括可比产品和不可比产品，由于不可比产品没有历史成本资料，因此，全部产品成本的分析，不能用实际总成本与上年成本比较，只能用实际总成本与计划总成本对比。

实际总成本是以实际产量乘以实际单位成本计算的，而计划总成本是以计划产量乘计划单位成本计算的，总成本的升降受单位成本变动的影响，而且还受到产量的影响。为了使成本指标具有可比性，在分析产品成本计划完成情况时，应剔除产量变动对成本计划完成情况的影响，实际总成本、计划总成本一律按实际产量来计算。

产品计划完成情况的分析是一种总括性的分析，可以从以下 3 个角度进行：

(1) 按商品产品类别进行的成本计划完成情况分析，具体内容见表 7-22。

(2) 全部产品按成本项目进行的成本计划完成情况分析，具体内容见表 7-23。

(3) 可比产品成本计划完成情况的分析。

在全部产品成本中，可比产品一般都占有相当大的比重，因此，还必须对可比产品成本降低计划完成情况进行分析。

企业通常在制定成本计划时，规定了可比产品成本比上年成本降低的任务，即计划降低额(按计划产量计算)和计划降低率，见表 7－24。

2) 产品单位成本计划完成情况的分析

产品单位成本分析通常是选择最主要的或成本水平变化幅度较大的产品，深入研究其单位成本以及各个成本项目的计划完成情况，寻求进一步降低成本的具体途径和方法。

(1) 产品单位成本计划完成情况的一般分析。产品单位成本计划完成情况分析，应采用对比分析法，计算单位成本实际比计划、比上期、比历史先进水平的升降情况，然后着重对某些产品进一步按成本项目对比研究其成本变动情况，查明影响单位成本升降的原因。具体内容见表 7－25。

(2) 产品单位成本计划完成情况的因素分析。为进一步分析单位成本升降的原因，还必须按成本项目进行因素分析。

① 直接材料费用的分析。影响单位产品材料费用的因素有产量、单位产品的材料消耗和材料单价，可用因素分析法计算 3 个因素变动对直接材料费用的影响，具体分析过程见表 7－26。

在对直接材料进行综合分析之后，还必须进一步分析材料消耗量变动和价格变动的影响因素，只有这样，才能揭示直接材料发生差异的原因。

首先，影响直接材料消耗量的原因分析。影响直接材料消耗量变动的原因很多，主要有：产品设计的改进，在保证或提高产品功能的前提下，改进产品设计能减少材料的消耗量；材料质量的变化，质量高的材料，可以减少材料消耗量，反之，质量差的材料，会增加材料耗用量；加工操作技术的变化，加工操作技术高，可以充分利用材料的边角余料，从而减少材料耗用量；代用材料的变化，以价格低廉的材料代替价格昂贵的材料，以国产材料代替进口材料，是减少材料用量、节约材料费用的有效措施；加强材料管理，回收利用废料，避免材料损失浪费也能相对减少材料用量。

其次，影响直接材料价格变动的原因分析。影响直接材料价格的原因主要有：采购价格；运输费用；运输途中的损耗；采购部门的管理水平；材料采购批量的大小等。

② 直接人工费用分析。直接人工费用的分析必须结合工资制度来进行，因为工资制度的不同，会导致影响直接人工费用的因素不同。

在计件工资制度下，影响单位成本中人工费用的因素是计件单价；在计时工资制度下，产品单位成本中的费用受工时数和小时工资率变动的影响。具体分析过程见表 7－27。

3) 制造费用明细表分析

制造费用属于间接生产成本，产品单位成本中的制造费用一般是根据生产工时等分配标准分配计入的。因此，产品单位成本中制造费用的分析，通常与计时工资制度下直接人工费用的分析类似，先要分析单位产品所耗工时变动和每小时制造费用变动两因素对制造费用变动的影响，然后查明这两个因素变动的具体原因。如果在进行直接人工成本分析时，已经查明了单位产品所耗工时变动和生产工时利好利坏的具体原因，只需要联系前述按成本项目反映的产品生产成本分析表(表 7－23)中制造费用总额变动的分析，以及制造费用明细表(表 7－17)中各成本项目具体变动的分析，就可以了解产品单位成本中制造费用变动的种种原因。

对影响每小时制造费用的原因分析，主要通过分析制造费用总额对比实际数和计划数来进行，见表7－27。

在分项目进行项目分析时，还应特别注意“在产品盘亏和毁损”以及“停工损失”等非生产性的损失项目的分析，这些项目的发生额都是生产管理不良的结果。在分析“在产品盘亏和毁损”项目时，还要注意其中有无盘亏的抵消数，因为其盘盈的价值会冲减、掩盖一部分盘亏和毁损的损失；在产品的盘盈也是由于生产管理不良或者核算上的差错造成的，不是生产车间工作的成绩。

4）期间费用明细表分析

期间费用的分析通常按费用项目进行分析，由于费用项目多，每次分析只能抓住重点，对其中费用支出占总支出比重较大的或与计划相比，发生较大偏差的项目进行分析。特别注意非生产性的损失项目，如材料、在产品和产成品等存货的盘亏和损失。同时要注意不同费用项目支出的特点，不能简单地把任何超过计划的费用开支都看做是不合理的；同样，对某些费用项目支出的减少也要具体分析，有的可能是企业工作成绩，有的可能是企业工作中的问题。例如管理费用中的修理费、职工教育经费等费用的减少，并不一定是由于工作的改进；相反，不按计划进行上述活动或采取必要的措施，有可能造成劳动生产率和产品质量下降，甚至影响安全生产；而在企业加大技术开发力度的情况下，相应的增加研发支出等也是合理的。总之，不能孤立地看费用是超支了还是节约了，而应结合其他有关情况，结合各项技术组织措施效果来分析，结合各项费用支出的经济效益进行评价。

为了深入地探究各项费用的变动原因，评价费用支出的合理性，寻求降低各项费用支出的途径和方法，也可按费用的用途及影响费用变动的因素进行分类研究。

四、能力拓展

1. 成本分析的原则

1）全面分析与重点分析相结合

成本是企业经济活动情况的综合反映，只有从经济活动的各个方面相互联系地进行全面研究，才能真正揭示成本升降的原因。全面分析就是要求成本分析的内容具有全局性、广泛性，要以产品成本形成的全过程为对象，结合生产经营各阶段的不同性质和特点，做到事前进行预测分析，事中进行控制分析，事后进行查核分析。但分析时，应该抓住重点，找出关键性问题，进行透彻分析。只有将主要问题分析清楚了，才能提出恰当的改进措施，促使成本进一步降低。

2）定量分析与定性分析相结合

定量分析是通过对成本变动数量的分析来揭示成本指标的变动幅度及各因素的影响程度，而定性分析是通过对成本性质的分析揭示影响成本费用各因素的性质、内部联系及其变动的趋势。定量分析是定性分析的基础，定性分析是定量分析的进一步补充和说明。进行成本分析必须在定量分析的基础上进行科学的定性分析，才能使成本分析更深入、更透彻。

3）纵向分析和横向分析相结合

进行成本分析时，不仅要从企业内部范围进行本期与上期的对比分析、本期与计划的对比分析、本期与历史先进水平的对比分析，而且还要加强与国内外同行业先进水平相对比，找出差距，取长补短，激发企业的赶超精神，达到或超过先进水平。

4）成本分析和成本考核相结合

为了达到成本分析的目的，还应将成本分析结果同企业内部各部门业绩考核相结合，将降低成本的任务落实到各责任部门，使得各职能部门的责任目标更具体、更明确，并且可及时将执行任务的结果进行反馈，使成本分析更实际、更深入。

2. 成本分析的方法

成本分析方法是进行成本分析的重要手段，运用得当将对成本分析的整个过程带来有利影响。

1）对比分析法

对比分析法也称比较分析法，它是将分析期的实际数同某些选定的基准数进行对比，来揭示实际数与基准数之间的差异，借以了解成本管理中的成绩和问题的一种分析方法。

比较的基数由于分析的目的不同而有所不同，一般有计划数、定额数、前期实际数、以前年度同期实际数以及本企业的历史先进水平和国内外同行业的先进水平等。

将实际数与计划数或定额数对比，可以揭示计划或定额的执行情况，但在分析时应注意计划或定额本身是否既先进又切实可行，因为实际数与定额数或计划数之间的差异，除了实际工作的原因以外，还可能由于计划或定额太保守或不切实际；将本期实际数与前期实际数或以往年度同期实际数对比，可以考究成本的发展变化情况；将本期实际数与本企业的历史先进水平对比，将本企业实际数与国内外同行业的先进水平对比，可以发现与先进水平之间的差距，从而学习先进，赶上和达到先进水平。

对比分析法只适用于同质指标的数量对比。在采用这种分析方法时，应当注意相比指标的可比性。进行对比分析的各项指标，在经济内容、计算方法、计算期和影响指标形成的客观条件等方面，应有可比的共同基础。如果相比的指标之间有不可比因素，应先按可比的口径进行调整，然后再进行对比。

根据分析的需要，对比分析还可采用绝对数分析和相对数分析。绝对数分析就是分析实际数与基数之间的绝对增减额。如本期产品实际单位成本为 100 元，计划为 105 元，实际比计划绝对减少了 5 元。相对数分析就是分析实际数与基数之间增减额占基数的百分比。如前所述，实际比计划绝对减少了 5 元，相对减少了 4.8%。

2）比率分析法

比率分析法是通过计算各项指标之间的相对数，即比率，来考察成本活动的相对效益的一种分析方法。比率分析法主要有相关指标比率分析法和构成比率分析法两种。成本分析中常用的比率有：成本利润率、销售收入成本率、产值成本率等。

（1）构成比率分析法。构成比率分析法又称比重分析法，主要是通过计算某项指标的各个组成部分占总体的比重，即部分与全部的比率，进行数量分析的方法。通过这种分析，可以反映产品成本的构成是否合理。

产品成本构成比率的计算公式如下：

$$\text{直接材料成本比率}=\text{直接材料成本}\div\text{产品成本}\times 100\% \tag{7-5}$$

$$\text{直接人工成本比率}=\text{直接人工成本}\div\text{产品成本}\times 100\% \tag{7-6}$$

$$\text{制造费用比率}=\text{制造费用}\div\text{产品成本}\times 100\% \tag{7-7}$$

通过把不同时期同样产品的构成加以比较，观察产品成本构成的变化，提高生产技术水平和加强经营管理的关系，为进一步降低成本潜力指明方向。

（2）相关指标比率分析法。相关指标比率分析法是计算两个性质不同而又相关的指标的比率进行数量分析的方法。在实际工作中，由于企业规模不同等原因，单纯对比产值、营业收入或利润等绝对数的多少，不能说明各个企业经济效益的好坏，但如果计算成本与产值、营业收入或利润相比的相对数，即产值成本率、营业收入成本率或成本利润率，就可以反映各企业经济效益的好坏。

产值成本率、营业收入成本率或成本利润率的计算公式如下：

$$产值成本率=成本\div 产值\times 100\% \quad (7-8)$$

$$营业收入成本率=成本\div 营业收入\times 100\% \quad (7-9)$$

$$成本利润率=利润\div 成本\times 100\% \quad (7-10)$$

从上述计算公式可以看出：产值成本率、营业收入成本率高的企业经济效益差，这两种比率低的企业经济效益好。而成本利润率则与之相反，比率高的企业经济效益好，比率低的企业经济效益差。

【例 7-1】 在表 7-15 中，东岳公司的可比产品生产成本合计数的本年累计实际数不仅高于上年实际数，而且也高于本年计划数，可见该年可比产品的总成本是升高的。但其原因是多方面的，可能是由于生产耗费的上升，增加了产品单位成本；也可能是由于产品产量和各种产品品种比重的变动(各种产品单位成本降、升的程度不同)引起的。企业应进一步分析具体原因，才能对产品成本总额的升高是否合理做出评价。

就表 7-15 中的可比产品生产成本合计数来看，其本年累计实际数(4 686 247.95 元)虽高于本年计划数(4 605 000 元)，但低于上年实际数(4 778 000 元)。这说明：表 7-15 中产品生产成本本年累计实际数高于上年实际数，还有期初、期末在产品和自制半成品余额变动的因素；实际的期初、期末在产品、自制半成品余额的差额[457 171－360 737.95＝96 433.05(元)，正数]大于上年的期初、期末在产品和自制半成品余额的差额[448 000－488 700＝－40 700(元)，负数]。就表 7-15 中的各项生产成本来看，直接材料成本、直接人工成本和制造费用的本年累计实际数与上年实际数和本年计划数相比，升降的情况和程度也各不相同，也应进一步查明原因。

对于各种生产成本，还可以计算构成比率，并在本年实际、本月实际、本年计划和上年实际之间进行对比。

本年累计实际构成比率(保留小数点后两位，下同)如下：

直接材料成本比率＝2 431 951÷4 686 247.95×100%＝51.90%

直接人工成本比率＝770 562÷4 686 247.95×100%＝16.44%

制造费用比率＝1 483 734.95÷4 686 247.95×100%＝31.66%

本月实际构成比率如下：

直接材料成本比率＝180 620÷344 216.95×100%＝52.47%

直接人工成本比率＝54 862÷344 216.95×100%＝15.94%

制造费用比率＝108 734.95÷344 216.95×100%＝31.59%

本年计划构成比率如下：

直接材料成本比率＝2 402 000÷4 605 000×100%＝52.16%

直接人工成本比率＝7 263 000÷4 605 000×100%＝15.77%

制造费用比率＝1 476 700÷4 605 000×100%＝32.07%

上年实际构成比率如下：

直接材料成本比率＝2 540 000÷4 778 000×100％＝53.16％

直接人工成本比率＝702 000÷4 778 000×100％＝14.69％

制造费用比率＝1 536 000÷4 778 000×100％＝32.15％

根据上列各项构成比率可以看出，本年累计实际构成与本年计划构成相比，本年直接材料成本和制造费用的比重有所降低，而直接人工成本的比重有所提高；而与上年实际构成相比，本年直接材料和制造费用的比重有所降低，而直接人工成本的比重则有所提高。本月实际构成也有较大的变动，应当进一步查明这些变动的原因以及变动是否合理。

3）因素分析法

前述两种方法只能揭示实际数与基数之间的差异，但难以揭示影响的原因。一个经济指标的完成往往是多种因素共同影响的结果。只有把这种综合性的指标分解为各种构成，才能找出主要因素，分清责任，才能了解指标完成好坏的真正原因。这种把综合性指标分解为各个因素的方法，称为因素分析法。

由于各构成要素之间相互关系的复杂性不同，因素分析法又可分为定量因素分析法和定性因素分析法。

(1) 定量的因素分析法(连环替代法)。具体分析过程见表 7－25、表 7－26。

(2) 定性的因素分析法。连环替代法是从数量上说明影响程度，但还有很多具体因素是无法用数量来加以说明的，如影响原材料费用的单位产品耗费因素受多方面的影响，如工人的技术水平、机器设备的先进水平、材料的质量、管理水平等。因此，应结合实际情况查明影响该项指标变动的具体原因。

五、单项技能训练

1. 成本分析方法的技能训练

1）资料

东明公司 2010 年生产产品消耗原材料的计划成本为 12 000 元，实际成本为 12 705 元，其原材料消耗情况见表 7－30。

表 7－30　东明公司原材料消耗情况表

2010 年

项　目	单　位	计　划　数	实　际　数	差　异
产量	件	100	110	+10
单位产品原材料消耗	千克	20	21	+1
材料单价	元	6	5.50	−0.50
原材料费用总额	元	12 000	12 705	705

2）要求

采用连环替代法分析产量、单位产品耗用量和材料单价对原材料费用的影响。

2. 产品成本计划完成情况分析的技能训练

1）资料

东明公司2010年度成本计划和实际执行情况见表7－31。

表7－31　东明公司成本表

2010年　　单位：元

产品名称	计量单位	产量		单位成本			计划总成本（计划产量）		本年总成本（实际产量）		
		计划	实际	上年实际	本年计划	本年实际	按上年实际平均单位成本计算	按本年计划单位成本计算	按上年实际平均单位成本计算	按本年计划单位成本计算	按本年实际单位成本计算
		1	2	3	4	5	6	7	8	9	10
一、可比产品											
甲产品	台	3 000	3 200	800	750	760					
乙产品	台	2 000	1 800	340	320	310					
小　计	×	×	×	×	×	×					
二、不可比产品											
丙产品	台	1 500	2 000	×	200	180	×		×		
全部产品成本	×	×	×	×	×	×	×		×		

2）要求

（1）完成表7－31的编制。

（2）分析全部商品产品成本计划完成情况。

3. 全部产品按产品类别分析的技能训练

1）资料

某企业2010年产品成本资料见表7－32、表7－33。

表7－32　本年全部产品成本计划资料表

2010年　　单位：元

产品名称	计量单位	计划产量	单位成本		总成本		成本降低指标	
			上年实际	本年计划	按上年单位成本计算	本年计划	降低额	降低率
一、可比产品								
甲产品	件	3 600	20	19				
乙产品	件	4 000	30	28				
二、不可比产品								
丙产品	件	500		15				
合　计								

表 7-33　产品成本表

2010 年　　　　单位：元

产品名称	计量单位	实际产量	单位成本			总成本		
			上年实际	本年计划	本年实际	按上年实际单位成本计算	按上年实际单位成本计算	本年实际
一、可比产品								
甲产品	件	3 750	20	19	17			
乙产品	件	4 120	30	28	27			
二、不可比产品								
丙产品	件	500		15	14			
合　计								

2）要求

（1）根据上述资料，编制全部产品成本计划完成情况表。

（2）根据表中数据分析：可比产品和不可比产品的成本降低额和降低率；主要产品中各产品成本计划完成情况。

4. 主要产品单位成本分析的技能训练

1）资料

东明公司生产乙产品，主要耗用 A 材料，其单位成本资料见表 7-34。

表 7-34　乙产品单位成本表

2011 年 6 月　　　　单位：元

成本项目	历史先进水平	上年实际平均	本年计划	本年实际累计平均
直接材料	9.12	10.51	9.83	10.96
直接人工	2.66	3.82	3.72	3.73
制造费用	5.72	6.17	6.05	6.51
生产成本	17.50	20.50	19.60	21.20
主要经济技术指标				
(1)A 材料消耗量	1.13 千克	1.236 千克	1.15 千克	1.241 千克
(2)A 材料单价	8.07	8.5	8.55	8.83

2）要求

分析乙产品单位成本计划完成情况，以及直接材料费用对单位成本的影响。

项 目 小 结

成本报表是根据企业日常成本核算资料，综合概括地反映企业在一定时期内资金耗费和成本构成及其升降变动情况，以分析和考核费用预算和产品成本计划执行情况的报告文件。

成本报表作为内部报表，其格式由企业自身特点和管理要求决定，一般按月编制。从成本报表的经济内容来划分，成本报表一般分为3类：反映产品成本水平的报表主要有商品产品成本表、主要产品单位成本表；反映费用支出情况的报表主要有制造费用明细表、期间费用明细表；其他成本报表如成本及产量情况表等。

成本分析的主要内容包括成本计划完成情况的分析、技术经济指标变动对成本影响的分析、主要产品单位成本的分析等。通常采用的分析方法有：对比分析法、比率分析法、趋势分析法、因素分析法等。

产品成本分析包括全部商品产品成本分析和主要产品单位成本分析。对全部商品产品进行成本分析时，首先要对全部商品产品计划完成情况按照产品类别和按成本项目进行分析，再对可比产品成本降低任务完成情况进行分析。主要产品单位成本分析包括两个方面的内容：分别是产品单位成本完成情况的一般分析和因素分析。

思考与讨论

1. 思考题

（1）成本报表有哪几种？各报表的目的是什么？
（2）成本分析的方法有几种，如何在实践中灵活运用？

2. 个案分析

王芳同学在学习完报表编制与分析后认为，产品单位成本表既分析了单位产品成本降低额和降低率，又进一步分析了每种因素的影响程度，已经比较全面了。既然这样，就没有必要再编制商品产品成本表。

思考：
你认为王芳同学的观点正确吗？请说明理由。

综合技能测试

1. 资料

宏达有限公司生产甲、乙、丙3种产品，其中，甲、乙为可比产品，丙为不可比产品。2010年有关产品产量成本资料见表7－35。

表7-35　产品产量成本资料

2010年度　　金额单位：元

项　　目	甲产品	乙产品	丙产品
产品产量/件			
本年计划	3 240	1 512	1 440
本年实际	3 750	1 500	1 500
产品单位成本			

续表

项 目	甲产品	乙产品	丙产品
上年实际平均	600	500	
本年计划	582	490	555
本年实际平均	579	491	530

2. 要求

（1）根据资料编制按产品品种类别反映的产品生产成本表。

（2）计算全部产品与计划比较的成本降低额和降低率，编制全部产品成本计划完成情况分析表，并简要评价该企业全部产品成本计划完成情况。

（3）计算可比产品与计划比较的成本降低额和降低率，编制可比产品成本计划完成情况分析表，并进行简要评价该企业可比产品成本计划完成情况。

（4）计算可比产品与上年比较的成本降低额和降低率，编制可比产品成本实际完成情况分析表，并进行简要评价该企业可比产品成本实际完成情况。

参考文献

[1] 欧阳清．成本会计学[M]. 大连：东北财经大学出版社，2002.

[2] 于富生，王俊生，黎文珠．成本会计学[M]. 北京：中国人民大学出版社，2006.

[3] 赵书和．成本与管理会计[M]. 北京：机械工业出版社，2006.

[4] 冯巧根．成本会计[M]. 北京：北京师范大学出版社，2007.

[5] 周云凌．成本会计[M]. 大连：东北财经大学出版社，2011.

[6] 财政部会计司编写组．企业会计准则讲解[M]. 北京：人民出版社，2007.

[7] 财政部会计资格评价中心．初级会计实务[M]. 北京：中国财政经济出版社，2009.

[8] 谢培苏．成本会计实务[M]. 北京：高等教育出版社，2002.

[9] 苗海荣．成本会计[M]. 北京：中国人民大学出版社，2007.

[10] 张鸣．成本会计[M]. 上海：上海人民出版社，2005.

[11] 甘兆志．成本会计[M]. 上海：上海财经大学出版社，2007.

[12] 中国会计学会网，http：//www. asc. net. cn

[13] 国家精品课程资源网，http：//www. jingpinke. com

北京大学出版社高职高专经管类规划教材书目

序号	书　名	标准书号	主编	定价	出版日期
1	统计学基础	978-7-81117-756-5	阮红伟	30	2009
2	统计学原理	978-7-81117-825-8	廖江平 刘登辉	25	2009
3	统计学原理与实务	978-7-5038-4836-0	姜长文 简家进	26	2009
4	经济法原理与实务	978-7-5038-4846-9	孙晓平 邓敬才	38	2009
5	经济法实用教程	978-7-81117-675-9	胡卫东 吕　玮	39	2009
6	财经法规	978-7-81117-885-2	李　萍 亓文会	35	2009
7	会计基本技能	978-7-5655-0067-1	高东升 王立新	26	2010
8	基础会计	978-7-5655-0062-6	常　美	28	2010
9	基础会计教程	978-7-81117-753-4	侯　颖	30	2009
10	基础会计教程与实训	978-7-5038-4845-2	李　洁 王美玲	28	2009
11	基础会计实训教程	978-7-5038-5017-2	王桂梅	20	2009
12	基础会计原理与实务	978-7-5038-4849-0	侯旭华 缑宇英	28	2009
13	财务管理教程与实训	978-7-5038-4837-7	张　红 景云霞	37	2008
14	财务会计	978-7-5655-0117-3	张双兰 李桂梅	40	2011
15	财务会计(第 2 版)	978-7-81117-975-6	李　哲 等	32	2010
16	财务会计实用教程	978-7-5038-5027-1	丁增稳 高　丛	36	2008
17	财务活动管理	978-7-5655-0162-3	石兰东	26	2011
18	财务管理	978-7-5655-0328-3	翟其红	29	2011
19	Excel 财务管理应用	978-7-5655-0358-0	陈立隐	33	2011
20	成本会计	978-7-81117-592-9	李桂梅	28	2009
21	成本会计	978-7-5655-0130-2	陈东领 周美容	25	2010
22	成本费用核算	978-7-5655-0165-4	王　磊	27	2011
23	成本会计实训教程	978-7-81117-542-4	贺英莲	23	2008
24	成本会计实务	978-7-301-19308-2	王书果 李凤英	36	2011
25	审计学原理与实务	978-7-5038-4843-8	马西牛 杨印山	32	2007
26	审计业务操作	978-7-5655-0171-5	涂申清	30	2011
27	审计业务操作全程实训教程	978-7-5655-0259-0	涂申清	26	2011
28	税务会计实用教程	978-7-5038-4848-3	李克桥 郭　华	37	2008
29	涉税业务核算	978-7-301-18287-1	周常青	29	2011
30	企业纳税实务	978-7-5655-0188-3	司宇佳	25	2011
31	会计电算化实用教程	978-7-5038-4853-7	张耀武	28	2008
32	会计电算化实用教程(第 2 版)	978-7-301-09400-6	刘东辉	20	2008
33	会计英语	978-7-5038-5012-7	杨　洪	28	2009
34	行业特殊业务核算	978-7-301-18204-8	余　浩	20	2011
35	财经英语阅读	978-7-81117-952-1	朱　琳	29	2010
36	资产评估	978-7-81117-645-2	董亚红	40	2009
37	国际结算	978-7-5038-4844-5	徐新伟	32	2009
38	国际结算	978-7-81117-842-5	黎国英	25	2009
39	货币银行学	978-7-5038-4838-4	曹　艺 卞桂英	28	2009
40	国际金融基础与实务	978-7-5038-4839-1	冷丽莲 刘金波	33	2008
41	国际贸易概论	978-7-81117-841-8	黎国英 张新亚	28	2009
42	国际贸易理论与实务	978-7-5038-4852-0	程敏然 贺亚茹	40	2008
43	国际商务谈判	978-7-81117-532-5	卞桂英 刘金波	33	2008
44	国际商法实用教程	978-7-5655-0060-2	聂红梅 史亚洲	35	2010
45	进出口贸易实务	978-7-5038-4842-1	周学明 金　敏	30	2008
46	金融英语	978-7-81117-537-0	刘　娣	24	2009

序号	书　　名	标准书号	主编	定价	出版日期
47	财政基础与实务	978-7-5038-4840-7	才凤玲　张云莺	34	2007
48	财政与金融	978-7-5038-4856-8	谢利人　郝巧亮	37	2008
49	市场营销学	978-7-5038-4859-9	李世宗　李建峰	28	2008
50	市场营销	978-7-81117-957-6	钟立群	33	2010
51	管理学原理	978-7-5038-4841-4	季　辉　冯开红	26	2008
52	管理学基础	978-7-81117-974-3	李蔚田	34	2010
53	管理学原理与应用	978-7-5655-0065-7	秦　虹	27	2010
54	企业管理	978-7-5038-4858-2	张　亚　周巧英	34	2008
55	通用管理实务	978-7-81117-829-6	叶　萍	39	2009
56	现代公共关系原理与实务	978-7-5038-4835-3	张美清	25	2007
57	现代企业管理	978-7-81117-806-7	于翠华　贾志林	38	2009
58	商务礼仪	978-7-81117-831-9	李　巍	33	2009
59	商务礼仪	978-7-5655-0176-0	金丽娟	29	2011
60	现代商务礼仪	978-7-81117-855-5	覃常员　张幸花	24	2009
61	商务沟通实务	978-7-301-18312-0	郑兰先	31	2011
62	人力资源管理	978-7-5038-4851-3	李蔚田	40	2008
63	电子商务实务	978-7-301-11632-6	胡华江	27	2009
64	电子商务实用教程	978-7-301-18513-1	卢忠敏　胡继承	33	2011
65	电子商务英语	978-7-301-17603-0	陈晓鸣　叶海鹏	22	2010
66	网络营销理论与实务	978-7-5655-0039-8	范军环　宋沛军	32	2010
67	商务谈判	978-7-5038-4850-6	范银萍　刘　青	32	2009
68	市场调研案例教程	978-7-81117-570-7	周宏敏	25	2008
69	市场调查与预测	978-7-5655-0252-1	徐　林　王自豪	27	2011
70	市场营销理论与实训	978-7-5655-0316-0	路　娟	27	2011
71	管理信息系统	978-7-81117-802-9	刘　宇	30	2009
72	商品学概论	978-7-5038-4855-1	方凤玲　杨　丽	20	2008
73	广告原理与实务	978-7-5038-4847-6	郑小兰　谢　璐	32	2007
74	零售学	978-7-81117-759-6	陈文汉	33	2009
75	消费心理学	978-7-81117-661-2	臧良运	31	2009
76	营销策划技术	978-7-81117-541-7	方志坚	26	2008
77	中小企业管理	978-7-81117-529-5	吕宏程	35	2008
78	连锁经营与管理	978-7-5655-0019-0	宋之苓	37	2010
79	秘书理论与实务	978-7-81117-590-5	赵志强	26	2008

请登陆 www.pup6.com 免费下载本系列教材的电子样书(PDF 版)、电子课件和相关教学资源。

欢迎免费索取样书，并欢迎到北京大学出版社来出版您的大作，您可在 www.pup6.com 在线申请样书和进行选题登记，也可下载相关表格填写后发到我们的邮箱，我们将及时与您取得联系并做好全方位的服务。

联系方式：010-62750667，sywat716@126.com，linzhangbo@126.com，欢迎来电来信咨询。